**Impressum**


Verlag: Sabine Rädisch
Altdorferstraße 12, 93049 Regensburg
Text und Innengestaltung: Sabine Rädisch
Lektorat: Barbara Lösel, Wortvergnügen
Korrektorat und Beratung: Marion Voigt, folio · Lektorat
Umschlaggestaltung: erstellt mit www.canva.com
ISBN: 9783759219213

Herstellung und Druck über tolino media GmbH & Co. KG,
Albrechtstr. 14, 80636 München. Printed in Germany.
Fragen zu Produktsicherheit an: gpsr@tolino.media.

Sabine Rädisch

# Zwischen den Bäumen funkelt das Licht

Roman

Alexandras Leben scheint perfekt: Sie ist glücklich mit ihrem Mann Daniel, der gemeinsamen Firma und ihrem wild blühenden Garten als Wohlfühlort. Da bringt ein Brief vom Nachlassgericht alles durcheinander. Ihr Vater, mit dem sie längst gebrochen hat, ist gestorben und sie erbt den elterlichen Hof im Bayerischen Wald – zusammen mit ihrer Schwester Melanie. Doch die ist seit über zwanzig Jahren verschwunden. Schmerzhafte Erinnerungen brechen auf, von denen Alexandra bisher nicht einmal Daniel erzählt hat. Gleichzeitig entdeckt sie, dass er fremdgeht. Verletzt und wütend fährt sie an den Ort ihrer Kindheit und folgt der Spur ihrer Familiengeheimnisse. Es wird eine Reise zu sich selbst. Und dann ist da noch Max, der sie ohne große Worte unterstützt …

Ein hoffnungsvoller Roman über eine Frau, die sich beherzt ihrer Vergangenheit zuwendet und dabei lernt, auf die Stimme ihrer Seele zu hören.

*Sabine Rädisch* wurde 1973 in Deggendorf geboren. Dem Lauf der Donau folgend studierte sie Bauingenieurwesen in Regensburg und ließ sich in Wien zur Schreibpädagogin ausbilden. Die Autorin lebt in Regensburg, leitet erfolgreich Kurse für kreatives und biografisches Schreiben und veröffentlichte bereits mehrere Romane, Gedichte sowie ein Schreiblustbuch.

*Weitere Informationen zur Autorin und zu ihren Büchern unter:*
*www.sabine-raedisch.de*

# Prolog: Die Halle

Eine nach der anderen erwachten die Neonröhren zum Leben, jede mit einem kleinen »Pling«. Als alle leuchteten, lag die Halle still vor ihr. Auf dem Boden eine Abfolge von menschengroßen Quadern und Röhren, deren Schwarz durch das fahle Licht noch vertieft wurde. Sie kannte jeden Millimeter der Installation, hatte nach und nach die Stationen aufgebaut, ausgestattet, die Details immer wieder verändert. Hatte jede einzelne davon auf ihre Wirkung überprüft: Rief sie genau die Empfindungen hervor, die sie transportieren wollte? Funktionierte die Technik reibungslos? Heute würde sie zum ersten Mal den gesamten Parcours durchlaufen, einschließlich der Sound- und Showeffekte. Sie streifte ihre Sandalen ab, schob den Vorhang beiseite, wand sich durch das enge, runde Eingangsloch der ersten Box und kauerte sich zusammen wie ein Embryo im Mutterleib. So jedenfalls stellte sie sich das vor. Der Weg zum Ausgang war sehr eng, sie wurde von allen Seiten gedrückt. Ein fast erotisches Gefühl, sie mochte das. Sie mochte auch den seidigen Teppich, auf dem sie anschließend zu liegen kam, und die Farbe Rot. Ein nur scheinbar sanfter Übergang, denn schon setzten die Frauenstimmen ein: Sie kreischten, lockten, sangen Wiegenlieder, all das erdrückend laut. Dazu das gleißende Licht, das einen zwang, die Augen zuzukneifen. Umso überraschender kamen die harten, rotierenden Bürsten. Kaum hatte sie auch diese überstanden, wurde sie in die nächste Box gestoßen. Ein metallisches Knirschen – dann stand die Maschine still. Nur eine einzelne zusammengequetschte Daunenfeder segelte auf sie herab. Irgendetwas klemmte, sie musste die Mechanik nachjustieren. Zur Eröffnung würde alles perfekt sein.

# Sonntag im Garten

Während mein Mann im Haus telefonierte, streifte ich durch den Garten und sammelte Blüten und Blätter für unser Frühstück: zart rosafarbene, süße Cosmea, scharfe Kapuzinerkresse, Schnittlauch und Basilikum. Vorsichtig brauste ich sie mit dem Gartenschlauch ab und trug sie zu dem runden Holztisch auf der Terrasse. Dort standen schon meine selbst gemachte Himbeermarmelade, eine Schüssel Obstsalat, Tomaten mit Mozzarella sowie Croissants und Brötchen, die Daniel von seiner Joggingrunde mitgebracht hatte. Dazu eine Käseplatte, auf der ich jetzt die Blüten verteilte.

»Kommst du?«, rief ich durch die offen stehende Terrassentür. »Und bring bitte den O-Saft mit.«

Der Kräutertee stand in einer Glaskanne auf dem Stövchen vor mir und duftete nach Melisse, Salbei und Minze. Ich setzte mich und schaute zufrieden auf das Kräuterbeet. Einige der Pflanzen hatte ich ausblühen lassen, ein Fest für die Bienen. Die Pfingstrosen daneben waren spät dran, doch nach dem kühlen Frühling blühten sie jetzt im Juni umso schöner. Mitten auf der Wiese stand ein Apfelbaum und spendete der Terrasse Schatten. Mittlerweile war unser Grundstück so eingewachsen, dass der Bungalow von der Straße aus kaum mehr zu sehen war. Ich mochte es so und Daniel ließ mich aus Bequemlichkeit gewähren.

Als er jetzt aus dem Haus kam, wirkte er mit den Gedanken weit weg. Ich nahm ihm vorsichtig die Saftgläser aus der Hand und stellte sie auf den Tisch. Endlich schaute er mich an. Ich liebte seine warmen braunen Augen. »Entschuldige, Schatz«, sagte er und küsste mich. Ich erwiderte den Kuss leidenschaftlich, doch Daniel schob mich lachend weg.

»Können wir erst frühstücken?«, fragte er, griff zur Teekanne und schenkte uns ein. Na gut. Der Sonntag war ja noch lang. Daniel teilte eine Kürbiskernsemmel und bestrich die untere Hälfte mit Butter. Dann nahm er die Schere und schnipselte damit Schnittlauchröllchen direkt auf die Buttersemmel. Anschließend salzte er das Ganze großzügig. »Papa war am Telefon. Die Solaranlage wird diese Woche doch noch geliefert«, sagte er.

»Fein!«, antwortete ich und streute Basilikumblätter über meine Mozzarella-Tomaten. Ich freute mich für Daniel. Seit Wochen drehte sich in seiner Familie praktisch alles um die Solarwärme-Anlage für seine ältere Schwester Diana und ihren Mann Wolfi. Die beiden hatten letztes Jahr ein Ferienhaus im Bayerischen Wald gekauft. Sonnenkollektoren und ein Warmwasserspeicher standen ganz oben auf ihrer Liste, und meine Schwiegerfamilie wollte ihnen diesen Wunsch zu Dianas vierzigstem Geburtstag erfüllen. Daniel, der als gelernter Anlagenmechaniker am meisten davon verstand, hatte alles geplant und die Bauteile bestellt. Nächsten Samstag würden Familie und Freunde im Ferienhaus zusammenkommen und die Anlage montieren.

»Dann könnt ihr sie am Wochenende wie geplant aufbauen«, sagte ich.

»Kommst du denn nicht mit?«

»Ihr braucht mich doch gar nicht, ihr seid ja schon so viele.«

Ich spürte ein unangenehmes Gefühl im Bauch und Daniels Gesichtsausdruck spiegelte mein Unbehagen. »Es geht doch nicht um die Arbeit. Es wird bestimmt schön, wenn alle abends am Lagerfeuer dabei sind: Diana, Wolfi und die Kinder, meine Eltern, Tante Anne, Onkel Edi, meine Cousins. Mit Leos Freundin zum Beispiel hast du dich doch letztes Mal gut verstanden. Diana und die anderen wären traurig, wenn du nicht kämst.« Seine Stimme hatte einen lockenden Tonfall angenommen, als wäre ich ein Kind, das er zu überreden versuchte, den leckeren Spinat doch wenigstens einmal zu probieren. Das gefiel mir nicht. Außerdem spürte ich den Hauch eines schlechten Gewissens. Auch wenn ich mich auf Familienfeiern unwohl fühlte, wollte ich niemanden enttäuschen.

»Ich habe schon mit Diana gesprochen. Sie fand es auch schade, aber sie versteht mich.«

»Ihr habt telefoniert?« Daniel klang so, als glaubte er mir nicht, und das ärgerte mich. Trotzdem blieb ich ruhig.

»Wir haben neulich zusammen nach der Arbeit was getrunken, während du beim Mountainbiken warst. Das würde ich gern öfter machen. Schade, dass sie immer so eingespannt ist.«

Diana arbeitete ganztags im Reisebüro ihrer Eltern, ihre freie Zeit verbrachte sie meistens mit ihrem Mann Wolfi und den Kindern. Emma war elf und Felix bereits dreizehn.

»Dann wäre es doch schön, wenn du mitkommen würdest.«

»Bei den vielen Gästen wird sie kaum Zeit für mich haben. Und ich weiß nie so recht, was ich mit deinen Leuten reden soll. Außer uns sind doch alle in der Reisebranche.«

»Ja, und? Du musst ja nicht über Kanaltechnik reden.«

Das stimmte natürlich, aber Small Talk war nun mal nicht meine Stärke. Und so blieb ich auf Familienfeiern meistens allein an einem Tisch zurück und hielt mich an einem Glas Wein oder einer Apfelschorle fest, während Daniel von einem Grüppchen zum anderen wanderte und munter plauderte. Warum konnte ich das nicht? Diana hatte mich von Anfang an herzlich aufgenommen und mich allen vorgestellt, doch sobald ich mit mehr als zwei oder drei Leuten zusammenstand, verstummte ich.

»Bist du gar nicht neugierig auf das Ferienhaus?«

»Doch, schon. Ich würde gerne den Garten sehen und wie die Solaranlage aufgebaut wird.«

»Na also. Du kannst mitarbeiten oder den ganzen Tag in der Hängematte liegen und lesen. Ganz wie du willst. Hauptsache, du bist dabei.«

Ich seufzte. »Na gut, ich komme mit. Ich weiß ja, wie wichtig dir das Familienwochenende ist. Und ich würde mich gern nützlich machen.«

Für Handlangerdienste in Haus und Küche brauchte man keinen Small Talk zu können, und da ich sowohl eine Bohrmaschine bedienen als auch einen Kochlöffel schwingen konnte, würde mir nicht langweilig werden. Daniel lächelte. »Fein, ich freue mich.«

Nachdem er seine Semmel aufgegessen hatte, stand er auf. Er kam zu mir herüber, umarmte mich von hinten und küsste meinen Hals. Es kitzelte ein bisschen, da er sich seit Freitag nicht rasiert hatte. Ich mochte das. Dann sagte er: »Ich muss kurz in die Firma, ein paar Angebote schreiben.«

Seine Worte wirkten wie eine kalte Dusche. Der Sonntag war normalerweise für uns reserviert. Als wir noch ein Zwei-Personen-Betrieb für Rohrreinigung und -inspektion gewesen waren, hatten wir oft genug am Wochenende Notdienst gehabt. Inzwischen beschäftigten wir fünfundzwanzig Leute und arbeiteten nur noch in langfristig geplanten Projekten.

»Muss das ausgerechnet heute sein? Und warum fährst du dazu in die Firma? Du hast doch deinen Laptop hier.«

»Ich brauche Unterlagen aus dem Büro. Bis Mittag bin ich zurück, dann machen wir es uns gemütlich«, sagte er, drückte kurz meine Schulter und ging. Enttäuscht sah ich ihm hinterher.

Ich fand es selbst absurd, aber kaum war die Haustür hinter Daniel ins Schloss gefallen, fühlte ich mich allein. Als hätte jemand ein Licht in mir ausgeknipst. Ich hörte, wie sein Auto aus dem Carport rollte und sich das Geräusch langsam entfernte. Dann war es still und ich verfiel in diese seltsame Stimmung, die mich in letzter Zeit häufiger überkam: eine Mischung aus Traurigkeit, Angst und Überforderung. Ich zwang mich, aufzustehen und den Tisch abzuräumen. Ob meine Freundin Judith wohl spontan Lust hatte, etwas mit mir zu unternehmen? Ich war schließlich nicht verpflichtet, auf Daniel zu warten. Doch statt Judith anzurufen, beschloss ich, zurück in den Garten zu gehen und meine Hände in der Erde zu versenken – etwas, das mich zuverlässig beruhigte. Und so verbrachte ich den Vormittag auf den Knien, schnitt Pflanzen zurück und rupfte Unkraut aus.

Mittags aß ich Salat auf der Terrasse, sah dem Tanz der Schmetterlinge zu und machte mir eine To-do-Liste. Das Gras stand ziemlich hoch, zu hoch für den Rasenmäher. Schon lange wollte ich mir eine Sense kaufen und damit umgehen lernen. Mein Vater hatte damals versucht, es mir beizubringen. Doch da er mich jedes Mal anschrie, sobald ich einen Fehler machte, war mir schnell die Lust vergangen und ich hatte mich davor und vor vielen anderen Arbeiten auf unserem Nebenerwerbsbauernhof gedrückt. Zum Glück war ich nicht mehr auf ihn angewiesen. Erst kürzlich hatte ich im Bioladen einen Aushang gesehen, auf dem ein Sensenmähkurs angeboten wurde. Das Foto des Kursleiters zeigte einen feschen jungen Bauern mit Dutt und freundlichem Gesicht. Meinen Vater hatte ich seit über zwanzig Jahren nicht gesehen. Vor einem halben Jahr war er gestorben, doch im Grunde machte es keinen Unterschied für mein Leben, ob er noch da war oder nicht. So wenig Unterschied, dass ich nicht mal Daniel von seinem Tod erzählt hatte.

# Monday, Monday

Als ich am nächsten Morgen auf unser Firmengelände im Norden Regensburgs einbog, kam mir eines unserer Einsatzfahrzeuge entgegen: ein weiß lackierter Kleintransporter mit dem blauen Schriftzug KTR – Kanaltechnik Riedl und unserem Logo in Form einer geflügelten Filmrolle. Am Steuer saß Franz, unser Inspekteur der ersten Stunde, und auf dem Beifahrersitz sein Kollege Tibor. Ich ließ kurz die Scheibe runter und wünschte den beiden einen guten Start in die Woche. »Dir auch, Chefin!«, sagte Franz, winkte und fuhr davon.

Ich parkte den Octavia auf dem Stellplatz der Geschäftsleitung, direkt neben einem weiteren Kleintransporter. Die Tür stand offen, als sei der Fahrer nur kurz ausgestiegen. Und tatsächlich kam mir auf dem Weg zum Eingang Max entgegen. Seit einem Jahr war er jetzt bei uns und laut Daniel machte er sich sehr gut. Ein langjähriger Kunde hatte neulich gezielt nach ihm verlangt. Ansonsten wusste ich kaum etwas über ihn. Außer beim Vorstellungsgespräch hatten wir selten länger miteinander geredet und bei informellen Treffen in der Firma tauchte er so gut wie nie auf. Vielleicht mochte er solche Zusammenkünfte so wenig wie ich Familientreffen? Was aber nicht erklärte, warum er jetzt mit finsterem Blick auf mich zukam, während mich das Orange und die Reflektorstreifen auf seiner Warnschutzhose beinahe blendeten. Dazu trug er ein kurzärmeliges schwarzes T-Shirt mit einem verwaschenen AC/DC-Aufdruck. Ein kompliziertes Tattoo aus Blättern und Schlingpflanzen bedeckte seinen linken Arm und wand sich seinen Bizeps hinauf, wo es unter dem kurzen Ärmel verschwand.

»Morgen, Max. Alles klar bei dir?«

Er blieb stehen und schaute mich stirnrunzelnd an. Sein linkes Auge saß eine Nuance höher und war ein bisschen größer als das rechte, was es mir schwer machte, seinen Gesichtsausdruck zu deuten. Irgendwas empörte ihn, so viel stand fest.

»Bruno hat einen Bandscheibenvorfall«, sagte er. »Aber für den Auftrag im Bayerischen Wald brauche ich einen zweiten Mann.«

»Oder eine zweite Frau«, sagte ich, obwohl das hier natürlich nicht der Punkt war. Max überraschte mich mit einem feinen Lächeln. »Hauptsache, er oder sie kann zupacken.«

»Ich kümmere mich darum«, sagte ich. Verbindlich und professionell, wie ich hoffte. In Wahrheit hatte ich keine Ahnung, wo ich bis nächste Woche Ersatz für Bruno hernehmen sollte. Unsere Auftragsbücher waren voll, und wir versuchten schon eine ganze Weile vergeblich, neues Personal zu bekommen. Und Max wusste das.

»Danke. Tut mir leid«, sagte er und ließ mich stehen. Ich sah ihm hinterher. Wofür entschuldigte er sich? Er konnte ja nichts für den leer gefegten Arbeitsmarkt und dafür, dass ich diejenige war, die damit fertigwerden musste.

Ich ging weiter und trat in unser großzügiges, helles Foyer. An den Wänden hingen Fotos von unserer Belegschaft und den Fahrzeugen in Aktion. Ich war stolz darauf, was Daniel und ich in den letzten zehn Jahren geschafft hatten, doch der Erfolg von KTR flößte mir auch Respekt ein: Von unseren Entscheidungen hing nicht nur unsere eigene Existenz ab, sondern auch das Wohlergehen der fünfundzwanzig Menschen, die für uns arbeiteten. Wie gut, dass Daniel an meiner Seite war.

Im Erdgeschoss befanden sich ein großes Besprechungszimmer, die Haustechnik und der Empfang unter Tamaras

Leitung. Durch die Glastür konnte ich sehen, dass sie telefonierte. Sie winkte mich herein. »Prima, so machen wir das«, hörte ich sie noch sagen, dann legte sie auf und sah mich an. »Guten Morgen. Weißt du schon von Bruno?« Ich nickte. »Ich habe mit der Zeitarbeitsfirma telefoniert. Die wollen sich im Lauf des Tages bei dir oder Daniel mit einem Vorschlag melden.«

»Danke, Tamara. Du bist ein Schatz!«

»Ich arbeite ja nicht umsonst.« Damit spielte sie auf die Gehaltserhöhung an, die sie Anfang des Jahres bekommen hatte. Ihr Humor, ihre Umsicht und Unerschütterlichkeit waren mit Geld alleine gar nicht aufzuwiegen. Ich bemühte mich um ein betroffenes Gesicht und sagte: »Ich dachte schon, es sei Liebe.«

»Das auch«, sagte sie, und wir grinsten uns kurz an, obwohl mir gar nicht nach Lachen zumute war. Der verpatzte Sonntag steckte mir noch in den Knochen. Daniel war sehr spät nach Hause gekommen und am Morgen schon vor mir aufgebrochen, was ungewöhnlich war. Dazu kam das Bruno-Problem. Ich ging hinauf in mein Büro. Die Verbindungstür zu Daniels Zimmer stand offen und die Bewerbung, die ich ihm am Freitag noch hingelegt hatte, lag unverändert auf dem Tisch. Es sah nicht so aus, als ob er heute schon mal hier gewesen wäre. Vielleicht schaute er ja schnell bei seinen Eltern vorbei, wegen der Familienfeier.

# Der Brief

Die nächsten Tage vergingen wie im Flug. Ich besprach mit Tamara unseren Auftritt bei der großen Fachmesse im Herbst und erledigte zwischendurch tausend andere Dinge, während Daniel Angebote kalkulierte. Zwischendurch telefonierte er mit seiner Familie und ich machte mir eine Einkaufsliste für meinen Beitrag zum Grillabend.

Am Donnerstagabend hatten wir noch immer keine Lösung für das Bruno-Problem. Franz hatte zwar Urlaub eingetragen, aber Tibor wurde dadurch trotzdem nicht frei. Er ging auf eine Fortbildung, die ich ungern absagen wollte. Tibor war motiviert und brauchte das Zertifikat. Es blieb wohl nichts anderes übrig, als einen Auftrag zu verschieben; entweder den im Bayerischen Wald oder einen anderen. Die Einsatzplanung fiel in Daniels Ressort, doch er war schon am Nachmittag losgefahren, um die Kollektoren und den Wasserspeicher für Dianas Solaranlage abzuholen. Ich schrieb ihm eine Nachricht und machte mich auf den Heimweg.

Beim Aussteigen im Carport verfing sich der Ärmel meiner Bluse in der Hecke, als wollten Purpurweide und Kornelkirsche meine Aufmerksamkeit einfordern. Die Weide hatte dieses Jahr kräftig ausgeschlagen und ich machte mir in Gedanken eine Notiz, dass nächstes Jahr ein Schnitt anstand.

Als ich den Briefkasten öffnete, fiel mir ein Brief von Tante Christa entgegen, der Schwester meines Vaters. Seit seinem Tod kümmerte sie sich um die Formalitäten; wohl mehr aus Pflichtgefühl als aus Verbundenheit, und weil sie in der Gegend lebte. Von ihr hatte ich letztes Jahr erfahren, dass Kurt gestorben war. Drei- oder viermal hatte sie mir bereits Briefe geschickt mit Angelegenheiten, von denen sie dachte, dass ich darüber entscheiden sollte. Etwas Aufregenderes als Kontoauszüge oder die Abmeldung vom Buchclub war bisher nicht dabei gewesen. Neben Christas Brief gab es noch ein amtlich aussehendes, braunes A4-Kuvert und eine Ansichtskarte mit einer wunderschönen Fjordlandschaft. Ich nahm die Post mit hinein und legte sie auf den Küchentisch. Dann checkte ich mein Smartphone. Daniel hatte mir geschrieben, dass er noch unterwegs sei und ich nicht mit dem Essen auf ihn warten solle. Ich setzte Spargel und Kartoffeln auf und ging in den Garten, um Kräuter zu holen und im Gewächshaus erste Cocktailtomaten zu ernten. Eine halbe Stunde später dekorierte ich damit mein Essen und trug es nach draußen auf die Terrasse. Bienen und Schmetterlinge tanzten in der Abendsonne und es war so ruhig, dass ich die Blätter im Apfelbaum rascheln hörte. Nur hin und wieder fuhr ein Auto vorbei, Gartentüren quietschten, und ein paar Häuser weiter lachten Kinder – beruhigende Feierabendgeräusche. Nach dem Essen legte ich mich auf einen Gartenstuhl im Halbschatten und döste, während meine Gedanken langsam zur Ruhe kamen.

Dann musste ich eingeschlafen sein, denn plötzlich saß Daniel in dem Stuhl neben mir und berührte mich sanft am Arm. »Ziemlich schwül heute Abend, es wird wohl später noch ein Gewitter geben«, sagte er und stellte Gläser und eine Karaffe mit Zitronenwasser auf den kleinen Tisch zwischen uns. Ich sah auf die Uhr: schon halb neun. Der Himmel hatte sich zugezogen. Trotzdem war es noch hell. Daniel schenkte uns Wasser ein und ich nahm einen tiefen Schluck. »Danke. Hier draußen im Garten kann man's gut aushalten«, sagte ich und Daniel nickte.

»Hast du die Karte von Oma und Opa gesehen?«, fragte er.

Daniels Großeltern machten endlich die Fahrt mit der *Hurtigruten*, die sie im Lauf ihres Berufslebens so oft an ihre

Kunden verkauft hatten. Sie selbst gönnten sich das erst jetzt, nachdem sie sich ganz aus dem Geschäft zurückgezogen hatten.

»Was schreiben sie denn?«, fragte ich und nippte wieder an meinem Wasser.

»Hast du sie denn nicht gelesen? Sie ist an uns beide adressiert. Oma und Opa finden es wunderbar, sich um nichts kümmern zu müssen, und sind beeindruckt von der Natur. Sie machen die Nächte durch, weil es nicht dunkel wird.« Ich hörte das Lächeln in seiner Stimme und auch mir wurde warm ums Herz. »Wie schön, dass die beiden so gesund sind. Vielleicht liegt das daran, dass sie ihr Leben lang das gemacht haben, was sie lieben. So wie wir.«

Daniel ging nicht darauf ein, stattdessen reichte er mir die beiden ungeöffneten Briefe. »Da war noch was für dich in der Post.«

»Ich weiß.« Ich nahm die Umschläge und ließ sie in meinen Schoß fallen.

»Einer ist vom Nachlassgericht in Deggendorf. Willst du den nicht aufmachen?«

»Nein«, sagte ich.

»Aber … es ist hoffentlich niemand aus deiner Familie gestorben, oder? Das hättest du mir bestimmt erzählt.« Ganz sicher schien er nicht zu sein, dem Klang seiner Stimme nach zu urteilen. Wie recht er hatte. Ich fühlte mich schäbig. Jetzt lachte er die Unsicherheit weg. »Vielleicht hast du einen Erbonkel in Amerika, von dem du nichts wusstest, und bist plötzlich reich. Oder du erbst ein Cottage in Cornwall.«

»Mein Vater ist gestorben«, sagte ich.

Daniel setzte sich ruckartig auf. »Wann?«

»Schon im Dezember. Meine Tante Christa hat mich angerufen, aber ich habe schlicht vergessen, es dir zu sagen. Du weißt doch, dass ich den Kontakt abgebrochen hatte. Er war seit Jahren so gut wie tot für mich.«

Daniel starrte mich aus zusammengekniffenen Augen an. »Ich weiß, dass du nach der Trennung deiner Eltern nichts mehr von ihm wissen wolltest. Auch wenn du mir nie erzählt hast, warum genau. Aber vielleicht hätte es dir gutgetan, auf die Beerdigung zu gehen und dich endgültig von deinem Vater zu verabschieden. Ich wäre mitgekommen und hätte dir geholfen, das durchzustehen.« Er schüttelte noch einmal ungläubig den Kopf. »Vergessen, zu erwähnen, dass der eigene Vater gestorben ist …«, murmelte er.

Eine seltsame Mischung aus Wut, Angst und Benommenheit machte sich in mir breit. Natürlich konnte Daniel mein Verhalten nicht nachvollziehen, mit seiner Familie, die ihn umgab wie ein schützender Kokon. Eine Familie, die sogar Trauerfeiern zu Festen voller Eleganz und Wärme machte. Erst letztes Jahr hatte ich das bei der Beerdigung seiner Uroma Rose erlebt. Die offensichtliche Liebe für die Verstorbene und im Familienkreis hatte wie eine Überdosis auf mich gewirkt. Wie so oft hatte ich mich fremd gefühlt und gleichzeitig schuldig, weil ich nicht ehrlich mit Daniel trauern konnte.

Ich schluckte eine bittere Bemerkung hinunter. »Wenn du mich wirklich unterstützen willst, dann lassen wir das Thema jetzt ruhen«, sagte ich. Meine Stimme klang flehend und wackelte, doch Daniel setzte sich über meine Bitte hinweg. »Du hättest es mir erzählen müssen«, sagte er, und ich begriff, dass mein Schweigen ihn wirklich verletzt hatte. Wie sollte ich ihm erklären, dass ich nicht anders gekonnt hatte? Christas Anruf hatte eine Tür in meiner Seele geöffnet, hinter der das Grauen meiner Kindheit lauerte. Erst danach kam die Erleichterung darüber, dass er tot war. Ich wollte alles, was mit ihm zusammenhing, endgültig vergessen.

»Es tut mir leid«, sagte ich und hielt Daniel den Umschlag hin. »Kannst du den für mich aufmachen, bitte?«

Zögerlich griff er zu und sah mich noch einmal an, wie um mein Einverständnis einzuholen. Dann löste er die Umschlagklappe an einer Ecke und riss die Hülle mit einer kräftigen Fingerbewegung auf.

Ich atmete tief durch und schloss die Augen, während Daniel vorlas: »… zu Miterben nach Kurt Brunner, zuletzt wohnhaft in Sesslfing, sind berufen: Alexandra Margarete Riedl, geborene Brunner, und Melanie Martha Brunner …«

Es folgte ein Absatz, in dem ich gebeten wurde, die Adresse meiner Schwester mitzuteilen, da man ihren Aufenthaltsort nicht habe ermitteln können. An der Stelle musste ich lachen. Daniel griff nach meiner Hand und drückte sie; vielleicht dachte er, ich sei verrückt geworden. Und irgendwie stimmte das ja auch. Ich hatte mir vorgemacht, dass ich ein normales Leben führte. Ein ausgefülltes Leben mit meinem Mann, unserer gemeinsamen Firma und einer angeheirateten, intakten Familie. Mehr denn je fühlte es sich an, als wäre das alles nur geliehen.

Ich rutschte tiefer in meinen Liegestuhl. »Die Verfügung von Todes wegen liegt in beglaubigter Abschrift bei«, las Daniel weiter vor und reichte mir die Kopie des Testaments, das ich rasch überflog. Es stammte aus dem Jahr 2005, war also schon vierzehn Jahre alt. Melanie und ich sollten den Haus- und Grundbesitz unseres Vaters zu gleichen Teilen erben. Beim Anblick seiner Unterschrift schüttelte ich mich; selbst der Kopie konnte man ansehen, wie brutal er die Buchstaben auf das Blatt gedrückt hatte. Es war nur ein Stück Papier, doch es übte auf unheilvolle Weise Macht über mich aus. Mich überkam ein Gefühl der Hilflosigkeit, das ich längst überwunden geglaubt hatte.

»Du hast eine Schwester?«, fragte Daniel.

Ich seufzte. »Ja. Aber ich weiß nicht, ob sie noch lebt und wo sie ist. Als mein Vater das Testament geschrieben hat, war sie schon seit mehr als zehn Jahren verschwunden. Vielleicht wusste er ja, wo sie ist, und hat es mir und meiner Mutter verschwiegen.« Ich lachte auf.

Daniel strubbelte sich mit der Hand durchs Haar, wie er es immer tat, wenn er aufgewühlt war. »Gibt es noch mehr, das ich von dir nicht weiß? Hast du noch weitere Geschwister?«

»Nein, es gibt nur Melanie. Sie ist meine Halbschwester, fünf Jahre älter als ich. Mein Vater hat sie adoptiert, als er meine Mutter heiratete. Die war neunzehn, als sie Melanie bekam. Von einem Jugendfreund, soweit ich weiß.«

»Du sagst, sie ist verschwunden. Was heißt das genau?«

Ich zuckte mit den Schultern. »Sie ist eines Abends einfach nicht mehr nach Hause gekommen. Sie hatte gute Gründe, wegzugehen. Unser Vater war ein gewalttätiges Arschloch, ständig gab es Streit.« Daniel zuckte zusammen. Solche Vorkommnisse waren im Zusammenhang mit seiner eigenen Familie undenkbar, ebenso die Wortwahl. Doch immerhin gab ich ihm damit einen Teil der Erklärung, die ich ihm wohl schuldete.

»Und dann begann Melanie, sich in der Bürgerinitiative zu engagieren. Sie wollten den Bau einer Mülldeponie verhindern, den mein Vater als Gemeinderat unterstützte. Melanie ging demonstrieren und unsere Mutter machte mit. Es war das erste Mal, dass sie so offensichtlich nicht seiner Meinung war, und dann noch in einer politischen Angelegenheit. Die von der anderen Partei machten sich lustig über ihn. Er war schon immer jähzornig, aber dann hat er angefangen, sie zu schlagen.« Meine Stimme versagte. Daniel legte eine Hand auf meinen Arm, doch ich konnte die Berührung nicht ertragen und zog den Arm weg. »Entschuldige«, sagten wir beide gleichzeitig.

Ich fing mich als Erste. »Manchmal genügte ein einziges Wort, damit Kurt einen Wutanfall bekam. Ich war ständig auf der Hut, nichts Falsches zu sagen.«

»Du hast geglaubt, es liegt an dir, wenn er wütend wird? Wie kann man seinem Kind das nur antun. Oder die eigene Frau schlagen«, sagte Daniel und verzog das Gesicht. Jetzt wusste ich wieder, warum ich so selten über diese Dinge sprach: Es half mir kein bisschen, dass Daniel jetzt schockiert war. Er wirkte nahezu angewidert.

»Schau mich bitte nicht so an. Ich habe mir diese Familie nicht ausgesucht«, sagte ich.

Er schluckte. »Entschuldige, aber die Geschichte geht mir unter die Haut. Hast du deine Schwester nie gegoogelt?«

»Natürlich. Immer wieder. Aber ich finde keine Spur von ihr.«

»Vermutlich hat sie geheiratet und einen anderen Nachnamen angenommen, so wie du.«

»Hätte das Amtsgericht sie nicht trotzdem finden müssen?«

Daniel schüttelte den Kopf. »Vielleicht will sie nicht gefunden werden und hat ihre Spuren absichtlich verwischt. Oder sie ist obdachlos geworden und nirgends mehr gemeldet.«

Bei dem Gedanken daran, dass meine Schwester unter einer Brücke schlief, wurde meine Brust ganz eng. Als Daniel diesmal meine Hand nahm, war ich froh darüber. Ich schluckte und atmete zitternd einmal ein und aus. Seine Hand war angenehm kühl und trocken. »Das alles ist sicher schwer für dich. Trotzdem verstehe ich nicht, warum du mir nichts erzählt hast. Ich wusste ja, dass deine Eltern geschieden sind und du keinen Kontakt mehr zu deinem Vater hast, aber die Geschichte mit Melanie ist echt heftig. Wir hätten nach ihr suchen lassen können. Mein Großonkel Karl ist Erbrechtsanwalt. Der weiß, wie man Angehörige aufspürt.«

Schon wieder spürte ich einen Stich in meinem Herzen. Ganz egal, worum es ging: Es gab immer jemanden in Daniels weitläufiger Verwandtschaft, den oder die er um Rat fragen konnte. Und genau das war mein Problem. Sie kamen mir alle so gescheit und kompetent vor. Sie waren so großzügig und gaben mit einer Leichtigkeit, als hätten sie unbegrenzte Ressourcen. Mein verkorkstes Elternhaus passte einfach nicht dazu.

»Ich möchte deine Verwandten nicht in meine Familienangelegenheiten hineinziehen«, sagte ich.

»Onkel Karl würde es schon sagen, wenn er keine Lust oder keine Zeit hätte.«

Ich atmete tief durch und wählte meine Worte sorgfältig aus: »Ich fand es immer toll, dass du so eine große, harmonische Familie hast, aber manchmal schüchtert mich das ein.« Das war stark untertrieben, aber freundlich formuliert, wie ich hoffte. Daniel wirkte nicht überrascht. »Ich weiß. Allein das Theater um unser Wochenende mit Diana und Wolfi! Dabei hast du das gar nicht nötig. Du bist eine wunderbare Frau, Alexandra. Du leitest eine Firma und weißt, was du kannst und was du willst. Du bist in Ordnung so, wie du bist.« Daniels Worte waren schmeichelhaft, doch ich fühlte mich wie eine Hochstaplerin. Natürlich hatte ich im Lauf der Zeit gelernt, meine Rolle in der Firma auszufüllen, und ich wusste, dass ich trotz meines abgebrochenen Studiums klug war und dass unsere Leute mich mochten. Trotzdem fühlte ich mich nie ganz sicher, selbst wenn alles gut lief.

Endlich löste sich die Anspannung in Daniels Gesicht. »Meine Familie hält sehr viel von dir. Um genau zu sein, hatten sie Bedenken, ob ich das mit der Firma auf die Reihe kriege. Bis du auf der Bildfläche erschienen bist und mit angepackt hast. ›Jetzt könnte es was werden‹, waren Papas Worte.«

Daniel lächelte und ein warmes Gefühl breitete sich in meinem Herzen aus. Sein Vater hatte mir von Anfang seine Sympathie gezeigt, genauso wie Diana, und auch mit der Mutter verband mich inzwischen ein freundschaftliches Verhältnis. War ich wirklich so großartig, wie Daniel gesagt hatte? Warum fühlte ich mich dann nicht so? Und warum hatte er nicht gesagt, dass er mich liebte, wie ich war? Das war definitiv etwas anderes, als »in Ordnung« zu sein.

»Ich kann eben nicht aus meiner Haut«, sagte ich in dem Moment, als Daniel seine Hand von meiner wegzog.

»Scheint so«, sagte er, was mir einen Stich versetzte. Dann fragte er: »Was hast du mit dem Erbe vor?«

»Ich schlage es aus. Was soll ich mit einem renovierungsbedürftigen Bauernhaus am Arsch der Welt? Ohne Melanies Zustimmung kann ich es nicht verkaufen«, sagte ich.

»Fahr wenigstens nach Sesslfing und schau dir dein Elternhaus noch einmal an. Vielleicht findest du einen Hinweis auf deine Schwester. Wir haben ja den Inspektionsauftrag von der Gemeinde«, sagte er, »Max fährt nächste Woche hin.«

Sein Themenwechsel irritierte mich, doch ich wollte sowieso nicht mehr über die Erbsache reden. »Was? Ja, die Inspektion im Bayerischen Wald. Wir haben immer noch keinen Ersatz für Bruno. Wir werden irgendwas schieben müssen, hast du eine Idee?«

»Max kommt ein paar Tage allein zurecht, aber das meine ich nicht. Es geht um Sesslfing, deinen Heimatort. Der Auftrag ist dort. Die Gemeinde plant ein neues Baugebiet am ehemaligen Bahnhof und dafür untersuchen sie die alten Kanäle. Du könntest zum ersten Projektgespräch mit dem

Ingenieurbüro fahren und anschließend zum Haus deines Vaters.«

Bei der Vorstellung wurde mir heiß und kalt. »Du hast hinter meinem Rücken einen Auftrag in Sesslfing angenommen?«

Daniel stand auf und verschränkte die Arme vor mir. »Mir war nicht klar, dass du das nicht mitbekommen hast, aber ich fand auch nichts Bemerkenswertes daran. Ist doch albern, dass du den Ort meidest. Du hättest längst jemanden mit der Suche nach deiner Schwester beauftragen können. Du weißt seit Monaten, dass die Erbsache auf dich zukommen würde.«

Vermutlich hatte er recht, aber sein belehrender, vorwurfsvoller Ton ging mir gegen den Strich. Deshalb verteidigte ich mich: »Die haben ein halbes Jahr gebraucht, um das Testament zu eröffnen und es mir mitzuteilen! Hätte ja sein können, dass er sein Zeug dem Tierschutzverein vermacht hat. Oder dem Frauennotruf, späte Einsicht und so.« Ich dachte, ich hätte einen Witz gemacht, aber Daniel lachte nicht.

»Wo ist dein Kampfgeist geblieben, deine Energie? Du erledigst doch sonst alles am liebsten sofort. Verschaff dir Klarheit über Melanie, dann geht's dir besser.«

Ich warf die Papiere neben mich ins Gras und stand ebenfalls auf. »Mir geht es prima. Ich lehne das Erbe ab und dann bekommt es wahrscheinlich Tante Christa, die sich sowieso schon um alles kümmert. Und wegen der Inspektion, da kann ich natürlich nach Sesslfing fahren, das macht mir überhaupt nichts aus. Nur der Rest interessiert mich nicht.«

Daniel sah mich kopfschüttelnd an. »Das glaube ich dir nicht. Und ich versteh immer noch nicht, warum du mir nichts von Melanie und vom Tod deines Vaters erzählt hast. Das ist doch nicht normal.«

Ich spürte, wie in mir etwas in Wallung geriet. Meine Wangen glühten. »Nicht normal? Ja, mein Gott, ich hab's vergessen oder verdrängt, wenn du so willst. Ist einfach keine schöne Geschichte, aber das verstehst du wahrscheinlich nicht, mit deiner schrecklich netten Familie.« Ich erschrak selbst über meine Worte, aber es war zu spät. Ich konnte spüren, wie Daniel innerlich vor mir zurückwich.

»Deine schlimme Kindheit gibt dir noch lange nicht das Recht, meine Familie schlecht zu machen. Das ist unfair. So kenne ich dich gar nicht. Anscheinend gibt es so einiges, das ich nicht von dir wusste. Das muss ich erst mal sacken lassen. Ich drehe noch eine Runde mit dem Bike«, sagte er.

Ich schmeckte Bitterkeit auf der Zunge. »Du fährst weg?« Ich merkte selbst, wie kläglich ich klang. Doch die Vorstellung machte mir wirklich Angst.

»Ich dachte, dir geht's prima? In einer Stunde bin ich zurück.« Er drehte sich um und ging ins Haus. Beinahe sofort kroch Panik in meinem Nacken hoch, gepaart mit kalter Wut. Warum verstand Daniel mich nicht? Und warum gab er mir keine Chance, es zu erklären? Wie durch eine Dämmschicht bekam ich mit, dass er seine Radklamotten zusammensuchte; ich hörte Schranktüren klappern und seinen Schlüsselbund klimpern. Dann fiel die Haustür hinter ihm zu. Vor zwei Stunden noch hatte ich meinen Feierabend genossen und den Schmetterlingen zugesehen. Jetzt war alle Leichtigkeit verflogen, meine Sicherheit davongeflattert. Mir war trotz der Schwüle eiskalt und ich begann zu zittern. Schließlich ging ich ins Wohnzimmer und schenkte mir an der Hausbar zwei Fingerbreit Whisky ein.

Normalerweise wurde ich schon beschwipst, wenn ich nur an einem Whiskyglas schnupperte. Diesmal trank ich alles in einem Zug. Davon wurde mir immerhin warm und meine Glieder wurden so schwer, dass das Zittern aufhörte. Nebel breitete sich in meinem Kopf aus. Ich legte mich auf das Sofa und fiel in einen Zustand zwischen Traum und Wachen. Mit weit ausgreifenden Schritten lief ich durch die Wüste, erst langsam und dann immer schneller. Ich spürte die Hitze auf der Haut und meinen Körper, der zuverlässig arbeitete wie eine Maschine. Das Laufen genoss ich, doch die Einsamkeit machte mir Angst: Wohin ich auch blickte, die Dünenlandschaft erstreckte sich endlos, nirgends ein Strauch, ein Baum oder gar ein Mensch. In mir war die Gewissheit, dass ich immer so weiterlaufen und niemals ankommen würde.

Das Geräusch der auf- und zuschlagenden Terrassentür weckte mich. Ich fuhr hoch. Es war dunkel. »Daniel?«, rief ich. Dann erhellte ein Blitz das Zimmer. Draußen im Garten zerrte der Wind immer heftiger an den Ästen des Apfelbaums und trug den Geruch nach Regen heran, Donnergrollen näherte sich. Ich drückte die Terrassentür fest zu und machte einen Rundgang durch das Haus, das sich fremd und unbewohnt anfühlte. Daniels Haken am Schlüsselbrett im Flur war leer, auch das übliche Häufchen verschwitzter Fahrradklamotten im Bad fehlte. Blieb nur noch das Schlafzimmer. Daniels Bett war unberührt, der Radiowecker zeigte ein Uhr nachts. Wo steckte er? War er vom Gewitter überrascht worden und bei Diana oder einem Freund untergeschlüpft? Ich schloss das Fenster gegen den Sturm und die ersten Regentropfen, holte mein Smartphone aus der Küche und kehrte zurück auf die Couch. Hier auf der Westseite des Hauses prasselte der Regen jetzt fast waagrecht gegen die Scheiben, Blitz und Donner kamen im Sekundentakt. Durch den Regenschleier erkannte ich einen Plastikstuhl, den der Sturm vom Nachbargarten in mein Kräuterbeet geweht hatte. Zum Glück waren unsere Gartenmöbel aus schwerem Holz und ich hatte vorhin die Karaffe und die Gläser mit hereingenommen. Mein Telefon zeigte keine Nachricht von Daniel.

Aber ich erinnerte mich an die Ortungs-App für Familienmitglieder, die ich so gut wie nie benutzte. Ich wäre mir wie eine Stalkerin vorgekommen, wenn ich Daniels Standort mit einer App verfolgt hätte. Außerdem wusste ich sowieso meistens, wo er steckte. Doch heute waren wir in unguter Stimmung auseinandergegangen und draußen tobte ein Unwetter von Orkanstärke. Ich machte mir Sorgen. *Wo bist du?*, tippte ich, dann rief ich die App auf. Sein Avatar erschien im Westen der Stadt, auf dem Dörnberg-Park. Ich zoomte den Kartenausschnitt und erkannte, dass die Markierung für den genauen Standort auf einem Haus neben dem Park lag. Vielleicht hatte er sich in einem Hauseingang oder Carport untergestellt. Aber wieso war er nicht nach Hause gefahren, bevor der Sturm losbrach? Mir fiel mir ein, dass ein befreundetes Paar aus seiner Mountainbike-Blase ganz in der Nähe wohnte, Simon und Janine. Ich war erleichtert. Bis ich mich daran erinnerte, dass Simon Anfang des Jahres ausgezogen war und Janine jetzt allein dort wohnte. Vielleicht hatte Daniel sie zufällig vor dem Haus getroffen und sich festgequatscht. Vielleicht auch nicht ganz so zufällig. Warum hatte er mir nicht Bescheid gegeben? Er musste ganz schön sauer auf mich sein. Und was wollte er von Janine?

## Max

Max trat auf die Dachterrasse seiner kleinen Wohnung und blickte nach unten auf den Fluss. Das Wasser war dunkelgrau und spiegelte die Farbe des Himmels. Dort ballten sich Wolken und ein Geruch von Regen hing in der Luft – vermischt mit dem verführerischen Duft nach frischem Zigarettenrauch, der von nebenan zu kommen schien. Noch war es windstill und drückend schwül. Max drehte sich nach rechts und entdeckte seinen Nachbarn Leon auf der angrenzenden Terrasse.

»Hallo, Max«, begrüßte ihn dieser und trat näher an das Geländer, das sie voneinander trennte. »Auch eine?«

Max schaute nur kurz auf Leons Zigarettenschachtel und schüttelte dann den Kopf. »Nein, danke. Frag mich in einer Stunde wieder.«

Leon warf seine Lockenmähne zurück und lachte. »Dann ist es zu spät, ich geh gleich feiern. Was ist los, bist du auf dem Gesundheitstrip, oder was?«

»So ähnlich«, gab Max zu. »Ich hab mir vorgenommen, am 31. August meine letzte Zigarette zu rauchen. Bis dahin reduziere ich Stück für Stück.«

»Respekt«, sagte Leon ohne großen Enthusiasmus. Max beneidete den jungen Mann um seine Sorglosigkeit. Er ging fast jeden Abend aus und kam oft erst mitten in der Nacht nach Hause. Sein Mathestudium schaffte er offenbar locker neben seinem Teilzeitjob in einem Möbelhaus. So ein Leben hätte ich auch gern, dachte Max.

»Und was hast du heute noch vor?«, fragte Leon.

Max zuckte mit den Schultern. »Nicht viel. Noch ein bisschen was für meinen Rücken tun, Abendessen und dann ins

Bett. Ich muss morgen wieder früh raus.« Immerhin war es ein Abend mitten unter der Woche.

»Kommt Saskia vorbei, um *Yoga* mit dir zu machen?« Leon grinste anzüglich. »Und bleibt sie über Nacht?«

»Nein, das war ein einmaliges Vergnügen«, behauptete Max. Die Sache mit Saskia ging Leon nichts an. »Und es gibt tolle Yogavideos auf Youtube.«

Leon nickte und drückte seine Zigarette in dem Aschenbecher auf seinem kleinen, wackeligen Gartentisch aus. »Okay, Alter, ich muss los. Viel Spaß beim Yogaporn.«

»Blödmann«, sagte Max und lächelte dabei. Leon grinste ebenfalls und winkte lässig, bevor er in seiner Wohnung verschwand.

Endlich kam ein leichter Wind auf, und ein bisschen Zigarettenasche wehte zu Max herüber. Er ging ebenfalls hinein, aber nur um seine Matte und den Laptop zu holen. Solange es nicht regnete, würde er draußen üben. Sein Ein-Zimmer-Appartement war zwar gemütlich und hatte eine tolle Lage, aber leider auch eine Glasfront nach Süden und schlecht gedämmte Wände. Nach dem warmen Junitag staute sich die Hitze wie in einer Sauna.

Er machte nur wenige, sanfte Übungen. Das krasse Gegenteil des Gewichthebens, das er hatte aufgeben müssen. Jetzt war viel Rollen und Dehnen angesagt und das, was er für sich die »Tierstellungen« nannte: Krokodil, Schwan, Katze und Kuh … Zum Glück war Leon schon gegangen. Ansonsten hätte sein Nachbar sich noch mehr über ihn lustig gemacht. Aber der war ja auch gesund und hatte trotz seines ausschweifenden Lebenswandels den Körper eines Athleten.

Während Max sein Programm durchzog, wurde der Wind immer stärker und wehte ihm Staubkörner ins Gesicht, doch am Ende war er sehr zufrieden mit sich. Jetzt konnte er reingehen und noch einige Minuten in Stille sitzen. Manche nannten das Meditation, aber er spürte lediglich den Bewegungen nach, die durch seinen Körper zu tanzen schienen, auch nachdem er zur Ruhe gekommen war.

Dummerweise machte er den Fehler, danach noch mal auf sein Handy zu schauen. Eine Sprachnachricht von Saskia. Was wollte *die* denn von ihm? Max seufzte und drückte den Wiedergabebutton.

»Hey, Max. Du warst ja die beiden letzten Male nicht im Kurs.« Als ob er das nicht selbst wüsste. Ihre Stimme klang sanft, aber er hörte auch einen fordernden, ungeduldigen Ton heraus. Als müsste sie es hinter sich bringen: »Ich hoffe, das ist nicht unseretwegen. Es tut mir leid, was ich zu dir gesagt habe … Aber so geht es mir nun mal mit dir. Trotzdem war es unprofessionell. Vielleicht können wir nächsten Samstag zusammen frühstücken gehen, rein freundschaftlich, und das zwischen uns klären? Die anderen in der Gruppe haben schon nach dir gefragt. Samstag um elf im Café Lila? Ich reserviere für uns.«

Max schnaubte und ließ das Smartphone sinken. Die hatte Nerven! Erst schoss sie ihn in den Wind und dann ging sie selbstverständlich davon aus, dass er angerannt kam, wenn sie ihn rief? Sie hätte wenigstens fragen können, ob er Zeit habe! Ein *Bitte* hätte auch nicht geschadet. Doch am meisten ärgerte er sich über sich selbst. Es hatte ihm geschmeichelt, dass eine so attraktive, um viele Jahre jüngere Frau sich für ihn interessierte. Und die Vorstellung, wie sie in ihrer eng anliegenden Yogahose und dem knappen Top – kaum mehr als ein Bikinioberteil – mühelos von einem Asana zum nächsten wechselte, ließ ihn noch immer nicht kalt. Um ein Haar hätte er sich in sie verliebt. Von wegen unprofessionell! Was genau hatte sie gemeint – dass sie überhaupt mit einem

Kursteilnehmer ins Bett gegangen war, oder die Art, wie sie es beendet hatte?

*Nein, lassen wir es gut sein. Es ist alles gesagt*, tippte er und fand sogar ein Emoji, das mit dem Taschentuch winkt. Dann tippte er ein *M.* für seinen Namen und blockierte ihre Nummer.

In der Wohnung fiel sein erster Blick auf das Bild von Julian und Amelie über dem Esstisch. Julian hatte einen Arm um seine kleine Schwester gelegt, beide lachten in die Kamera, und wie immer verursachte der Anblick einen kleinen, wehmütigen Stich in seinem Herzen. Er würde sie erst in ein paar Wochen wiedersehen. Er hatte Abstand gebraucht, aber inzwischen kamen ihm die 700 Kilometer ziemlich weit vor. Ich bin schon wieder weggelaufen, dachte er. Wenigstens ließ sich diese Entscheidung ändern, im Gegensatz zu einigen anderen Dingen. Aber vorerst brauchte er noch den Job in der Inspektionsfirma, und der war ja auch gar nicht so schlecht. Alexandra, seine Chefin, würde bestimmt das Wunder vollbringen und einen Ersatz für Bruno finden, da war er sicher. Alexandra war tough und sie spielte keine Spielchen; sie meinte immer genau, was sie sagte, und hielt sich an ihre Zusagen. Ihr Mann Daniel war ebenfalls okay. Max fand es cool, wie sie die Firma zusammen leiteten. Als Paar schienen sie ebenso zu harmonieren. Die beiden machten offenbar einiges richtig im Leben.

# Auf Sendung

Ich war hellwach, die Wirkung des Whiskys verflogen. Meine Gedanken kreisten. War es wirklich so schlimm, dass ich Daniel den Großteil meiner Familiengeschichte verschwiegen hatte? Für ihn musste es aussehen, als vertraute ich ihm nicht. Kränkte es ihn, dass ich ihn nicht um seinen Rat gebeten hatte? Oder ärgerte er sich, dass er nie genauer nachgefragt, sondern meine dürren Angaben einfach akzeptiert hatte: Eltern geschieden, Kontakt nur noch zur Mutter, die in einem Wohnheim für psychisch Kranke in Passau lebt. Zu unserer Hochzeit war meine Mutter Marina mit ihrem Betreuer Stefan gekommen, den die meisten anderen Gäste für Marinas etwas jüngeren Lebensgefährten hielten. Dank ihm hatte sie auf dem großen Fest weder eine Panikattacke bekommen noch die Orientierung verloren. Sie plauderte charmant lächelnd und weinte in der Kirche, wie es sich für eine Brautmutter gehört. Außer ihr waren von meiner Seite nur Tante Christa und eine Freundin aus Studienzeiten dabei. Falls sich jemand darüber wunderte, ging er oder sie taktvoll darüber hinweg. Und da ich als Braut im Mittelpunkt stand, fiel auch meine kleine Small-Talk-Schwäche nicht weiter auf. Nach der Hochzeit war Marina weitgehend wieder aus Daniels und meinem gemeinsamen Leben verschwunden.

Seitdem besuchte ich sie drei-, viermal pro Jahr in Passau, aber ich wusste nicht wirklich, was in ihr vorging. Sie hatte sich lieber einer Radioreporterin anvertraut als mir persönlich – in diesem Interview, das sie vor einigen Jahren gegeben hatte. Ich war nur zufällig darauf gestoßen, weil ich gerne Podcasts hörte. Der Beitrag handelte von einer Sondermüll-Deponie, deren Errichtung man vor fünfundzwanzig Jahren in meinem Heimatort hatte durchsetzen wollen, was aber am Widerstand der Bevölkerung gescheitert war. Das Interview mit meiner Mutter war in den Beitrag eingebettet. Ich beschloss, es mir noch einmal anzuhören. Vielleicht war mir ja bisher eine Information entgangen, die mich jetzt zu Melanie führen konnte.

»Damals in vorderster Reihe bei den Protesten mit dabei: Marina Brunner und ihre Tochter Melanie«, leitete die Sprecherin den Interviewabschnitt ein. »Das erregte Aufsehen, da ihr Mann, der Gemeinderat Kurt Brunner, entschieden für den Deponiebau eintrat.« Nur ich wusste, dass Marina sich Kurt zwar öffentlich widersetzt hatte, aber zu Hause weder sich selbst vor ihm zu schützen noch für uns, ihre Töchter, einzutreten wusste. Welche Ironie!

Sie hatte nie mit mir über Melanies Verschwinden gesprochen. Das konnte die Reporterin nicht wissen; doch mir wurde übel, als ich deren einfühlsamer Stimme weiter zuhörte: »Marina Brunner lebt heute in einer Wohngemeinschaft für psychisch kranke Menschen. Sie ist einverstanden, dass ich es erwähne, aber im Interview darauf angesprochen werden möchte sie nicht. Also reden wir über ein nicht minder schweres Thema: den Abend im Sommer 1996, an dem ganz plötzlich ihre Familie auseinanderbrach.«

Gleich würde ich noch einmal hören, was Marina dazu zu sagen hatte. Mit leiser Stimme setzte sie die Worte aneinander, wie Schritte, die übers Glatteis tasten: »Ich hatte damals oft Streit mit meinem Mann, wegen meiner Teilnahme an den Demonstrationen.« Sie unterbrach sich kurz und man hörte, wie sie sich die Nase putzte. Dann fuhr sie mit festerer Stimme fort: »An dem Abend, den Sie ansprechen, kam meine ältere Tochter nicht nach Hause. Von der Kleinen – Alexandra – erfuhren wir, dass Melanie sich am nächsten Morgen an einer Protestaktion beteiligen wollte. Mein Mann wollte das unbedingt verhindern. Wir fuhren sofort los, um nach ihr zu suchen. Ohne Erfolg. Erst am Morgen erfuhren wir, dass ein Teil der Kiesgrube eingestürzt war und … « Marinas Stimme brach und sie schniefte leise.

Ich hätte kotzen können. An dem besagten Abend war sie überhaupt nicht in der Lage gewesen, irgendwohin zu gehen. Doch das verschwieg sie ebenso wie das, was anschließend passiert war, und die Reporterin fragte auch nicht nach. Wahrscheinlich aus Respekt vor Marinas Gefühlen. Als sich meine Mutter wieder gefasst hatte, fuhr sie fort: »Die Retter waren sehr professionell, mit technischem Gerät und Suchhunden. Kein Stein blieb auf dem anderen, aber Melanie wurde nicht gefunden. Kurz darauf ist unsere Ehe auseinandergegangen. Mein Engagement in der Bürgerinitiative und vor allem Melanies ungeklärtes Verschwinden waren eine zu große Belastung.«

»Glauben Sie, dass Ihre Tochter noch lebt?«, fragte die Interviewerin jetzt ganz direkt.

»Ja, ich bin mir sicher. Melanie ist irgendwo da draußen. Vielleicht hört sie gerade diese Sendung.«

»Wenn Sie wüssten, dass sie Sie hören kann, was würden Sie ihr sagen?«

»Ich würde sie bitten, uns ein Lebenszeichen zu schicken. Mir und meiner jüngeren Tochter. Ich möchte ihr sagen: Melanie, ich respektiere, dass du den Kontakt abgebrochen hast. Aber ich wüsste gerne, ob es dir gutgeht – und deine Schwester auch.«

Genau wie beim ersten Mal, als ich den Podcast gehört hatte, lief es mir auch jetzt kalt den Rücken hinunter. Warum redete Marina öffentlich im Radio, während sie mir das Gespräch verweigerte? Ich hatte so viele Fragen! Wut flammte in mir auf und diese Wut machte mir Angst, denn sie erinnerte mich an die bedrohliche Atmosphäre in meinem Elternhaus an jenem Abend. Manchmal fragte ich mich, ob etwas von Kurts Brutalität auch in mir schlummerte.

An jenem Abend fing es damit an, dass Kurt beim Essen nach Melanie fragte. »Sie wollte gleich nach der Arbeit zu Lukas«, erklärte ich. Ganz so, wie ich es ihr versprochen hatte. Sie ging schon eine ganze Weile mit Lukas, dessen Eltern in Sesslfing eine Pension mit Gasthaus führten. Sein Vater saß im Gemeinderat wie Kurt, wenn auch für eine andere Partei, und er war gegen den Deponiebau. Marina sah mich zweifelnd an, sagte aber nichts. »Das geht doch in Ordnung, oder?« Ich beneidete meine Schwester, die vor Kurzem achtzehn geworden war und in meinen Augen niemandem mehr Rechenschaft schuldig war. Kurt antwortete nicht, aber ich spürte, dass es in ihm brodelte. Als wir aufgegessen hatten, wollte ich wie immer den Tisch abräumen. Meine Mutter hielt mich zurück: »Ich spüle allein ab, Schatz. Geh ruhig schon hoch, wenn du möchtest.«

Als ich es mir mit einem Buch auf dem alten Sessel in meinem Zimmer bequem gemacht hatte, hörte ich, wie sie zu streiten begannen. Es war, als würde jemand langsam das Radio lauter drehen, bis ich schließlich jedes Wort verstehen konnte. »WO IST MELANIE?«, schrie Kurt.

»Bei Lukas, das hast du doch gehört«, rief meine Mutter.

»ALEXANDRA LÜGT!«, brüllte er und mir wurde heiß und kalt. Ich hatte doch schon öfter überzeugend geflunkert. Warum glaubte er mir heute nicht? Was hatte ich falsch gemacht? Ich hatte ja nicht mal richtig gelogen. Schließlich wollte Lukas ebenfalls zu der Gruppe stoßen, die im Wald bei der Kiesgrube eine Aktion vorbereitete – er und Melanie würden sich tatsächlich treffen.

»WENN SIE WIEDER MIT DIESEN CHAOTEN UNTERWEGS IST …«

Es klatschte, meine Mutter schrie auf. Dann hörte ich ein Poltern wie von einem unsanft abgestellten Küchenstuhl. Ich sprang vom Sofa. Was war das? Ich legte mein Buch weg und ging zur Tür, magnetisch angezogen von den beunruhigenden Geräuschen und gleichzeitig voller Angst, was ich vorfinden würde, wenn ich hinunterging. Kaum war ich am Fuß der Treppe angekommen, hörte ich Marina wimmern: »Bitte, Kurt, lass mich. Ich weiß es nicht.« Die Küche lag genau gegenüber dem Treppenaufgang. Meine Mutter kauerte an der Wand neben der Essecke zu Kurts Füßen und hatte die Arme über den Kopf gelegt.

»Blöde Kuh«, knurrte er mit zusammengebissenen Zähnen.

»Was ist los?«, fragte ich und er fuhr herum.

»Du Lügnerin«, sagte er plötzlich sehr, sehr leise. »Lukas ist heute Abend gar nicht zu Hause. Er hilft seinem Onkel beim Umzug.«

»Das wusste ich nicht«, sagte ich wahrheitsgemäß und biss mir auf die Lippen. Hätte Melanie ihr Alibi nicht sorgfältiger checken können? »Vielleicht wartet sie ja bei ihm zu Hause auf ihn. Die Erika hat gesagt, wir können jederzeit vorbeikommen.«

»Du auch?«, rutschte es Marina heraus. Es schien ihr nicht recht zu sein, dass ich, genau wie Melanie, bei den Thalhammers ein und aus ging.

»Ach, halt die Klappe«, sagte Kurt. Dann trat er Marina blitzschnell mit dem Fuß in die Leiste. Ich zuckte genauso zusammen wie sie und machte einen Schritt nach vorne. Angst und Wut trieben mich an. Ich wollte mich auf Kurt stürzen, aber er packte mich an beiden Oberarmen und hielt mich fest. Er zog mich zu sich heran. Ich sah in sein kalkweißes, hartes

Gesicht und fühlte mich, als steckte ich in einer Schrottpresse fest. Wir sahen uns eine Weile in die Augen, keiner von uns wollte zuerst aufgeben. Als Marina den Versuch machte, aufzustehen, spürte ich ein Zucken durch seinen Körper gehen. Ich hatte rasende Angst, dass er noch einmal zutreten würde.

»Sie wollen sich bei der Kiesgrube treffen«, flüsterte ich.

Er stieß mich so abrupt von sich, dass ich Mühe hatte, auf den Beinen zu bleiben.

»Na also. Was haben sie vor?«

Ich senkte den Blick. »Sie wollen sich an Bäume ketten.« Morgen sollte eine erste Schneise durch den Wald geschlagen werden, für die provisorische Baustraße und die spätere Zufahrt. Melanie hatte sich einer Gruppe Jugendlicher angeschlossen, die das mit dem Einsatz ihrer Körper verhindern wollten. Und jetzt hatte ich sie verraten.

»Kümmere dich um deine Mutter«, sagte Kurt, schubste mich zur Seite und ging hinaus in den Flur. Unwillkürlich atmete ich auf, doch mein Herz raste immer noch und ich spürte das Entsetzen im Nacken wie eine unsichtbare, kalte Faust.

»Mama?«, fragte ich. Marina hockte immer noch auf dem Boden und sah zu mir auf; dann versuchte sie, sich aufzurichten. Ihr Gesicht war unversehrt. Sie zog sich an einem Küchenstuhl hoch und setzte ein Lächeln auf, das mich beinahe beruhigte. Plötzlich presste sie die Hand auf den Mund und beugte sich über die Küchenspüle. Ganz schnell war ich bei ihr und hielt ihr langes Haar fest, während sie sich übergab. Das hatte ich auch bei Melanie schon ein paarmal gemacht, wenn sie sehr spät heimgekommen war und der Geruch von Alkohol und Zigaretten sie umgab. Beim ersten Mal hatte ich selbst noch mit Brechreiz gekämpft, doch ich hatte gelernt, mich dabei auf etwas anderes zu konzentrieren. Ich war in der Lage, Heavy Metal in meinem Kopf zu hören, während meine Mutter sich wieder und wieder über dem Becken zusammenkrümmte. Schließlich war es vorbei. Sie drehte den Wasserhahn auf und sank auf den Küchenstuhl. Die Musik in meinem Kopf verstummte und sofort hatte die Angst mich wieder im Griff. Marina war extrem blass, ihr Gesicht beinahe grau.

»Ich rufe den Notdienst«, sagte ich, aber sie hielt mich zitternd am Handgelenk fest. Als sie endlich sprach, klang ihre Stimme entschieden: »Bleib hier. Ich weiß auch so, dass es eine Gehirnerschütterung ist. Er hat meinen Kopf gegen die Wand geschlagen.«

Ich schaute sie ungläubig an. Das also war das dumpfe Geräusch gewesen. Bei der Vorstellung wurde mir ganz elend. Im Sportunterricht hatte ich gelernt, dass bei Kopfverletzungen auf jeden Fall ein Arzt gerufen werden muss. Ich konnte hören, wie sehr allein das Sprechen meine Mutter anstrengte. Doch sie gab mir klare Anweisungen. »Wenn ein Krankenwagen kommt, nehmen sie mich mit. Ich will aber nicht, dass du allein hierbleibst … mit ihm. Außerdem muss ich hier sein, wenn Melanie zurückkommt.« Sie tastete vorsichtig über ihren Hinterkopf und betrachtete anschließend ihre Hand. Kein Blut. War das ein gutes Zeichen?

»Nur eine kleine Beule. Das wird schon wieder. Hol mir bitte ein paar Kühlakkus aus der Gefriertruhe.« Obwohl ich Angst hatte, sie allein zu lassen, ging ich in den Keller. Die verdammten Akkus lagen bei Zimmertemperatur in der leeren Kühlbox, also nahm ich eine Packung gefrorene Johannisbeeren mit hoch. Marina saß immer noch auf dem Stuhl, beinahe reglos und mit zusammengepressten Lippen. Sie atmete flach. Bestimmt hatte sie Schmerzen. In ihre Augen stand die Angst geschrieben, aber als sie mich bemerkte, zwang sie sich ein Lächeln ins Gesicht.

»Die Akkus waren nicht drin«, sagte ich und reichte ihr die Tüte mit den Beeren.

»Schon okay. Gut gemacht. Kann ich heute Nacht bei dir schlafen?«

Damit kam es mir endgültig so vor, als hätten wir die Rollen getauscht. Wie oft hatte meine Mutter mich getröstet, wenn ich mich beim Spielen verletzt hatte, und wie oft hatte sie mir etwas zum Kühlen auf die Stirn gelegt, wenn ich mir eine Beule eingefangen hatte. Manchmal war ich auch zu ihr ins Ehebett geschlüpft, wenn Kurt nach einer Gemeinderatssitzung länger ausblieb. Damals, als er noch nicht gewalttätig war – oder vielleicht hatte ich es nur noch nicht gewusst. Ich wachte jedes Mal auf, wenn er spätnachts nach Hause kam, Lärm im Bad machte und die Schlafzimmertür aufriss. Und jedes Mal schlug er sie grummelnd wieder zu und übernachtete im Wohnzimmer auf dem Sofa. Doch in dieser dunkelsten aller Nächte hatte ich meine Mutter nicht beschützen können. Ich hatte nur verhindert, dass Kurt noch einmal zuschlug. Dafür hatte ich meine Schwester verraten und Kurt war auf dem Weg zu ihr.

Noch immer fragte ich mich, ob er etwas mit ihrem Verschwinden zu tun hatte. Es war nie ganz geklärt worden, wer oder was den Kiesrutsch ausgelöst hatte, und der Einsatzleiter des Suchtrupps war ein guter Bekannter meines Vaters gewesen. Auch wenn man sie nicht gefunden hatte: Ich hielt es für möglich, dass Melanie doch abgestürzt und verschüttet worden war. Noch etwas, das ich Daniel nicht erzählt hatte …

## Ungute Vorahnungen

Ich schaltete den Wasserkocher an und stellte mich auf die Zehenspitzen. Trotzdem bekam ich meine Lieblingstasse oben im Schrank nicht zu fassen. Wer immer die Spülmaschine ausgeräumt hatte, musste um einiges größer sein als ich. Aber das waren ja die meisten in der Firma. Auch Tamara, die plötzlich hinter mir stand. Sie kicherte, doch mir war nicht zum Lachen. Ich drehte mich zu ihr um. »Hör auf, hilf mir mal lieber!«

Tamara war eins fünfundsiebzig groß und geschmeidig wie eine Tänzerin. Sie brauchte sich nur ein bisschen zu strecken, schon hielt sie den sonnengelben Keramikbecher in der Hand. Noch immer grinste sie. »Hier, Chefin. Mach dir Gute-Laune-Tee.«

Ich ignorierte ihre Anspielung und ließ die Tür des Hängeschranks zuknallen. Dann griff ich nach der Schachtel mit dem Ingwer-Zitronen-Tee. Ich hängte einen Beutel in die Tasse und drehte das Papierfähnchen am Ende der Schnur so, dass ich den Spruch lesen konnte: *Du hast das Recht, glücklich zu sein.* Tja. Der Spruch war wohl überholt. Oder ich hatte einfach schon zu viele glückliche Jahre am Stück angehäuft und jetzt war jemand anders dran. Tamara vielleicht? Sie wirkte jedenfalls ziemlich glücklich, wie sie neben mir in der Glastür zur Dachterrasse stand und rief: »Das Wetter ist traumhaft, Alexandra! Ich liebe den Juni! Das viele Grün, die ewig langen Tage. Und frischer Spargel und Erdbeeren!« Ich blickte ihr über die Schulter und sah die üppigen Wiesen und Felder, die sich an das Gewerbegebiet anschlossen. Der Himmel war jetzt wieder strahlend blau und der Geruch nach Gras und feuchter Erde drang herein.

Seltsamerweise musste ich an die Schmetterlinge aus unserem Garten denken. Wie sie wohl den Sturm überstanden hatten? Zum ersten Mal fragte ich mich, an welchen Orten sie wohl Schutz suchten, wenn es regnete. Vielleicht, weil ich mich selbst auf einmal so schutzlos fühlte.

»Ja, herrlich«, sagte ich und spürte selbst, wie ätzend ich klang. Als Tamara sich umdrehte und mich mit gerunzelter Stirn ansah, tat es mir leid.

»Wer hat dir denn in den Tee gespuckt?«, fragte sie, rupfte den Siebträger von der Espressomaschine und klopfte ihn mit heftigen Schlägen aus.

»Entschuldige. Ich habe schlecht geschlafen, wegen des Sturms. Daniel war über Nacht weg und ich …« Zu spät merkte ich, dass ich damit mehr preisgab, als ich wollte. Doch Tamara bohrte nicht nach.

»Gib Bescheid, wenn ich was für dich tun kann«, sagte sie nur sanft. Ich an ihrer Stelle hätte nicht so verständnisvoll reagiert. Ich schluckte hart.

»Danke«, sagte ich nur, nahm meinen Tee und flüchtete aus der Küche.

Als ich die Tür öffnete, stand Daniel direkt vor mir. Sein Haar war verstrubbelt und er wirkte verschlafen, aber auch höchst lebendig. Seine Stimme war rau und seine Augen hatten dieses ganz spezielle Leuchten, das ich so gut kannte und das mich an längst vergangene Sonntagvormittage im Bett erinnerte.

»Alexandra«, sagte er, und ein Zucken ging durch meinen Körper. Beinahe wie damals, als ich ihm zum ersten Mal begegnet war – diesem großen, gut aussehenden Typen mit den dunklen Haaren und dem leicht verwegenen Lächeln. Doch diesmal hüpfte mein Herz nicht vor Freude und der Vorahnung, dass gerade etwas ganz Besonderes geschah. Vielmehr spürte ich einen schmerzhaften Stich. »Können wir reden?«, fragte er, und mein Gaumen wurde so trocken, als würde Schleifpapier daran kleben.

»Nicht jetzt«, sagte ich und schob mich mit meiner Teetasse an ihm vorbei. »Wir sehen uns beim Frühstück.« Dabei war mir klar, dass ich besser die Möglichkeit zu einem Vier-Augen-Gespräch genutzt hätte. Ich konnte ihn schlecht vor der Belegschaft fragen, warum er bei einer anderen Frau übernachtet hatte, doch ich fühlte mich der Wahrheit nicht gewachsen. Ich ging in mein Büro und schloss die Durchgangstür zu Daniels Zimmer. Das war hoffentlich Zeichen genug, dass ich meine Ruhe haben wollte.

Ich sah auf die Uhr. Noch eine gute Stunde bis zum Freitagsfrühstück. Gegen elf Uhr lieferte unser Lieblingsmetzger belegte Semmeln und Obst. Wer Zeit und Lust hatte, traf sich in der Küche, um gemeinsam die Woche ausklingen zu lassen. Daniel und ich waren meistens dabei, zumindest aber einer von uns. Wer pünktlich um zwölf gehen wollte oder musste, konnte das tun, andere nutzten das späte Frühstück als Mittagspause oder schauten später noch auf einen Sprung vorbei: unsere Mechaniker aus der Werkstatt oder diejenigen Inspekteure, die schon von ihren Aufträgen zurück waren. Ich selbst blieb immer bis zum späten Nachmittag. Heute würde ich noch länger brauchen als sonst, denn ich war viel zu aufgewühlt, um mich auf meinen übervollen Schreibtisch zu konzentrieren. Stattdessen trat ich mit meiner Teetasse ans Fenster und nahm einen Schluck. Die leichte Schärfe des Ingwers wärmte mich von innen. Trotz der sommerlichen Außentemperaturen hatte ich Gänsehaut an den Armen. Es tat gut, mich an der Tasse festhalten zu können.

## Freitagsfrühstück

Unter meinem Fenster rollte eines unserer Fahrzeuge auf den Hof und Max stieg aus. Beehrte er uns diesen Freitag ausnahmsweise beim Frühstück? Warum war er überhaupt schon hier? Dann erinnerte ich mich daran, dass er in einer Spezialwerkstatt gewesen war, um einen eigens für ihn gefertigten ergonomischen Stuhl im Steuerstand einbauen zu lassen. Für ziemlich viel Geld, aber da gute Inspekteure unser Kapital waren, kam ich solchen Wünschen gerne nach. Vielleicht hatte Max bereits Rückenprobleme, und wenn wir ihn ohne Helfer rausschickten, würde es ihm wie Bruno mit seinem Bandscheibenvorfall ergehen? Ich ärgerte mich, dass Daniel das Problem gestern einfach so vom Tisch gewischt hatte.

Jetzt lehnte Max sich gegen das Auto und zündete sich gemächlich eine Zigarette an. Eine Weile stand er ruhig da und rauchte, es kam mir fast vor wie eine Meditation. Dann holte er sein Smartphone heraus, wahrscheinlich um seine Nachrichten zu checken. Falls ihm bewusst war, dass man ihn von den Bürofenstern der Chefetage aus sehen konnte, schien ihn das nicht zu stören. Er hielt sich sehr gerade – vielleicht, weil er nicht besonders groß war, dafür aber kräftig und muskulös. Er war ein wenig älter als Daniel und ich, Anfang oder Mitte vierzig vielleicht. Sein kurz geschnittenes hellbraunes Haar leuchtete in der Sonne. Das Glitzern darin konnte sowohl von blonden als auch schon silbrigen Strähnen herrühren.

Plötzlich nahm er die Zigarette aus dem Mund und schaute sie an, als würde er sich erst jetzt bewusst, dass er rauchte. Er ließ sie auf den Boden fallen und drückte sie mit dem Stiefelabsatz aus. Statt die Kippe im hohen Bogen in den Grünstreifen neben dem Parkplatz zu kicken, wie die meisten anderen es getan hätten, hob er sie auf und warf sie in den Aschenbecher vor dem Eingang. Dann verschwand er aus meinem Blickfeld.

Kurz darauf hörte ich ihn nebenan mit Daniel sprechen. Ich versuchte, mich endlich wieder auf die Arbeit zu konzentrieren, doch meine Gedanken schweiften ständig ab, bis das Telefon klingelte. Als ich auflegte, war es schon nach elf. Ich trank den kalt gewordenen Tee aus und trat auf den Flur. Stimmengewirr drang mir aus der Küche entgegen. Dort fand ich einige Kollegen an den Stehtischen. Andere standen auf der Dachterrasse und genossen den herrlichen Tag. Durch die Glastür sah ich Daniel, entspannt an das Terrassengeländer gelehnt und in ein Gespräch mit unserem Azubi Frank vertieft. Unsere beiden Mechaniker standen neben Tamara an der Küchenzeile. Tamara selbst hantierte wieder mit der Espressomaschine. Zu meiner Überraschung merkte ich, dass ich hungrig war; am Morgen zu Hause hatte ich einfach nichts hinunterbekommen. Ich ließ den Blick über die Köstlichkeiten auf der Anrichte schweifen. Neben dem Obstkorb stand eine extra Schüssel mit frischen Erdbeeren und ich erinnerte mich an Tamaras Vorliebe dafür.

»Hattest du schon Erdbeeren?«, fragte ich sie.

»Na klar. Halt dich ran, sonst sind sie weg!« Sie lächelte mir zu und ich war dankbar, dass sie mir mein Granteln von vorhin nicht nachtrug. Ich griff nach einer Erdbeere, doch statt einer Frucht berührten meine Finger warme Haut. Einen irrwitzigen Augenblick lang war ich überzeugt, es sei Daniel, der meine Hand nehmen und mir sagen wollte, dass alles nur ein Irrtum war. Dass er mich nach wie vor liebte und sein Leben mit mir teilen wollte und dass er gestern Nacht mit Janine nur spontan übers Mountainbiken gefachsimpelt hatte und wegen des Unwetters über Nacht geblieben war. Doch natürlich wusste ich, dass das nicht alles war. Als ich aufsah, stand Max vor mir, und wieder irritierte mich die Asymmetrie seines Gesichts. Blickte er nun freundlich oder finster? Oder einfach nur neutral? Und wie viel von dem, was in mir vorging, konnte er mir vom Gesicht ablesen?

»Sorry«, sagte er.

»Nimm dir nur«, antwortete ich fast gleichzeitig. Er steckte die Erdbeere in den Mund, ohne mich aus den Augen zu lassen. Als fragte er sich, was zum Teufel ich hier machte, und als ob ich ihn nicht ebenfalls sehen könnte. Mir fiel auf, dass seine kurzen schmalen Finger sehr gepflegt waren, wie die eines Büroangestellten. Gepflegter als meine, da ich unter Stress dazu neigte, an meinen Nagelbetten herumzupuhlen. Da kam Tamara mit zwei Espressotassen an unseren Tisch und stellte eine davon vor Max ab, der sich lächelnd bedankte.

»Na, wie sitzt es sich auf deinem neuen Hightech-Stuhl?«, fragte sie.

»Bestens«, sagte Max. Er hatte eine angenehme, weiche Stimme, ein überraschender Gegensatz zu seiner kurz angebundenen Art. Ich hörte keinen bestimmten Dialekt heraus. Soweit ich mich erinnerte, stammte er aus Norddeutschland und war zuletzt bei einem Konkurrenten hier in der Region beschäftigt gewesen. Seinen Geburtsort hatte ich mir aber nicht gemerkt.

»Da freut sich dein Rücken«, sagte Tamara und sprach aus, was ich vorhin selbst gedacht hatte: »Nicht, dass es dir so geht wie Bruno.«

»Habt ihr jetzt einen Ersatz für ihn?«, fragte Max und sah mich an. Ich schüttelte den Kopf.

»Sprich bitte mit Daniel darüber«, sagte ich. In diesem Moment kamen Tibor und Franz an unseren Tisch. Tibor grüßte uns zurückhaltend, während Franz die Arme ausbreitete und mich an sich drückte.

»Hey, Lexi, wie geht's?« Ein Lächeln zauberte unzählige winzige Falten um seine Augen, die fast unter den buschigen Brauen verschwanden. Zum ersten Mal an diesem Tag lächelte ich auch. Franz war der erste Inspekteur, den wir eingestellt hatten, und stand nun kurz vor der Rente. Er kannte jede Kanalratte zwischen München, Regensburg und Nürnberg mit Vornamen und ich verdankte ihm einen Großteil meines Wissens über Inspektionstechnik. Darüber hinaus war er der ausgeglichenste und liebenswürdigste Mensch, den ich kannte – fast so etwas wie ein väterlicher Freund. Wären wir allein gewesen, ich hätte ihm sofort mein Herz ausgeschüttet. Stattdessen sagte ich: »Passt schon. Freust du dich auf den Urlaub? Fahrt ihr wieder zum Wandern?«

Aus dem Augenwinkel sah ich, dass Max mich und Franz neugierig musterte.

Franz schüttelte den Kopf. »Diesmal nicht. Meine Tochter ist mit ihrem neuen Freund nach Teneriffa geflogen«, sagte er. »Der Kleine bleibt die ganzen Ferien über bei uns. Hält uns ganz schön auf Trab.« Franz' alleinerziehende Tochter wohnte in einem Anbau auf dem Nebenerwerbshof, den die Familie zusammen bewirtschaftete, ähnlich wie meine Familie es auch getan hatte. Doch im Gegensatz zu uns herrschte bei Franz und seiner Frau Monika meistens eine fröhliche, ausgelassene Stimmung. Ihren fünfjährigen Enkel Enno liebten sie innig.

»Der Kleine hat dich fest im Griff«, frotzelte Tibor.

»Als Opa ist man doch zum Verwöhnen da«, brummte Max, und ich schaute ihn überrascht an. Ich erahnte ein klitzekleines Lächeln in seinem Mundwinkel.

»Hast du auch Enkelkinder?«, fragte Franz, und Max nickte.

»Eins. Wohnt leider nicht um die Ecke.« Damit wandte er sich zur Dachterrasse und ging auf Daniel zu.

»So ein Grantler«, sagte Tibor.

Ich sah Max hinterher. Wie schade für ihn, dass sein Enkel offenbar weiter weg wohnte. Wie ein Opa kam er mir noch nicht vor, aber mit Mitte vierzig konnte er gut einer sein. Ich selbst hatte nie eigene Kinder gewollt. Ich war glücklich mit meiner Arbeit und wollte mich ihr ganz widmen können. Die Firma war Daniels und mein Lebensinhalt und schweißte uns auch als Paar zusammen. Seit gestern Abend hatte ich jedoch Zweifel daran.

## Geständnis

Nachdenklich sah ich Max hinterher. Ich beobachtete, wie er ein paar Worte mit Daniel wechselte, der daraufhin aufblickte und mir zurief: »Kommst du bitte mal, Alexandra?«
Es hätte komisch gewirkt, Daniels Aufforderung zu ignorieren, also ging ich hinaus. Als ich bei den beiden ankam, sagte Daniel gerade: »Wir haben jemanden bei der Zeitarbeitsfirma angefordert.« Dann schaute er mich an. »Kümmerst du dich bitte darum? Ich will heute pünktlich los.«

Damit wischte er unser Vorhaben, gemeinsam in den Bayerischen Wald zu fahren, wie nebenbei vom Tisch und schob mir außerdem das Personalproblem wieder zu. Nichts von dem, was ich dazu hätte sagen wollen, war für Max' Ohren bestimmt.

Der sagte nur: »Allein fahre ich nicht raus.« Der Mann hatte seine Prinzipien, das musste man ihm lassen.

»Ich tue, was ich kann«, sagte ich.

»Okay, danke. Dann mal schönes Wochenende.« Damit ließ Max uns stehen und ich war mit Daniel allein. »Können wir jetzt reden?«, fragte er, und ich sah mich um. Zum ersten Mal seit dem gestrigen Abend befanden wir uns mehr oder weniger unter vier Augen. Nur drei Kollegen standen noch am anderen Ende der Dachterrasse an einem Tisch und unterhielten sich lautstark. Gelächter drang zu uns herüber.

Ich holte tief Luft. »Für das, was du mir sagen willst, gibt es sowieso keinen idealen Zeitpunkt, oder?«

Er schüttelte den Kopf. »Wahrscheinlich nicht.«

Ich wartete darauf, dass er weitersprach. Warum machte er es mir so schwer? »Also gut. Wo warst du gestern Nacht?«, fragte ich.

»Bei Janine. Simons Exfreundin. Du erinnerst dich an sie?« Er schaute zu Boden und schob beide Hände tief in die Hosentaschen, als wollte er in sich selbst verschwinden.

»Ja. Deine Ortungs-App war an«, sagte ich. Daniel wurde blass, trotz der gebräunten Haut und seines von Natur aus dunklen Teints.

»Hast du mir hinterherspioniert?«

»Du weißt, dass ich so was normalerweise nicht mache. Aber ich war in Sorge wegen des Sturms und weil es schon so spät war«, sagte ich. »Ich habe nichts falsch gemacht.« Irgendwie hatte ich immer noch gehofft, dass er mir eine akzeptable Erklärung liefern würde. Stattdessen ging er zum Angriff über: »Warum fragst du überhaupt, wenn du es eh schon weißt? Ich brauchte gestern jemanden zum Reden.«

»Und es ist nicht beim Reden geblieben, stimmt's?«

Er schüttelte den Kopf. »Nein. Wir waren miteinander im Bett.«

Seine Worte zogen mir buchstäblich den Boden unter den Füßen weg, doch es gelang mir, meiner Stimme einen festen Klang zu geben: »Ich hab's kapiert, Daniel. Aber ich wollte es nicht wahrhaben.« Mir wurde übel und meine Knie gaben nach. Ich lehnte mich ans Geländer und klammerte mich fest. Daniel bewegte sich keinen Millimeter.

»Ich hätte nie gedacht, dass mir so was passieren würde«, sagte ich. »Bestimmt hat es mit unserem Gespräch zu tun, du warst aufgewühlt, ich meine, dir das mit meiner Familie zu verschweigen, kein Wunder, dass du die Nase voll hattest, und dann …« Was redete ich da? War ich tatsächlich dabei, mir selbst die Schuld an Daniels Fremdgehen zu geben?

»Alexandra«, sagte er und schaute mir endlich in die Augen. »Es war gestern nicht das erste Mal. Janine und ich sind schon vor einer Weile zusammengekommen, nach einer Tour mit dem Mountainbike im März. Es tut mir leid. Ich glaube, wir haben uns auseinandergelebt, du und ich.«

Wieder schwankte der Boden unter mir. »Aber wir sind jeden Tag zusammen«, stammelte ich.

»Ja, in der Firma.«

»So hat unsere Beziehung doch angefangen. Wir wollten gemeinsam etwas aufbauen, die Firma wachsen sehen, Verantwortung übernehmen. Das verbindet uns.«

Daniel stieß entnervt die Luft aus. »Du sprichst über die Firma wie andere Leute über ihre Kinder.«

Tief in mir spürte ich, dass es falsch war, trotzdem sagte ich: »Ja gut, die Firma ist ein bisschen wie Familie für mich, aber das ist doch schön.«

Daniel runzelte nachdenklich die Stirn und ich dachte schon, er werde mir beipflichten. Da atmete er tief ein und sagte: »Du verstehst es wohl wirklich nicht. Das nennt man einen blinden Fleck, glaube ich.« Im ersten Moment dachte ich an einen Schmutzfleck und war versucht, mir ins Gesicht zu fassen. Daniel sprach weiter: »Es stimmt doch schon länger nicht mehr zwischen uns. Dieser Brief vom Nachlassgericht hat nur das Fass zum Überlaufen gebracht. Du stehst seit Monaten neben dir, seit gestern weiß ich wenigstens warum. Kein Wunder, dass du alles Familiäre ausblendest. Meine Familie versteht das nicht. Sie meinen, du hast was gegen sie. Ja, du hattest eine schlimme Kindheit und alles, aber das ist doch kein Grund, meine Eltern und meine Schwester vor den Kopf zu stoßen. Sie würden sich sehr gern um dich kümmern, dir eine Familie sein. Aber du lässt sie nicht in dein Leben und mich im Grunde auch nicht. Weil du gar kein echtes Leben hast.«

Seine Worte waren wie ein Schlag ins Gesicht. »Wie kannst du so was sagen? Ich stehe voll im Leben. Ich arbeite gern, wahrscheinlich mehr als du, damit wir ein gutes Leben führen können. Ich …« Plötzlich wusste ich nicht mehr, was ich sagen wollte. Die Gedanken entglitten mir und ich musste mich schon wieder festhalten, weil meine Knie weich wurden und zitterten. Auf Daniels Gesicht spiegelte sich mein eigener Schmerz.

»Alexandra«, sagte er, doch ich war unfähig, auf seinen beschwichtigenden Tonfall einzugehen.

»Bitte geh jetzt«, sagte ich. »Geh zu deiner fantastischen Familie!« Ich war laut geworden und Tamara, die gerade Teller und Gläser von einem der Stehtische nebenan wegräumte, schaute erschrocken zu mir herüber.

»Das mache ich, aber ich möchte in Ruhe mit dir reden, sobald ich aus dem Bayerischen Wald zurückkomme.«

»Bis jetzt hast du nur darüber geredet, was bei mir angeblich schiefgelaufen ist«, sagte ich. »Dabei bist du derjenige, der mich seit Monaten hintergeht.«

Daniel atmete tief durch und presste eine Hand gegen seine Brust. »Es tut mir leid. Ich weiß auch nicht weiter, merkst du das nicht?«

Doch, ich merkte es, aber es war nicht einmal annähernd die gerechte Strafe für das, was er mir antat. Schmerz und Wut sickerten langsam durch meinen Körper, durchdrangen mich wie ein heimtückisches Gift, das lähmte statt aufzuputschen.

»Daniel, was passiert hier gerade mit uns?«, fragte ich, meine Stimme war klein und rau. »Ich möchte dich nicht … Ich liebe dich doch«, sagte ich, aber die Worte klangen falsch.

Daniel seufzte und sah auf die Uhr. »Ich muss los. Wir reden am Sonntag, okay? Dann haben wir uns beide beruhigt.«

Das bezweifelte ich, aber ich nickte. »Sag Diana und Wolfi einen lieben Gruß von mir.«

Daniel nickte ebenfalls, drehte sich um und ging. Seine Schritte waren energiegeladen und federnd, während mein Körper sich anfühlte wie ein nasser Lappen. Ich atmete durch, ging zu der Sitzgruppe am anderen Ende der Terrasse und ließ mich in einen Sessel fallen, außer mir war niemand mehr da. Nur Tamara stand in der Küche und räumte auf, obwohl sie eigentlich schon Feierabend hatte. Dann hörte ich noch mal die Espressomaschine zischen und kurz darauf stellte sie ein Tablett vor mir ab. Darauf zwei dickwandige Tassen mit öligem Espresso, Kekse und zwei große Gläser Wasser. Ich griff mir eines davon und leerte es in einem Zug.

»Danke, Tamara, das ist lieb von dir. Wieso bist du eigentlich noch hier, warten deine Kinder nicht auf dich?« Auch wenn ich angeblich selbst kein Leben hatte, konnte ich mich durchaus in das meiner Mitarbeiterin einfühlen.

Tamara lächelte. »Heute ist mein Mann zu Hause, ich kann mir Zeit lassen. Außerdem meinte Daniel vorhin, ich solle mal nach dir sehen.«

Ich blinzelte sie an. Wieso machte er das? Wollte er sein Gewissen beruhigen?

»Das hätte ich so oder so getan«, sagte Tamara. »Du siehst nämlich aus, als könntest du heute was Stärkeres als Kräutertee gebrauchen.« Tamara wusste natürlich, dass ich normalerweise keinen Kaffee trank. Trotzdem nippte ich an dem Espresso. Er war süß und so stark, dass mein Herz noch schneller raste.

»Was ist los?«, fragte sie nun direkt. »Ihr habt euch gestritten, das habe ich unweigerlich mitbekommen.«

Sollte ich ihr die Wahrheit sagen, um Gerüchten vorzubeugen? Bestimmt hatte sie genug gehört, um sich ihre eigenen Gedanken zu machen. Ich wusste, dass Tamara nicht zum

Tratschen neigte. »Ja, wir haben uns privat gezofft. Tut mir leid, dass du es mit anhören musstest.«

Tamara sah mich mitfühlend an. »Das ist okay für mich, aber mir tut es leid, dass ihr Stress habt. Hoffentlich renkt es sich schnell wieder ein.«

Das glaubte ich zwar nicht, aber ich zwang mich zu einem Lächeln und sagte: »Ja, natürlich. In jeder Beziehung gibt es mal Streit. Ich möchte bloß im Moment nicht darüber reden.« Das stimmte nicht, ich wollte ganz dringend mit jemandem sprechen, und beinahe hätte ich Tamara mein Herz ausgeschüttet. Ich mochte sie gern und ich vertraute ihr, aber mein Privatleben in der Firma auszubreiten, ging gegen meine Prinzipien. Wie geschickt Daniel das eingefädelt hatte: Mir sein Geständnis im Büro zu servieren, wo ich die Fassung einigermaßen wahren musste, und dann einfach abzuhauen! Feigling, dachte ich.

»Danke für den Espresso, du Liebe«, sagte ich und stand auf. »Ich mache jetzt Feierabend. Kann eh keinen klaren Gedanken mehr fassen.«

»Na klar. Gönn dir was Schönes heute Nachmittag, fahr zum Baden oder in den Biergarten.«

»Mach ich«, sagte ich wenig überzeugt, dann ging ich in mein Büro. Von dort schickte ich eine Nachricht an meine beste Freundin Judith, packte meine Sachen zusammen und fuhr nach Hause.

## Küchengespräche

Als ich aus der Hitze des späten Nachmittags in unseren kühlen Hausflur trat, atmete ich erleichtert auf. Auch in der angrenzenden Küche auf der Ostseite des Hauses war die Temperatur noch erträglich. Dort erwarteten mich die Überreste von Daniels Frühstück: eine Schale mit Müslіresten, Brotbrösel auf der Anrichte und dem Fußboden. Während ich mit leerem Magen zur Arbeit gegangen war, hatte er ausgiebig gefrühstückt, glücklich und hungrig nach einer ausgedehnten Liebesnacht. Ich unterdrückte den Impuls, die Keramikschüssel durch das geschlossene Küchenfenster nach draußen zu werfen, und füllte sie stattdessen mit warmem Wasser, um die eingetrockneten Müsliflocken einzuweichen. Dann stellte ich das restliche Geschirr in die Maschine und fegte den Küchenboden. Seine Unordentlichkeit hatte mich immer genervt. Ich nahm mir eine Traubenschorle aus dem Kühlschrank und öffnete die Terrassentür. Das Zwitschern der Amseln tönte mir entgegen, untermalt vom ausdauernden Zirpen der Grillen. Endlich wurde mir leichter ums Herz. Erst recht, als ich meine Freundin Judith auf der Bank unter dem Apfelbaum entdeckte, mit Stöpseln in den Ohren und dem Smartphone in der Hand. Sie wirkte lebendig und fröhlich in ihrem rotbraunen Sommerkleid, die Beine übereinandergeschlagen und lebhaft gestikulierend, obwohl ihr Gesprächspartner am Telefon sie gar nicht sehen konnte. »That's really fine, Nilesh, thanks for calling. See you tomorrow«, sagte sie, und ich bewunderte sie einmal mehr für ihr fließendes amerikanisches Englisch. Judith hatte den Großteil ihrer Kindheit bei ihrer Mutter in den USA verbracht. Gleich nachdem sie achtzehn geworden war, zog sie zurück zu ihrem

Vater, der an der Uni Regensburg Physik lehrte und den sie sehr liebte. Trotz ihrer aufgeschlossenen Art hatte sie in Deutschland keinen rechten Anschluss an Gleichaltrige mehr gefunden; ebenso ging es mir außerhalb von Daniels Freundes- und Familienkreis, wenn auch aus anderen Gründen. Judith war als Beraterin zu uns in die Firma gekommen. Bei der gemeinsamen Arbeit hatten wir uns schnell und intensiv angefreundet, was mich noch immer überraschte und glücklich machte. Judith schien es ähnlich zu empfinden. Als sie mich bemerkte, sprang sie auf, rupfte sich die Stöpsel aus den Ohren und kam auf mich zu. »Alexandra! Ich hoffe, es war okay, dass ich mich in den Garten gesetzt habe? Deine Mail klang dringend und ich dachte, du wärst schon zu Hause.«

»Ich komme direkt aus der Firma. Und ich bin heilfroh, dich zu sehen. Wartest du schon lange?«

»Nur ein paar Minuten. Ich habe noch mit Nilesh telefoniert. Dabei hatten wir erst heute Morgen eine ewig lange Videokonferenz.« Sie kicherte, was sonst gar nicht ihre Art war, und ihre braunen Augen glänzten. Das musste ja ein ganz besonderes Projekt sein.

»Wer ist Nilesh?«

»Mein Ansprechpartner für den neuen Auftrag, von dem ich dir am Samstag erzählt habe.«

Ich erinnerte mich: Einer von Judiths Kunden hatte einen kleinen britischen Wissenschaftsverlag übernommen und Judith beauftragt, die neue Zweigstelle in die Systeme des Münchner Mutterhauses einzubinden.

»Der sitzt in London, richtig?«, fragte ich.

»Ja. Er hat extra noch mal angerufen, um mir zu sagen, wie froh er über meine Beteiligung ist und dass er sich auf unsere Zusammenarbeit freut. Da gab es wohl viele Ängste in seinem Team, was die Übernahme anbelangt.«

»Aber du hast sie wie immer überzeugt«, sagte ich. Auch in meiner Firma hatte es anfangs Widerstände gegen das neue System gegeben, das unsere Abläufe auf den Kopf stellte. Doch Judith und ich hatten es geschafft, dass jetzt alle dahinterstanden: sie mit ihrer motivierenden Art, ich mit Beharrlichkeit. »Berätst du uns dann überhaupt noch, wenn du jetzt schon international unterwegs bist?«

Judith lachte. »Na klar. Aber jetzt erzähl, was ist so wichtig, dass es nicht bis zu unserem Jour fixe am Samstag warten kann?«

Ich musste schmunzeln. So flexibel Judith in ihrem Beratungsjob war, so gerne folgte sie im Privatleben geregelten Abläufen. Ich hatte ihr nur geschrieben, dass es mir nicht gut gehe und ich dringend jemanden zum Reden brauche.

»Das erzähle ich dir beim Essen. Ich hatte heute noch nichts außer ein paar Erdbeeren. Lust auf Pasta?«

»Immer! Ich hatte auch nur einen kleinen Salat.«

Judith folgte mir in die Küche, wo sie ihre große dunkelblaue Ledertasche auf einem Küchenstuhl abstellte und zwei Flaschen Prosecco herausholte. »Aus dem Feinkostladen«, erklärte sie. »Bei dem aus dem Supermarkt weiß ich nie, welcher gut ist. In Filmen betrinken sie sich doch immer, wenn die beste Freundin Kummer hat, oder?« Wie ich trank Judith nur wenig Alkohol und teilte meine Vorliebe für Tee aus frischen Kräutern, weshalb ich ihr oft einen Strauß Pfefferminze, Melisse oder Wilde Malve mitbrachte.

»Du bist süß«, sagte ich. »Leg ihn in den Kühlschrank, ja?«

Ich nahm Zwiebeln und Knoblauch aus dem Hängekorb und zog mein Lieblingswerkzeug aus dem Messerblock – ein professionelles Küchenmesser. Daniel rührte das Messer nicht an, es war ihm zu groß. Groß wie ein Beil, behauptete er. Vielleicht offenbarte das seine verborgenen Ängste davor, wozu eine betrogene Ehefrau imstande war. Judith sah mir zu, wie ich damit putzte und schnitt. »Beeindruckend. Bei mir würde das endlos dauern oder ich würde mich damit schneiden«, sagte sie. »Kann ich dir trotzdem helfen?«

Ich schüttelte den Kopf. »Später vielleicht. Nimm dir erst mal was zu trinken und setz dich. Das Schnibbeln beruhigt mich.« Judith nahm sich ebenfalls eine Schorle aus dem Kühlschrank. Dann erzählte ich ihr von Daniel und mir – und von meiner Schwester, was mir fast noch schwerer fiel. Am Ende schaute sie mich mitfühlend an: »Ich habe mir immer eine Schwester gewünscht. Wie traurig, dass du deine verloren hast.« Sie stellte mir keine der Fragen, die Daniel auf mich abgefeuert hatte, und machte mir auch keine Vorwürfe. »Ich kann verstehen, dass du das alles lieber ruhen lassen willst. Ich spreche auch nicht gern über meine Familie, außer über meinen Vater. Als meine Mutter damals die Professur in den USA bekam und mir erklärte, dass wir ohne Papa nach Kalifornien ziehen würden, war das der Schock meines Lebens. Aber wenn ich jemandem davon erzähle, höre ich meistens nur: ›Oh, wow, du hast in den Staaten gelebt, wie cool!‹«

»Habe ich auch so reagiert?«, fragte ich.

Judith lachte. »Nein. Dir war aufgefallen, dass mein englische Aussprache ziemlich gut ist, da hab ich dir erklärt, warum. Du hast die Augenbrauen hochgezogen und ›Ach so‹ gesagt, mehr nicht.« Ich stellte die Pfanne auf den Herd und goss Öl hinein, während Judith fortfuhr: »Hammerhart, dass Daniel eine Affäre hat. Meinst du, ihr könnt euch wieder zusammenraufen?«

Ich schluckte. »Ich weiß nicht. Daniel meint, wir hätten uns auseinandergelebt. Er will am Sonntag über alles reden. Vielleicht ist das mit Janine ja nur vorübergehend. Im Moment weiß ich gar nichts, ich fühle mich wie im falschen

Film.« Während ich mit Judith darüber sprach, breitete sich in mir schmerzhaft die Erkenntnis aus: Meine Ehe stand auf dem Spiel.

Judith seufzte. »Ich habe euch immer beneidet. Weil ich dachte, dass ihr glücklich seid.«

»Das dachte ich auch. Vielleicht bin ich wirklich zu sehr in der Firma aufgegangen. Anscheinend kann eine Frau heutzutage immer noch nicht beides haben, ein erfülltes Berufsleben und eine erfüllte Beziehung«, sagte ich.

»Das ist doch Quatsch«, sagte Judith. »Der Mann, von dem ich träume, hat damit jedenfalls kein Problem.«

Ich war überrascht. »Ich wusste nicht, dass du auf der Suche bist. Ich habe dich für eine überzeugte Singlefrau gehalten.«

»Talentiert vielleicht, aber nicht überzeugt. Ich würde mich schon gerne verlieben!«

»Wie hieß dieser Brite noch mal, mit dem du vorhin telefoniert hast?«, fragte ich.

»Nilesh.«

»Wie alt ist er? Sieht er gut aus?«

»Oh ja! Er ist schätzungsweise Anfang dreißig. Und sehr liebenswürdig. Very british, aber immer mit einem Augenzwinkern. Ich mag das. Warum fragst du?« Am Ende des letzten Satzes rutschte ihre Stimme nach oben.

»Weil ich glaube, dass er dir gefällt!«

»Dem würde ich nicht widersprechen«, sagte sie mit einem aufgesetzten britischen Akzent, und wir lachten beide. »Allerdings kenne ich ihn erst seit vorgestern und das auch nur per Videokonferenz.«

Ich nahm eine Packung Spaghetti aus dem Schrank und ließ Wasser in den Nudeltopf laufen. »Würdest du deinem Mann verzeihen, wenn er fremdginge?«

»Da fragst du die Falsche«, sagte Judith. »Ich habe ja keinen. Aber ich würde nicht um jeden Preis mit ihm zusammenbleiben wollen. Auch nicht, wenn wir Kinder oder eine Firma hätten.«

Meine Augen brannten und es kam nicht von den Zwiebeln, die fein geschnitten vor mir lagen. Ich hob das Schneidbrett an und schob sie mit dem Messerrücken ins heiße Öl, wo sie sanft zu zischen begannen. Dann drehte ich mich zu Judith um. »Ich könnte ständig heulen. Wie soll das bloß nächste Woche werden, zusammen in der Firma mit Daniel?«

»Das schaffst du schon. Jetzt ist erst mal Wochenende. Bis Montag hast du den ersten Schock überwunden, auch wenn es schwer ist.«

»Das glaube ich nicht. Daniel will am Sonntagabend mit mir reden, davor graut mir jetzt schon. Er klang heute so unversöhnlich. Außerdem hat er mich vor einem Mitarbeiter auflaufen lassen mit einer Sache, die eigentlich in sein Ressort fällt.« Ich erzählte ihr kurz von Max und dem Auftrag in Sesslfing. »Ich bin immer noch geschockt, aber ich bin auch sauer. Am liebsten würde ich auch einfach wegfahren.«

»Warum fährst du nicht mit Max zur Inspektion? Du kannst das doch. Stell dir nur Daniels Gesicht vor.« Judith grinste. Ich wusste nicht, ob sie es ernst meinte, aber ich stieg darauf ein.

»Der hätte keine große Freude mit mir. Ich bin total aus der Übung.«

»Dann müsste er dich eben anlernen. Der Mann ist top.«

»Woher weißt du das?«, fragte ich.

»Er hat mich damals bei der Systemumstellung unterstützt, wegen des Datenaustauschs mit der Inspektionssoftware. Seine schlauen Fragen brachten selbst mich ins Schleudern, und dann lachten wir gemeinsam drüber. Er ist okay.«

»Das freut mich zu hören. Aber natürlich kann ich nicht einfach weglaufen, so gern ich es momentan auch täte. Außerdem habe ich mir geschworen: nie wieder Sesslfing.«

»Willst du dir dein Elternhaus nicht noch mal ansehen? Vielleicht findest du etwas über deine Schwester heraus und kannst die Sache endlich abschließen.« Es berührte mich unangenehm, dass Judith die Sache offenbar ähnlich sah wie Daniel. Zum Glück begann in diesem Moment das Nudelwasser zu kochen und sprudelte auf die Herdplatte. Ich nahm hektisch den Deckel ab und zog den Topf zur Seite.

»Verflixt, ich hab doch die ganze Zeit danebengestanden. Warum habe ich das überhaupt schon angeschaltet? Die Soße braucht doch viel länger als die Nudeln. Ich bin echt durcheinander.«

»Dann sollten wir den Prosecco lieber nicht aufmachen.«

»Doch, das sollten wir.« Ich löschte die Zwiebeln mit dem Rotwein ab und ließ ihn etwas einkochen. Währenddessen wischte ich die Herdplatte und den Nudeltopf sauber; dann gab ich die passierten Tomaten zu den Rotweinzwiebeln.

»Wie gut das riecht!«, sagte Judith.

»Ist doch nur eine einfache Tomatensoße«, sagte ich.

»Ich kenne deine Tomatensoße. Sie schmeckt himmlisch.« Echte Begeisterung strahlte aus Judiths Augen. »Das ist eine Gabe, mal eben schnell was in der Küche zu improvisieren!«

»Die habe ich von meiner Mutter«, sagte ich. »Holst du bitte den Salat aus dem Kühlschrank? Du könntest ihn schon mal waschen, ich hole inzwischen Kräuter. Und vielleicht zwischendurch die Soße umrühren.«

»Ja, das kriege ich hin«, sagte Judith. Ich reichte ihr das Salatsieb und machte mich auf den Weg in den Garten. Ich wollte einen Moment allein sein und setzte mich auf die Gartenbank. Erst jetzt kam der Schmerz über Daniels Untreue und unsere Entfremdung so richtig bei mir an. Es tat gut, mit Judith zu reden, aber es hatte auch einiges aufgewirbelt. Und zwischen all den Gefühlen und Gedanken tauchte jetzt auch noch meine Mutter auf. Von ihr hatte ich keine Unterstützung zu erwarten, ganz im Gegenteil. Sie war seit Langem wie eine Fremde für mich. Zwar hatte sie mich in dieser schrecklichen Nacht damals nicht allein gelassen, aber eine Weile später war sie in eine Klinik und anschließend auf Reha gegangen, offiziell wegen ihrer Migräne und Depressionen, worüber sich nach Melanies Verschwinden niemand wunderte. Während der Reha hatte sie dann mit Tante Christas Hilfe ihre Unterbringung im betreuten Wohnen organisiert und war nie mehr nach Hause gekommen. Ich wusste nicht, was in ihr vorging, und sie hatte keine Ahnung, was mich bewegte. Daniel hingegen konnte immer auf den Rückhalt seiner Familie zählen und umgekehrt. So schmerzhaft Daniels Vorwürfe auch gewesen waren, sie enthielten einen Funken Wahrheit: Ich war immer eine Fremde in seiner Familie geblieben. Verhielt mich entweder zu distanziert oder zu übereifrig und beherrschte nicht den leichten Plauderton, den alle so schätzten. Wie konnte ich ihm nur klarmachen, dass ich das nicht mit Absicht tat? Ich würde guten Willen zeigen und anbieten, eine Therapie zu machen und mich mehr um seine Verwandtschaft zu bemühen. Ein Teil von mir sehnte sich danach, denn trotz allem fühlte ich mich ihnen näher als meiner eigenen Familie.

Ich konnte nicht ewig im Garten vor dem Kräuterbeet sitzen und über mein Leben nachdenken, bis die Tomatensoße zu Brei eingekocht war. Also gab ich mir einen Ruck und pflückte Schnittlauch für den Salat.

Während ich die Marinade zubereitete, deckte Judith den Terrassentisch. Schließlich war alles bereit. Ich holte den

Prosecco aus dem Kühlschrank und sagte: »Erzähl mir von deinem Projekt. Wickelt ihr alles online ab oder fliegst du auch mal nach London?«

»Ja, nächste Woche schon«, sagte Judith.

Dankbar für die Ablenkung, ermutigte ich sie, über ihre Arbeit zu sprechen. Judith trank dabei nur ein Glas Prosecco und ich leerte den Rest der Flasche, die zweite blieb im Kühlschrank. Gegen Mitternacht verabschiedete sich meine Freundin mit einer Umarmung von mir. »Mach's gut, meine Liebe«, sagte sie. »Ich hoffe, du kannst heute Nacht gut schlafen. Ruf an, wenn was ist, okay?«

Dann schloss sie die Haustür hinter sich, und ich war allein in meinem leeren Haus.

## Allein zu Hause

Ich setzte Tee auf, fand einen Sender mit Bar Jazz im Radio und machte in Ruhe die Küche sauber, bis alles glänzte. Anschließend brachte ich Daniels Bettzeug ins Gästezimmer und bezog mein eigenes mit der Wäsche, die ich in meiner Studienzeit gekauft hatte und von der ich nur eine Garnitur besaß. Ich hatte ich sie all die Jahre aufbewahrt, da ich die aufgedruckten Lavendelblüten liebte, zwischen den Laken ein Säckchen mit Lavendel aus meinem Garten. Als ich mich schließlich mit dem weichen, duftenden Stoff zudeckte, erschienen vor meinem inneren Auge riesige Lavendelfelder. Ich schritt durch die wunderschöne Landschaft und genoss die Weite und das Abendlicht. Obwohl ich noch nie dort gewesen war, fühlte sich die Umgebung vertraut an. Die Felder reichten bis zum Horizont, Grillen zirpten und ich spürte trotz der späten Stunde Wärme auf meiner Haut.

Mit Einbruch der Dämmerung machte ich mich auf den Rückweg, aber ich wusste nicht, wohin ich gehen sollte. Zum Glück entdeckte ich bald einen aus grauem Stein gemauerten Bauernhof. Obwohl ich dieses Haus noch nie gesehen hatte, war ich mir sicher, dass es sich um mein Elternhaus handelte. Hinter einem der Fenster im Obergeschoss flackerte Licht. Es breitete sich aus, bald schlugen Flammen aus dem Fenster. Ich wollte darauf zurennen, doch meine Beine waren wie am Boden festgeklebt, und das Haus schien sich immer weiter von mir zu entfernen. Da entdeckte ich im Fenster eine dunkle Gestalt. Sie trug eine dunkle Haremshose, ein ärmelloses Batikshirt und hatte Dreadlocks – genau wie Melanie an dem Tag, als sie verschwunden war. Immer wieder schrie ich ihren Namen, aber sie antwortete nicht und rief auch nicht um Hilfe. Sie stand einfach nur da, die Flammen loderten immer höher und Melanie schien sich darin aufzulösen. Ich konnte absolut nichts tun, die Hitze war schier unerträglich.

Verstört wachte ich auf. Ich lag unter einer schweren Decke, die feucht war von meinem Schweiß. Wo war das Telefon? Ich musste die Feuerwehr rufen! Erst als ein angenehm kühler Luftzug über mich hinwegwehte, wurde mir klar, dass alles nur ein Traum gewesen war. Ich stand auf und trat ans offene Fenster, von dem aus ich ein Stück der Straße sehen konnte. Sie lag ruhig im hellen Sonnenlicht eines weiteren wolkenlosen Junitages. Noch in meinem Schlafshirt und barfuß ging ich in den Garten und setzte mich unter den Apfelbaum, wo sich mein Herzschlag langsam beruhigte.

Dann pflückte ich Johanniskraut, Melisse und Zitronenverbene, kehrte zurück ins Haus und stellte den Wasserkocher an. Nach einer Dusche, zwei Litern Kräutertee und einer Schüssel Obstsalat fühlte ich mich besser. Ich schrieb eine SMS an Diana, gratulierte ihr zum Geburtstag und entschuldigte mich dafür, dass ich nicht mitgekommen war. Anschließend beseitigte ich die Auswirkungen des vergangenen Unwetters: Im Gras lagen Zweige von den Straßenbäumen, und ein Windstoß wirbelte mir alte Zeitungsseiten vor die Füße. Ansonsten hatte der Sturm lediglich ein paar hochgewachsene Malven in Schieflage gebracht. Ich holte einen Stab und band sie fest. Der Plastikstuhl war aus dem Erdbeerbeet verschwunden, vermutlich hatte unser Nachbar Uli ihn sich zurückgeholt.

Anschließend saugte ich Staub und nahm mir dann den vollen Wäschekorb vor, der seit ein paar Tagen im Schlafzimmer herumstand. Ich mochte es, T-Shirts zusammenzulegen und zueinander passende Socken miteinander zu verheiraten. Wenn auch immer mindestens einer übrig blieb. Meine

Gedanken schweiften dabei zum gestrigen Abend zurück und zu Judiths verrückter Idee, mit Max zur Inspektion zu fahren. Ich stellte mir vor, wie ich in Arbeitsklamotten hinter einem Kleintransporter auf einer Straße mitten in Sesslfing stand und unter Max' Augen mit einem Kanaldeckel kämpfte, während alte Bekannte meiner Familie vorbeikamen und mich ansprachen. Eine wenig verlockende Vorstellung. Ich nahm den Stapel sorgfältig gefalteter T-Shirts und öffnete den Kleiderschrank. Der Platz wurde langsam knapp. Ich musste wieder mal ausmisten – wann, wenn nicht jetzt? Die Hausarbeit würde mich vom Grübeln abhalten. Dachte ich. Denn nachdem ich einen Kleidersack mit alten Klamotten gefüllt hatte, nahm ich mir auch noch meinen kleinen Schreibtisch im Wohnzimmer vor. Darauf lag nach wie vor der Brief vom Nachlassgericht. Ich beschloss, ihn erst mal in die Schublade zu legen, doch auch die war voller kleiner, zum Teil überflüssiger Dinge. Ich kramte ein wenig darin herum – und hielt einen alten Schlüssel mit rundem Kopf in der Hand. Den Schlüssel zu meinem Elternhaus. Bis zu diesem Moment war mir nicht bewusst gewesen, dass ich ihn noch besaß, doch da lag er, scharfkantig und zerkratzt. Es war mir fast unheimlich, dass er ausgerechnet jetzt auftauchte, wie ein Gruß meines Vaters aus dem Jenseits. Ob er noch passte? Auf jeden Fall öffnete er die Tore zu meiner Erinnerung. Der Traum letzte Nacht hatte den Schmerz über Melanies Verschwinden neu entfacht und der Gedanke an das unbewohnte Haus bereitete mir Unbehagen. Was, wenn ein altes Elektrogerät in Flammen aufging oder ein Unwetter das Haus verwüstete? Meinetwegen konnte die Hütte im Schlamm versinken oder abbrennen. Aber nebenan war ja auch der Wald und es konnte leicht ein Großbrand entstehen. Seit der Brief vom Nachlassgericht gekommen war, konnte ich eine gewisse Verantwortung nicht mehr leugnen. Bisher kümmerte sich Tante Christa um alles, aber das war nicht fair, nachdem sie nichts von Kurt erben würde. Ich musste mit ihr sprechen, mich bei ihr bedanken und ihr einen Ausgleich für ihre Mühen anbieten. Das Handy lag vor mir auf dem Schreibtisch, Christas Nummer war seit ihrem Anruf Ende letzten Jahres eingespeichert. Bevor ich es mir anders überlegen konnte, drückte ich das Anrufsymbol.

»Brunner?«, meldete sie sich, und mir schoss die Frage durch den Kopf, warum sie eigentlich nie geheiratet hatte.

»Hallo, Tante Christa. Alexandra hier.«

»Ach, du bist es«, sagte sie, als wären wir nicht erst vor wenigen Monaten durch Kurts Tod wieder in Kontakt gekommen. Meine Mutter, die sonst nie in irgendeiner Weise Initiative ergriff, hatte Christa meine Nummer gegeben. Wahrscheinlich war es leichter für sie gewesen, Christa die Nachricht von Kurts Tod überbringen zu lassen, statt es selbst zu tun.

»Lass doch bitte die Tante weg. Was gibt's?« Christas leicht kratzige Stimme verriet keine Gefühlsregung, klang weder harsch noch herzlich. Also kam ich gleich zur Sache.

»Kurt hat ein Testament gemacht. Ich und Melanie sind die einzigen Erbinnen. Dich hat er leider nicht bedacht.«

Sie lachte auf. »Damit war auch nicht zu rechnen. Aber was ist mit Melanie? Hast du etwa Kontakt zu ihr?«

»Nein. Ich werde das Erbe ausschlagen, alles andere ist mir zu kompliziert.«

»Dann trifft es am Ende ja doch noch mich«, sagte sie trocken. »Du solltest es dir wenigstens ansehen, das Haus steht gar nicht so schlecht da.«

»Jetzt fängst du auch noch damit an«, knurrte ich und umriss ihr kurz meine Beweggründe. Am Ende sagte sie: »Ich verstehe dich besser, als du denkst. Du würdest am liebsten alles hinter dir lassen, aber das funktioniert nicht, kann ich dir sagen. Komm her und entscheide dann. Du könntest Melanie für tot erklären lassen, um über das Erbe zu verfügen. Sie ist schon so lange weg, das arme Mädchen.«

Christa sprach das aus, woran ich selbst schon gedacht hatte, aber ihre Worte trafen mich ins Herz. Ich schluckte. »Du hast also auch keine Idee, was mit ihr passiert sein könnte? Meine Mutter ist sicher, dass sie noch lebt.« Ich erzählte ihr von dem Podcast, den ich Donnerstagnacht angehört hatte.

Am anderen Ende der Leitung schnippte ein Feuerzeug. Als ich geendet hatte, hörte ich Christa langsam den Rauch ausblasen, dann sagte sie: »Das musst du alles mit ihr besprechen.«

»Würde ich ja gerne, aber sie weicht mir ständig aus.«

»Woher willst du wissen, ob es immer noch so ist? Es geht ihr in letzter Zeit viel besser. Sie hat mehr Energie, braucht weniger Medikamente. Kurts Tod hat eine Last von ihr genommen.«

»Na super. Bei mir ist es genau umgekehrt.«

»Ich helfe dir, so gut ich kann. Das bin ich dir schuldig. Es tut mir leid, dass du damals nicht zu mir kommen konntest.«

Tatsächlich hatte ich Christa um Hilfe gebeten, nachdem meine Mutter mich mit Kurt allein gelassen hatte. Sie hatte abgelehnt. Seitdem machte ich mir keine Illusionen mehr, was familiäre Unterstützung betraf.

»Rückblickend war das Internat die bessere Wahl«, sagte ich.

»Das habe ich schon damals so gesehen, auch wenn es dir gegenüber natürlich hart war«, sagte Christa. »Ich hatte meine eigenen Kämpfe auszufechten.«

»Und welche?«, fragte ich. Christa war Jahrgang 1953, acht Jahre jünger als mein Vater Kurt. Die beiden waren im gleichen Haus aufgewachsen wie ich. Wieder stieß Christa hörbar den Rauch aus.

»Kurt ist ein Kriegskind. Unser Vater war ein sogenannter Spätheimkehrer, nach sieben Jahren in russischer Kriegsgefangenschaft war er ein Mann ohne Mitgefühl. Ich kannte ihn nur so, als Tyrannen. Meine Mutter ist früh gestorben, ich blieb allein mit ihm und Kurt zurück. Das Wort Trauma kannte man damals noch nicht, geschweige denn Therapien für die breite Bevölkerung. Kurt hat einfach nur weitergegeben, was er als Kind aufgenommen hat, und ich hätte das vielleicht auch getan. Aber ich wollte nie eigene Kinder. Vielleicht deswegen.«

Christas Worte berührten diesen namenlosen Schmerz in mir, der in den letzten Tagen immer häufiger bei mir anklopfte. Und ich erkannte Parallelen zwischen ihr und mir. Ich hatte nie Gelegenheit gehabt, sie wirklich kennenzulernen, da sie bis zu ihrer Pensionierung als Lehrerin in Hamburg gelebt hatte und erst vor ein paar Jahren zurückgekommen war. Jetzt wohnte sie in Passau, nicht weit von meiner Mutter.

»Wann bist du eigentlich aus Sesslfing weggegangen?«, fragte ich. »Ich erinnere mich an ein einziges Weihnachtsfest mit dir. Du trugst einen Jeans-Overall und ich wollte unbedingt auch so einen. Stattdessen hast du mir diese riesigen pinkfarbenen Ohranhänger geschenkt, die fand ich noch besser.«

Christa lachte. »Freut mich, dass du schöne Erinnerungen daran hast. Allerdings gab es schon am ersten Weihnachtsfeiertag Streit mit Kurt. Wie immer eben.«

»Ja. Du bist abgereist und erst wieder zu meiner Firmung aufgetaucht, aber nur ein paar Stunden geblieben. Du hast den Nachtzug zurück nach Hamburg genommen.«

»Stimmt. Um deine Frage zu beantworten: Ich bin mit achtzehn nach Hamburg gezogen. Ich habe dort studiert, auf

Kosten von Kurt, wie er zeitlebens meinte.« Ihre Stimme nahm einen ironischen Unterton an.

»Wie das?«

»Nach dem Tod unseres Vaters erbte er Haus und Grundstücke und musste mich auszahlen. Ich bekam bei Weitem nicht die Hälfte dessen, was es wert war, nur ein kleines Zubrot jeden Monat, was mich auch noch den Bafög-Anspruch kostete. Ich hatte keine Lust und auch nicht die Mittel, mich mit ihm um das Erbe zu streiten. Stattdessen habe ich mir meinen Lebensunterhalt immer selbst verdient.«

Ich hörte den Stolz in ihrer Stimme und dachte wiederum, dass wir uns gar nicht so unähnlich waren.

»Wenn du willst, begleite ich dich zum Haus«, sagte Christa. »Du kannst bei mir übernachten.«

Ich war überrumpelt. »Danke«, sagte ich, »ich würde dich gern treffen, aber …«

»Nächstes Wochenende würde es mir passen.«

»Also gut, ich komme«, sagte ich. »Dann können wir uns mal länger unterhalten. Aber ob ich zum Haus will …«

»Ich muss dort sowieso nach dem Rechten sehen, da kannst du genauso gut mitkommen.«

»Ich überleg's mir. Danke übrigens, dass du dich kümmerst.«

»Halb so wild. Ich habe jemanden gefunden, der hin und wieder vorbeischaut. Trotzdem ist es gut, wenn wir hinfahren. Ich freu mich auf dich.«

Damit legte sie auf und ließ mich mit den Bildern meiner Kindheit zurück: mein Elternhaus, ein abgelegener Hof am Waldrand. Der Garten meiner Mutter voller wunderschöner Blumen. Phlox, Sonnenhut, Cosmea, Ringelblumen. Daneben Beete mit Erdbeeren, Buschbohnen und Salat. Johannisbeersträucher und Pfefferminze. Meine Mutter Marina hatte den

Garten ausdauernd gepflegt und mir ihr Wissen und die Liebe zu Pflanzen mitgegeben. Inzwischen war er wohl verwildert; ich konnte mir nicht vorstellen, dass Kurt irgendetwas daran gemacht hatte. Vielmehr hatte er oft gedroht, den Garten umzugraben und die Fläche stattdessen zu pflastern. Doch sicher hatte diese Option an Reiz verloren, nachdem niemand mehr da war, dem er damit wehtun konnte. Vielleicht hatte es auch eine Zugehfrau gegeben, die sich um Haus und Garten kümmerte, oder sogar eine neue Partnerin. Was wusste ich schon über sein Leben nach uns? Es hatte mich nicht interessiert und ich würde auch jetzt nicht darüber nachdenken. Ich ging wieder hinaus in meinen eigenen Garten und arbeitete bis zum Abend. Dann lud ich mir einen Podcast auf das Handy, gönnte mir ein ausgiebiges Bad und lackierte mir anschließend die Fingernägel in sattem Pink. Anschließend chattete ich mit Diana, die sich per WhatsApp für meinen Beitrag zum Geschenk bedankt hatte. *Schade, dass du nicht hier bist,* schrieb sie. Es stellte sich heraus, dass Daniel seiner Schwester alles erzählt hatte. Wahrscheinlich hatte er auf Verständnis gehofft, doch das war nach hinten losgegangen. Denn Diana schrieb: *Bin über sein Verhalten entsetzt. Wolfi und meine Eltern auch. Magst du nicht trotzdem kommen? Du gehörst doch zur Familie!*

Darüber musste ich schon wieder weinen, diesmal vor Rührung. Es war offenbar nicht so schlimm mit mir, wie Daniel es dargestellt hatte. Diana lag etwas an mir, an mir persönlich! Sie liebte ihren Bruder von Herzen, aber sie stellte sich nicht kritiklos auf seine Seite. Außerdem hatte sie noch geschrieben: *Gib jetzt nicht auf! Er kommt schon wieder zur Vernunft. Schmeiß dich in Schale, wenn er zurückkommt, und rede mit ihm.* Wenn Diana – die realistische, tüchtige und warmherzige Diana – das so sah, dann lohnte es sich zu kämpfen. In

Gedanken machte ich Pläne für ein romantisches Abendessen. Doch dann verwarf ich die Idee. Würde es nicht zu verzweifelt wirken, wenn ich mit einem gedeckten Tisch auf ihn wartete? Wäre es nicht besser, zu ihm zu fahren? Ich könnte morgen Vormittag zur Familienfeier dazustoßen und Daniel zeigen, dass ich bei den Riedls sehr wohl integriert war. Dass sie mich trotz meiner Zurückhaltung schätzten und mochten. Das war es! Bevor ich es mir anders überlegen konnte, schrieb ich Diana eine entsprechende Nachricht. Dann ging ich ins Bett. Zufrieden und voller Hoffnung schlief ich ein.

Nach einer ruhigen, traumlosen Nacht erwachte ich erholt und voller Tatendrang. Ich nahm meine Teetasse mit ins Schlafzimmer und sang leise vor mich hin, während ich sorgfältig meine Kleider aussuchte. Leger und sommerlich, aber nicht zu freizeitmäßig sollten sie sein. Ich entschied mich für eine beigefarbene Leinenhose und ein ärmelloses, karamellfarbenes Seidentop, das sehr gut zu meiner Augenfarbe passte. Dazu Ballerinas in der gleichen Farbe. Außerdem packte ich noch eine Tasche mit einem schlichten T-Shirt, Capri-Jeans und Turnschuhen. So konnte ich mich umziehen, falls ich beim Aufbau der Solaranlage oder anderweitig mit anpacken sollte.

Nach einem kleinen Frühstück ging ich in den Garten, um Blumen für einen Strauß abzuschneiden. Da klingelte mein Handy, es war Diana. »Guten Morgen, meine Liebe. Ich hoffe, du bist noch zu Hause? Daniel ist nämlich heute Morgen schon abgefahren.« Sie lachte. »Vermutlich haben wir ihm so sehr zugesetzt, dass er gleich zu dir wollte. Deine Nachricht habe ich eben erst gelesen.«

»Ich wollte gerade los. Ich habe Blumen für dich gepflückt«, sagte ich und fühlte mich kläglich. Wie ein Kind, das den Muttertag vergessen hat.

»Wie lieb von dir«, sagte Diana. »Du kannst jederzeit herkommen, Wolfi und ich bleiben noch ein paar Tage. Aber jetzt ist erst mal Daniel wichtiger.«

»Was hat er dir denn eigentlich erzählt?«

»Dass er einen Fehler begangen hat und dass eine andere Frau im Spiel ist. Dass ihr euch entfremdet hättet …« Sie seufzte. »Nur über dich persönlich hat er kaum etwas gesagt. Wie geht es dir?«

Ich schnaubte. »Wie soll es mir gehen? Ich bin geschockt. Ich war glücklich mit Daniel.«

»Du warst? Willst du dich trennen?«

Wie konnte sie das so einfach sagen? »Nein. Aber Daniel vielleicht. Immerhin hat er eine Beziehung zu einer anderen Frau.«

Diana schnaubte. »Beziehung? Das kann man doch nach ein paar Wochen gar nicht sagen. Das Wichtigste ist jetzt, dass ihr euch Zeit füreinander nehmt. Ihr schafft das schon.«

»Hoffentlich hast du recht.« Im Hintergrund hörte ich Stimmen und Gelächter. »Hattet ihr trotzdem eine schöne Feier?«, fragte ich.

»Ja, es war wunderbar.« Diana klang glücklich und voller Energie. »Wir frühstücken gerade und die Solaranlage ist so gut wie fertig installiert. Du musst bald mal kommen und sie dir ansehen.«

Nachdem ich aufgelegt hatte, klopfte mir das Herz bis zum Hals. Gleich würde Daniel hier sein. Ich arrangierte die Blumen in einer Vase, putzte mir die Zähne und sauste zurück ins Schlafzimmer, um die bereitliegenden Klamotten anzuziehen. Ich kombinierte jetzt das Seidentop mit der Jeans und verbrachte zehn Minuten damit, mein von Natur aus gelocktes Haar in Form zu bringen. Dann stellte ich fest, dass ich doch einen anderen BH unter das Top anziehen wollte – den cremefarbenen mit der Spitze und nicht das schmucklose Alltagsmodell in Weiß – und brachte alles wieder durcheinander, indem ich das Oberteil über den Kopf zog. Eine Naht knarzte und ich inspizierte das Shirt kritisch von allen Seiten, bevor ich wieder hineinschlüpfte. Am Ende fasste ich das Haar mit einer dicken Klammer auf dem Hinterkopf zusammen. Besser, es sah aus wie beiläufig hochgesteckt (was es ja nun auch war) als allzu aufgebrezelt. Dann gab ich Feuchtigkeitscreme auf mein Gesicht. Kaum hatte ich das geschafft, rief Judith an. Ich erklärte ihr kurz, dass Daniel gleich hier sein werde. Dabei verhaspelte ich mich, bis Judith sagte: »Alexandra. Geh in den Garten und höre den Bienen beim Summen zu oder mach irgendwas anderes, das dich runterbringt, okay? Es ist wichtig, dass du mit beiden Beinen fest auf dem Boden stehst, wenn Daniel zur Tür reinkommt. Egal, was er sagt: Du bist wunderbar, so wie du bist. Er hat Mist gebaut und ist am Zug. Er sollte dich unterstützen, statt dir Vorwürfe zu machen.«

Ich schluckte. Judith hatte mit großem Nachdruck gesprochen, ihre Stimme klang fest und beinah beschwörend.

Also machte ich mich auf den Weg in den Garten, streifte die Schuhe ab und stellte mich ins Gras. Ich schloss die Augen und lauschte dem Wind in den Bäumen. Ich spürte den feuchten Boden unter den Füßen und wie mein Brustkorb sich hob und senkte. Nach einer Weile atmete ich tatsächlich ruhiger und mein Herz schlug wieder gleichmäßig. Dann sah ich auf die Uhr. Es war fast Mittag und von Daniel keine Spur. Ich machte mir Tee und ein Butterbrot und setzte mich nach draußen. Vielleicht machte er irgendwo Pause, um ebenfalls zu sich zu kommen, bevor wir uns trafen. Doch je länger ich wartete, desto klarer wurde es mir: Daniel würde nicht vor dem Abend kommen. Durch seine verfrühte Rückfahrt hatte er sich einen Zeitpuffer verschafft und nicht damit gerechnet, dass Diana und ich uns austauschen würden. Das konnte eigentlich nur eines bedeuten.

Wenig später schickte Daniel mir eine SMS: *Es tut mir sehr leid, aber ich muss kurzfristig zu Janine, sie braucht mich. Ich erkläre es dir morgen Abend. Wir sehen uns im Büro.*

Wütend sprang ich aus dem Liegestuhl auf. Ich hatte doch nicht das ganze Wochenende auf ihn gewartet, nur damit er am Ende bei seiner Freundin übernachtete? Und was sollte das heißen, sie brauchte ihn? Sie hatte kein Recht darauf, schließlich war er mein Mann. Meine Hoffnungen erloschen wie ein Flämmchen im Wind. *Ist mir egal, du Arschloch,* textete ich, schickte die Nachricht aber nicht ab. Zum einen wegen der Wortwahl und zum anderen, weil ich ihm keine Angriffsfläche bieten wollte. Ich würde ihm keine Gelegenheit geben, mich ein weiteres Mal hängen zu lassen. Es war Zeit, dass ich Entscheidungen traf. Zeit für Plan B. Ich nahm den alten Hausschlüssel von meinem Schreibtisch und befestigte ihn an meinem Schlüsselbund.

## Plan B

Am Montagmorgen kurz vor sechs Uhr stand ich auf dem Firmenparkplatz und wartete auf Max. Ich hatte ein langärmeliges Shirt unter meine nagelneuen orangefarbenen Arbeitsklamotten gezogen, trotzdem war mir überraschend kalt. Das würde sich tagsüber schnell ändern. Die Wetter-App kündigte einen weiteren wolkenlosen Frühsommertag an. Ich war schwer aus dem Bett gekommen, aber ich freute mich beinahe auf den Einsatz. Die ungewohnte körperliche Arbeit würde mich ablenken und alle unerwünschten Gedanken aus meinem Kopf fegen. Der Parkplatz war noch leer, von Daniel keine Spur. Ich wollte weg sein, bevor er kam. Da rollte auch schon Max' alter Toyota auf den Hof. Ich fragte mich, warum er kein besseres Auto fuhr, er verdiente schließlich nicht schlecht bei uns. Hatte er Schulden oder Unterhaltsverpflichtungen? Vielleicht war er auch nur genügsam und legte keinen Wert auf Statussymbole. Irgendwie sympathisch.

Jetzt stieg er aus und kam auf mich zu. Beinahe musste ich lachen, als ich die gerunzelte Stirn und den mürrischen Gesichtsausdruck sah. Er wirkte verschlafen und hatte leicht feuchte Haare, als wäre er eben erst aufgestanden. Ein Morgenmensch war er wohl nicht. Wieder fiel mir auf, dass seine Augen unterschiedlich groß waren. Trotzdem war er eigentlich ein gut aussehender Kerl, wenn er mal etwas freundlicher dreinschaute. Sein Blick glitt prüfend über mein Gesicht und die neuen Arbeitsklamotten, um schließlich auf meinen Händen zu verweilen.

»Du?«, sagte er nur. Er starrte intensiv auf meine lackierten Fingernägel. »Die werden dir bei der ersten Gelegenheit abbrechen.«

»Sind schon kurz geschnitten«, sagte ich und ärgerte mich im gleichen Moment darüber. Ich musste mich doch nicht für meine Fingernägel rechtfertigen! Genauso wenig wie für die wasserfeste Wimperntusche, die ich noch eilig aufgelegt hatte. Ganz ohne Make-up fühlte ich mich nackt, ich schminkte mich, seit ich vierzehn oder fünfzehn war. »Das Quietschrosa kann es locker mit jeder Warnweste aufnehmen«, brummte er.

»Okay«, sagte ich. »Ab nächster Woche gibt's Nagellack in Neonfarben für alle Inspekteure. Chef-Anordnung.«

Ich versuchte, eine Reaktion in seinen Augen zu lesen, aber er drehte sich kopfschüttelnd um und ging auf das Fahrzeug zu. Ich streckte den Rücken durch und setzte ihm mit großen Schritten nach. Er hatte bereits die Hand am Griff der Fahrertür, als ich ihn einholte und sagte: »Ich fahre.«

Max ließ den Schlüssel in meine Hand fallen, zuckte mit den Schultern und antwortete: »Ist mir recht, Chefin. Dann kann ich noch eine Runde schlafen und das sogar während der Arbeitszeit.«

Er spazierte um das Fahrzeug herum und machte es sich auf dem Beifahrersitz bequem, ich verstaute derweil umständlich meine Reisetasche neben seinem Rucksack. Dabei wurde ich nervös: Ich hatte wenig Fahrpraxis mit dem Kleintransporter und fühlte mich von Max beobachtet. Aber ich hatte es so gewollt. Ich startete den Motor, legte den Gang ein und ließ die Kupplung kommen. Der Wagen ruckelte los, obwohl ich sie sehr gefühlvoll betätigt hatte. Ich schaute verstohlen zu Max hinüber. Er hatte die Augen geschlossen, doch kaum schaute ich weg, sagte er: »Ganz schön groß, das Auto, was?«

Ich wendete und fuhr zügig vom Hof. Wieder ruckelte es beim Schalten. Vermutlich war ich aus der Übung, denn sowohl mein als auch Daniels Auto hatten ein Automatikgetriebe. Ich würde mich schon wieder daran gewöhnen.

Um diese Zeit waren nur wenige andere Autos unterwegs. Am Lappersdorfer Kreisel fuhr ich auf die A 93, wenig später wechselte ich am Autobahnkreuz Regensburg auf die A 3 in Richtung Passau. Hier war einiges los und im Bereich der Autobahnbaustelle stockte der Verkehr immer wieder.

Danach fuhren die Autos weiterhin dicht an dicht. Der Lkw vor mir war um einiges langsamer, aber ich sah einfach keine Möglichkeit, zu überholen, egal wie angestrengt ich auch in den Rückspiegel schaute. Schließlich gab ich es für den Moment auf und riskierte einen weiteren Blick zu Max. Er war tatsächlich eingeschlafen, sein Gesicht völlig entspannt. Vielleicht ließ es sich doch ganz gut mit ihm zusammenarbeiten. Mit seinen Sprüchen würde ich fertig werden.

Nach einem schnellen Blick über die Schulter stieg ich aufs Gas und scherte aus. Der SUV-Fahrer hinter mir blendete auf, aber plötzlich machte mir das nichts mehr aus, ich genoss es sogar: Auch ich hatte ein Recht auf die Überholspur. Nach und nach beruhigte ich mich und überließ mich meinen Gedanken. Links von mir tauchten die ersten grün schattierten Ausläufer des Bayerischen Waldes unter dem strahlend blauen Morgenhimmel auf. Als kurz nach Straubing der Verkehr stockte und mich zum Bremsen zwang, schreckte Max auf: »Sind wir schon da?«, fragte er, für einen Moment orientierungslos.

Ich musste grinsen. »Nein, schlaf ruhig weiter.«

Er warf einen Blick zum Navi, das ausgeschaltet war, und dann zu mir. »Du weißt, wo wir hinmüssen?«

»Nach Sesslfing«, sagte ich, »ich kenne den Weg.« Mir wurde flau im Magen und ich fasste das Lenkrad fester. Zum Glück fragte Max nicht nach. Ich sagte mir, dass es ein Ort wie jeder andere war, ein beliebiger Marktflecken am Rand des Bayerischen Waldes. Meine schweißfeuchten Hände am

Lenkrad bewiesen mir jedoch das Gegenteil. Ich klammerte mich so fest, dass meine Knöchel weiß wurden, und fuhr unwillkürlich immer langsamer. Fahrzeug um Fahrzeug scherte hinter mir aus, bis eine ganze Kolonne auf der Überholspur an mir vorbeizog und ich mehrere Kilometer hinter einem Lkw festhing. Schließlich sagte Max: »Fahr bitte mal raus.« Im letzten Moment sah ich das Parkplatzschild und bremste, noch bevor ich den Blinker setzte und in die Ausfahrt einbog. Wieder fing ich mir ein Hupen ein.

Als das Auto ausgerollt war, blieb ich benommen sitzen. Max stieg aus und verschwand hinter einem Busch. Ich kurbelte die Scheibe runter. Die Luft war noch frisch und klar, doch die Sonne begann den taufeuchten Waldboden aufzuheizen. Bald würde der aufsteigende Dunst die Farben der Bergrücken in stumpfes Blaugrau verwandeln. Ich schloss die Augen und lauschte dem rauschenden Verkehr. Was hatte ich mir da nur vorgenommen?

Ich stieß die Fahrertür auf und kletterte aus dem Auto. Für einen Augenblick schwankte der Boden unter mir, doch ich lief entschlossen einige Schritte auf dem Parkplatz auf und ab, bis ich sicher war, dass meine Beine mich trugen. Dann ging ich die angrenzende Böschung hinunter zu dem Drahtzaun, der den Parkplatz begrenzte. Ich hakte die Finger in die Maschen und atmete tief durch. Gegen den Zaun gelehnt wartete ich darauf, dass ich ruhiger wurde und wieder klar denken konnte. Jetzt, so nah an Sesslfing, wäre ich am liebsten umgekehrt, doch wie sollte ich das Max erklären? Ich musste den Job durchziehen. Warum hatte ich mir nicht wenigstens die Projektunterlagen angesehen? Ich wusste nicht mal, wie viele Tage Daniel für den Auftrag kalkuliert hatte. Inzwischen musste er im Büro angekommen sein. Tamara würde ihm sagen, wo ich war. Schade, dass ich sein Gesicht dabei nicht sehen konnte.

## Wiedersehen mit Sesslfing

Als ich zum Auto zurückkam, saß Max auf der Fahrerseite und programmierte das Navi. Ich stieg auf der anderen Seite ein und versuchte, mir meine Erleichterung nicht anmerken zu lassen. Max wartete, bis ich mich angeschnallt hatte, dann fuhr er los und fädelte sich wieder in den dichten Verkehr ein. Eine Viertelstunde lang sprach er kein Wort und blickte konzentriert auf die immer voller werdende Autobahn. Kurz vor dem Autobahnkreuz sagte ich: »Fahr in Deggendorf runter, wir nehmen die Landstraße. Die A 3 ist hier öfter mal verstopft.«

Ich hatte Sesslfing verlassen, lang bevor ich den Führerschein machte, aber in den letzten Jahren war ich öfter auf der Autobahn daran vorbeigefahren. Erst jetzt wurde mir bewusst, dass ich jedes Mal aufgehorcht hatte, wenn die Ausfahrt in den Verkehrsnachrichten erwähnt wurde. Max nickte und fuhr ab, während die Navistimme quäkend protestierte. Ich brachte sie zum Schweigen und dirigierte Max mit knappen Worten über die Landstraße. Dabei bemühte ich mich, die immer hügeliger werdende Landschaft und die herrliche Fernsicht auf den Bayerischen Wald zu ignorieren. Wenig später zogen erste Wolken auf und der Himmel trübte sich ein. Reagierte die Landschaft auf meine Gefühle, oder war es umgekehrt?

Als gegen halb neun das Ortsschild von Sesslfing in Sicht kam, sank ich tiefer in meinen Sitz. Ich konnte kaum glauben, dass ich wirklich hier war. Bald erreichten wir den Marktplatz, der im Prinzip so aussah wie früher. Wären da nicht die zugeklebten Fensterscheiben des früheren Supermarkts gewesen und das Stehcafé, in dem früher mal eine Postfiliale gewesen war; die alte Bäckerei auf der anderen Seite des Platzes hatte offenbar ebenfalls zugemacht. Max hielt vor dem Café und stellte den Motor ab. »Bring mir bitte auch was mit«, sagte ich. »Eine Butterbrezel oder so.«

Als er zurückkam, warf er mir die Tüte zu und sagte: »Wir müssen zum ehemaligen Bahnhof. Weißt du, wo das ist? Du scheinst dich hier auszukennen.«

Ich deutete aus dem Beifahrerfenster. »Die Straße runter, immer geradeaus.«

Max rangierte rückwärts auf die Straße, während ich meine Brezel auspackte. Ich kaute noch daran, als er auf den ehemaligen Bahnhofsplatz einbog, dessen Asphalt voller tiefer Löcher war. Max umfuhr sie, so gut er konnte, und hielt neben dem alten Lagerhaus, in dem einmal Saatgut und Baustoffe angeboten worden waren. Jetzt hatte es nicht mal mehr Fenster und auch kein Dach mehr, Balken und Ziegel lagerten neben dem Gebäude. Bald würde es abgerissen werden, um Platz für das neue Baugebiet zu schaffen.

Als wir ausstiegen, strich feuchtwarme Luft über meine Haut. Ich griff nach meinem Rucksack und holte eine Kappe heraus, um sowohl für Regen als auch Sonne gerüstet zu sein. In meiner Grundschulzeit waren hier noch Züge abgefahren; jetzt gab es nicht einmal mehr Gleise. Dahinter hatten sich weitere Lagerhäuser befunden, vielleicht auch das Werksgelände einer Fabrik. Meine Erinnerungen waren ungenau, wie bei einem unscharfen Foto: Je mehr ich mich um Details bemühte, desto verschwommener wurde das Bild.

»Wird alles Wohngebiet«, sagte Max und beschrieb mit dem Arm einen Halbkreis um das Areal jenseits des Bahnhofs. Ich blätterte in der Mappe, die ich aus dem Auto mitgenommen hatte. Sämtliche Kanäle im Planungsgebiet sollten mit der Kamera untersucht werden, zwei Wochen hatten wir dafür

Zeit. Ich überflog die Projektbeschreibung mit Zeichnungen von der zukünftigen Bebauung. Etliche Doppelhäuser würden hier entstehen, erschwinglich für Familien und mit viel mehr Luft dazwischen als in Regensburg mit seinen horrenden Immobilien- und Grundstückspreisen, dachte ich. Mein Blick fiel auf den großzügigen Spielplatz und das viele Grün zwischen den Häusern. Am Rand des Baugebiets zog sich laut Plan der Sesslbach entlang, in meiner Kindheit ein wie mit dem Lineal gezogener, teilweise in Beton eingefasster Graben. Daran erinnerte ich mich seltsamerweise genau. Er musste irgendwo in dem Gebüsch sein, am Rand der Fläche, auf der wir jetzt standen. Auf den Zeichnungen wurde daraus ein gemütlich dahinmäandernder Bach, an dessen breiten Ufern Kinder spielten. Wie einladend das aussah … Max riss mich aus meinen Gedanken. »Das kannst du dir später ansehen, wenn du mal Leerlauf hast.« Er nahm mir die Mappe aus der Hand, zog zielsicher einen Plan heraus und ging zum Steuerstand des Fahrzeugs. Er warf die restlichen Unterlagen hinein und schob die Tür schwungvoll wieder zu. Dann lief er los, während er routiniert den Plan auffaltete. »Lass uns das Gelände abgehen«, sagte er, und ich merkte, dass ich nahtlos in die Rolle der Handlangerin geschlüpft war.

Der Himmel war jetzt vollends grau, leichter Wind kam auf. In der Ferne hörte ich Donnergrollen, doch es sah nicht so aus, als würde uns das Gewitter erreichen. Nur die Temperatur schien seit ein paar Minuten deutlich zu fallen. Ich schlug den Jackenkragen hoch und zog den Schild meiner Kappe tiefer ins Gesicht. Der Bereich des früheren Bahnhofs und der Gleise war geschottert, die restliche Fläche unregelmäßig asphaltiert oder betoniert. Einige der Schachtdeckel lagen unter Bauschutt oder im Gestrüpp. Das würde nicht einfach werden, doch mir war es lieber, als an der öffentlichen Straße zu arbeiten. Auch wenn mich wahrscheinlich niemand auf Anhieb erkennen würde. Das letzte Mal war ich mit fünfzehn hier gewesen und hatte Lexi Brunner geheißen. Erst im Studium war ich wieder zu Alexandra geworden und mit der Heirat zu Frau Riedl.

»Was ist, gibst du schon auf?«, sagte Max. Wie lange stand ich eigentlich schon hier und hing meinen Gedanken nach? Ich schüttelte mich und stapfte entschlossen an ihm vorbei. »Da hinten kommen wir mit unserem Gerät nicht ran«, sagte ich und deutete auf einen Schuttberg, nicht weit vom ehemaligen Bahnhof.

»Das muss die Gemeinde wegräumen. Ich rufe die nachher mal an«, sagte er und begann, die Kamera startklar zu machen. Ich nahm das Hebewerkzeug aus dem Auto und bezog meine Position hinter dem Fahrzeug. Es fühlte sich vertraut und gleichzeitig fremd an. In mir öffnete sich ein Fenster zu der Zeit vor über zehn Jahren, in der ich mit Daniel auf unserem ersten und damals einzigen Inspektionsfahrzeug unterwegs gewesen war. Jetzt hieß es also wieder Schächte öffnen und sichern, die Kamera einsetzen und die Dreckarbeit machen. Max bediente die Kamera von seinem Steuerpult aus, das einem Raumschiff alle Ehre gemacht hätte. Ich hantierte mit Schläuchen und Kabeln und kam ordentlich ins Schwitzen, während seine Anweisungen per Sprechverbindung auf mich einhagelten. Er schien es auszukosten, dass er der Spezialist war und ich seine Helferin. Neben dem Monitor mit dem Videobild und einem Laptop, der ihn mit unserem Firmennetzwerk verband, konnte er auf einem weiteren Bildschirm den Arbeitsbereich hinter dem Auto sehen und damit auch mich.

Als alles für die Inspektion vorbereitet war, legte ich den Gitterrost mit der Kabeldurchführung auf den Schacht, sodass kein neugieriger Passant hineinfallen konnte; jeder einzelne gelungene Handgriff ließ mich innerlich jubeln. Die Kamera bewegte sich unterirdisch fort und ich hatte nichts mehr zu tun. Sofort fielen unliebsame Gedanken und Gefühle über mich her. Da waren der Schmerz über Daniels Verrat, Verlassenheit und auch ganz praktische Fragen: Konnte ich im Falle einer Trennung im Haus wohnen bleiben, oder würde ich meinen geliebten Garten verlieren? Und wie sollten wir das mit der Firma regeln? Ich konnte mir nicht vorstellen, weiter mit ihm zusammen zu arbeiten, falls wir uns trennten. Er würde sicher nicht einfach so seinen Posten räumen – genauso wenig, wie ich dazu bereit war. Vermutlich saß Daniel am längeren Hebel, da er das gesamte Startkapital eingebracht hatte. Ich fürchtete mich schon jetzt vor der Auseinandersetzung.

Der Boden unter meinen Füßen schwankte. Ich kletterte zu Max in den Wagen und setzte mich auf die schmale Bank neben seinem Arbeitsplatz. Es schien ihn nicht zu stören, dass ich ihm über die Schulter schaute, er beherrschte die Kamerasteuerung und die dazugehörige Software im Schlaf. Für Außenstehende sahen die Bilder aus dem Untergrund sicher seltsam aus, aber Max und mir waren sie vertraut. Manchmal, wenn er sich näher an Risse, Scherben und eingewachsene Wurzeln heranzoomte, murmelte er vor sich hin und die Tastatur klapperte leise. Das hatte etwas sehr Beruhigendes und meine Gedanken nahmen eine andere Richtung. Ich war stolz darauf, dass ich mir im Lauf der Jahre fast ebenso viel technisches Wissen angeeignet hatte wie Daniel, auch wenn ich es kaum mehr brauchte. Dafür hatten wir eine Topmannschaft aufgebaut und Max war ein Teil davon. An das Vorstellungsgespräch mit ihm erinnerte ich mich nur vage, aber ich wusste noch, dass er nach seinen Perspektiven gefragt hatte. Nach einem Jahr war eine Gehaltserhöhung angemessen, ich erwartete, dass er darauf zu sprechen kam, spätestens beim nächsten Mitarbeitergespräch mit Daniel.

Jetzt kam der Zielschacht in Sicht. »Genug ferngesehen. Ich brauch dich da hinten«, sagte er. Dagegen konnte ich nichts einwenden, denn wir waren fertig in diesem Kanalabschnitt. Also sprang ich aus dem Auto und zog die Kamera mit der Seilwinde heraus. Als sie an der Oberfläche erschien, griff ich beherzt zu und spürte, dass mir von der ungewohnten Arbeit schon jetzt alle Muskeln wehtaten. Noch eine halbe Stunde bis zur Mittagspause.

Unbewusst war ich davon ausgegangen, dass wir zusammen in die Ortsmitte fahren und essen gehen würden. Deshalb hatte ich mir außer der Butterbrezel am Morgen nichts vom Bäcker mitbringen lassen. Und nun machte Max es sich auf dem Fahrersitz gemütlich und packte seine Brotzeit aus, vor sich auf dem Armaturenbrett ein Becher heißer Kaffee aus der Thermoskanne. Ich stand unschlüssig neben der Tür und sah ihm zu. Und dann begann es auch noch zu regnen. Großartig.

»Was machst du denn da draußen? Du wirst doch nass. Komm rein und nimm dir ein Käsebrötchen. Ich habe eins übrig«, behauptete er. Aber ich hatte plötzlich sehr realistische Visionen von einem Teller Nudeln, einer Apfelschorle und einem sauberen Klo. In den vergangenen Stunden war ich zweimal ins Gebüsch gegangen, das nur einen notdürftigen Sichtschutz bot. Außerdem hatte ich Hemmungen, in der Nähe eines Bachlaufs zu pinkeln.

»Danke, aber ich gehe in den Ort«, sagte ich zu Max, wandte mich energisch um – und spürte einen unerwarteten Stoß gegen meine Sicherheitsschuhe. Im nächsten Moment schrammten meine Hände über den Asphalt und ich landete auf den Knien. So etwas war mir seit meiner Kindheit nicht mehr passiert. Ich schluckte. Da war ein dicker Kloß in meinem Hals, ich hätte heulen können. Max lachte laut auf, was mich ungeheuer wütend machte. Dann sah ich den Schachtdeckelheber neben mir liegen. Ganz offensichtlich war ich darüber gestolpert.

»Alles gut?« Max' Stimme klang auf einmal besorgt und er öffnete die Tür.

»Alles bestens!«, knurrte ich. Max blieb, wo er war, während ich den Heber nahm und ihn im Fahrzeug verstaute. Meine Handfläche war aufgeschürft und mein Knie tat weh. Ich schaute an mir hinunter, doch die Arbeitshose war intakt und es fühlte sich auch nicht so an, als würde ich unter dem Stoff bluten. Also ging ich los. Zum Glück ließ der Schmerz bald nach. Während ich auf die Straße in Richtung Ortsmitte zulief und überlegte, wo ich etwas zu essen bekommen konnte, schossen mir Bilder durch den Kopf: Daniel und ich zusammen in der Mittagspause auf der Dachterrasse unserer Firma. Wir aßen Pizza aus Pappschachteln und sprachen über das Tagesgeschäft. Dabei waren oft wie von selbst neue Ideen und Lösungen für Probleme entstanden. Ich konnte noch die Begeisterung spüren, die mich dabei immer erfasst hatte. Würde ich je wieder unbefangen mit ihm plaudern und fachsimpeln können?

Als ich den Gehweg erreichte, blies ein Windstoß über mich hinweg, ungewöhnlich kalt für diesen Junitag, der sein sonniges Versprechen nicht eingelöst hatte. Stattdessen hatte es einen Temperatursturz gegeben, der direkt aus den Hochlagen des Bayerischen Waldes zu kommen schien. Immerhin lag der Ort auf sechshundert Meter Meereshöhe und in einer Schneise, durch die gelegentlich ein Ausläufer des eisigen Böhmwinds strich. Wie passend, dass ich ausgerechnet an einem solch unwirtlichen Tag zurückgekehrt war. Er erinnerte mich daran, wie kalt es hier im Winter sein konnte, und beschwor ein Kindheitsbild herauf: Ich und meine Schwester Melanie unter einem Novembervollmond auf dem Feld, löchrige gestrickte Fäustlinge an den Händen. Melanie ging mit dem Messer voraus und schnitt das Kraut von den Futterrüben, während ich versuchte, die Feldfrüchte aus dem hart gefrorenen Acker zu lösen. Bei einigen ging es leicht, bei anderen musste ich den Absatz meines Stiefels zu Hilfe nehmen. Dann bücken. Aufheben. Hoch auf den Wagen werfen, wo sich die dunkle Silhouette unseres Vaters abzeichnete. Das Gleiche wieder von vorn, immer wieder, bis der Rücken bei jeder Bewegung schmerzte und ich meine Hände vor Kälte nicht mehr spürte …

Meine Aufgabe als Inspektionshelferin war ebenfalls anstrengend, aber wenigstens musste ich nicht befürchten, dass ich angeschrien wurde, sobald ich – ob vermeintlich oder tatsächlich – einen Fehler machte. Max ließ mich machen, und wenn er etwas dazu zu sagen hatte, tat er es in knappen, präzisen Worten ohne Drama. Sein doofes Lachen vorhin hätte er sich allerdings sparen können!

## Max

Max sah zu, wie seine Chefin aufstand, die Handflächen an der Hose abstreifte und in Richtung Straße ging, langsam, als traute sie dem Boden nicht. Er hatte die Stolperfalle gesehen, doch bevor er Alexandra warnen konnte, flog sie schon. Es passierte überraschend und sah so skurril aus, dass er lachen musste. Fast augenblicklich tat es ihm leid, doch als er ihr helfen wollte, wehrte sie ihn ab. Also blieb er im Auto sitzen. Das war bestimmt auch besser so, denn sie war den Tränen nahe gewesen. Nach dem Mittagessen würde sie sich besser fühlen. Er dachte daran, wie forsch sie ihm heute Morgen den Schlüssel abgenommen hatte. Als ob es ihm etwas ausmachen würde, nicht selbst fahren zu müssen. Er saß oft und lang genug hinter dem Steuer. Unterwegs hatte er dann bemerkt, dass es ihr nicht gut ging. Was sie wohl bewogen hatte, sich selbst als Ersatz für Bruno ins Spiel zu bringen? Er wusste, dass Alexandra manchmal ein Team zum Einsatz begleitete, aber nicht, dass sie so beherzt zupacken konnte.

Er trank noch einen Schluck Kaffee und rauchte seine Zigarette zu Ende, die erste des Tages. Und vielleicht auch die einzige! Er kam gut voran mit seiner Raucherentwöhnung. Wann immer er zur Zigarettenschachtel greifen wollte, sah er Amelies traurigen Blick vor seinem inneren Auge. Und das spornte ihn an. Schließlich liebte er ihr Lachen. Sie hatte oft gute Laune, ungeachtet der Beschränkungen, die ihre Behinderung mit sich brachte. Außerdem war sie unbestechlich und sagte unverblümt ihre Meinung. Er liebte sie dafür, aber manchmal tat es auch weh. »Vom Rauchen stirbt man, Papa«, hatte sie gesagt und ihm die Zigarettenschachtel weggenommen. Darauf prangte das Bild einer Raucherlunge. Mühsam entzifferte sie den darunter stehenden Warnhinweis. »Was ist ein Kra-zi… Krazinom?«, fragte sie. Und, nachdem Max es ihr erklärt hatte: »Warum rauchst du dann?« Darauf wusste er keine überzeugende Antwort. Also musste er aufhören, seiner zehnjährigen Tochter zuliebe. Warum nur war er ans andere Ende Deutschlands gezogen? Inzwischen bereute er es.

## Alte Bekannte

Sesslfing war nicht mehr das verschlafene Nest, das ich von früher kannte: Auf der Ortsdurchfahrt reihte sich Auto an Auto, und ich war froh, dass es inzwischen einen Gehweg gab. Mein Elternhaus war nur wenige Kilometer entfernt von hier und die Erinnerung erfasste mich wie ein Sog. Ich hatte ständig das Gefühl, gleich würde jemand aus meiner Vergangenheit neben mir anhalten. Stattdessen fuhren die Autos an mir vorbei. Etliche davon bogen auf den Parkplatz des Supermarktes ein, der jetzt in Sicht kam. Anstelle des bescheidenen Ladens, an den ich mich erinnerte, stand hier nun eine moderne REWE-Filiale. Gleich im Eingang befand sich ein Bäckerei-Café mit einigen Tischen. Die Kundentoilette daneben war sauber und einladend hell, sie hatte sogar Fenster nach draußen. Aus dem Wasserhahn kam reichlich warmes Wasser und der Seifenschaum duftete nach Rosen. Meine linke Handfläche brannte, doch das war schnell vorbei, und ich genoss das Gefühl von Sauberkeit nach dem Abtrocknen. Dann trat ich an die Bäckerei-Theke. Dort bediente ein honigblonder Mittzwanziger, der sein Haar zu einem Knoten geschlungen hatte und damit ebenso gut in ein hippes Café in Regensburg oder München gepasst hätte. Auch in Sesslfing war die Zeit nicht stehen geblieben. »Was darf's sein?«, fragte er und lächelte mich an. Ich lächelte zurück und bestellte ein Fladenbrot mit Tomaten und Mozzarella. »Ich kann es kurz warm machen, wenn du möchtest«, bot der junge Mann an und ich nickte dankbar. Neben mir bildete sich bereits eine Schlange. Da waren ein paar Mädchen mit Schulrucksäcken, ein Typ mit Cargohosen und ein Anzugträger, der mich neugierig musterte. Es war mir unangenehm. Ich drehte mich weg und nahm mir eine Apfelschorle aus dem Kühlschrank. Meine Finger zitterten, als ich das Geld auf die Theke legte. Wahrscheinlich hatte ich bereits Unterzucker. »Setz dich schon mal. Ich rufe dich dann«, schlug mein Wohltäter vor, und ich ließ mich dankbar auf einen Stuhl am Fenster fallen. Endlich.

Nach und nach wurde mir wieder warm. Ich befühlte mein Knie, auf das ich gefallen war: Alles gut, nichts tat mehr weh. Ich hatte Glück gehabt. Nach dem Essen schlenderte ich erleichtert durch die Gänge des Supermarktes. Ich legte Traubenschorle und Zitronen-Ingwer-Teebeutel in den Einkaufswagen. Außerdem die Ingwerkekse, die ich so gerne mochte, und eine Thermoskanne. Ab morgen würde ich eine ordentliche Brotzeit und heißen Tee mit zur Arbeit nehmen. Wie hatte ich das nur vergessen können?

In der Kassenschlange holte ich mein Smartphone heraus und entdeckte drei entgangene Anrufe von Daniel. Sollte er ruhig noch weiterschmoren! Ich öffnete die Wetter-App: Für Regensburg war weiterhin Sonne vorhergesagt, hier in Sesslfing würde es gegen Abend regnen und erst morgen wieder aufklaren, bei Tagestemperaturen über zwanzig Grad. Ich wippte auf den Zehenspitzen auf und ab, soweit meine Sicherheitsschuhe es zuließen. Endlich war ich dran und ließ meine Einkäufe auf das Laufband fallen.

»Lexi! Das ist ja eine Überraschung!« Die Stimme der Kassiererin war warm und kräftig, ihre dunkelbraunen Augen waren sorgfältig geschminkt. Mit einem breiten Lächeln sah sie zu mir auf. Sie schien sich ehrlich zu freuen, mich zu sehen, während ich noch überlegte, wer sie war. Dann fiel es mir ein. »Hallo, Anna, schön dich zu treffen«, sagte ich.

»Ja, lang ist's her, gell? Wo hast du denn die ganze Zeit gesteckt?« Es klang, als wäre ich zurückgekommen, um zu bleiben.

Ruckzuck zog Anna die Waren über den Kassenscanner. Sie sprach schnell und lebhaft, ihr ganzer Körper vibrierte. So war sie schon in der Grundschule gewesen, ein kleiner, liebenswerter Wirbelwind. Wegen meiner Gehemmtheit hatte ich aber nie mit ihr Freundschaft geschlossen, sondern auf dem Schulhof immer nur sehnsüchtig zu ihrer Clique rübergeschaut. Außerdem hatte Yvonne mich ganz für sich beansprucht.

»In Regensburg«, sagte ich.

Sie nickte. »Deine Schwester ist auch nicht mehr in der Gegend, stimmt's?«

Eisiger Schrecken fuhr mir durch die Glieder. Hatte Anna vergessen, was passiert war? Ich sah zu, wie sie die Kekspackung durchzog und den Warentrenner wegnahm. Dann stand das Kassenband still. Ich schüttelte den Kopf. »Sie ist nie wieder aufgetaucht. Wahrscheinlich lebt sie nicht mehr«, sagte ich.

Für einen Augenblick war sogar Anna sprachlos. Dann sagte sie: »Das habe ich nicht gewusst. Tut mir leid. Und was machst du in Regensburg? So weit weg in der Großstadt, das könnte ich nicht auf Dauer«, sagte sie. Ich war erstaunt, wie schnell sie über das Thema hinwegging. Es war mir recht. Ich zuckte mit den Schultern: »Das dachte ich am Anfang auch, aber die Stadt fühlt sich immer kleiner an, je länger man da wohnt. Wie ein Dorf. Ich habe mit meinem Mann eine Firma gegründet und fühle mich in Regensburg zu Hause. Und du? Bist du die ganze Zeit hier gewesen?«

Anna schüttelte den Kopf. »Ich habe eine Weile in einem Trachtengeschäft am Chiemsee gearbeitet und in einem Feinkostladen in München. Ich wollte schon ein bisschen was von der Welt sehen. Dann hab ich geheiratet und mich wieder scheiden lassen.« Sie lachte kurz auf. »Und jetzt bin ich mit dem Paul zusammen, erinnerst du dich an ihn?«

»Paul, der Briefträger?«, fragte ich verwundert, und Anna lachte wieder: »Ja, stell dir vor. Paul stottert nicht mehr. Aber er liebt immer noch Hunde. Wir wohnen auf einem Einödhof bei Schlenk und haben außerdem Katzen, Hasen und einen großen Garten. Das könnte ich in der Stadt nicht haben.«

Schlenk war ein noch kleinerer Ort als Sesslfing, etwa zehn Kilometer von hier, umgeben von Wald. Sehr idyllisch.

»Hast du Kinder?«, fragte Anna, und in mir zog sich alles zusammen. Ich hatte nie Kinder gewollt. Bis vor ein paar Tagen hatte ich geglaubt, dass Daniel das genauso sah.

»Nein, und du?« Ich war erleichtert, als Anna den Kopf schüttelte, und glaubte, eine Verbündete erkannt zu haben. Dann sah ich die Traurigkeit in ihren Augen. »Wir sind erst Mitte dreißig. Da kann noch alles Mögliche passieren«, sagte ich und überraschte mich selbst damit. In den letzten Tagen war genug geschehen, auf das ich gut hätte verzichten können. Doch Annas Lächeln sagte mir, dass meine Worte ihr Hoffnung machten.

»Vielleicht klappt's ja jetzt mit Paul! Neunzehn Euro dreiundzwanzig«, sagte sie schwungvoll, und mir wurde bewusst, dass fünf Leute hinter mir standen und geduldig warteten. War unser Gespräch so interessant gewesen? Ich legte meine EC-Karte auf das Lesegerät. »Ich bin noch ein paar Tage beruflich hier«, sagte ich und Anna nickte. »Wir sehen uns.« Dann wandte sie sich dem nächsten Kunden zu. Ich ging mit meiner neuen Thermoskanne zurück zur Bäckerei, um sie mit heißem Wasser füllen zu lassen.

## Florian

Als ich zurückkam, saß Max bereits wieder vor dem Monitor und zeichnete Bilder aus der Unterwelt auf. Sollte ich mich dafür entschuldigen, dass er ohne mich weitermachen musste? Ich war die Chefin. Es war mein Problem, wenn wir langsamer vorankamen als geplant. Und Daniels. Also warf ich nur ein knappes »Mahlzeit!« in Richtung seines Arbeitsplatzes und wollte vorbeigehen. Da sagte er: »Du bist zurückgekommen. Ich dachte schon, ich hätte endlich meine Ruhe.« Wieder schwang ein Lachen in seinen Worten mit. Nahm der Mann mich eigentlich ernst?

»Pech für dich. Ich hab nur meine Nägel nachlackiert«, antwortete ich.

»Alles klar«, sagte Max und grinste. Da er meine Assistenz momentan nicht benötigte, ging ich ein Stück über das Gelände und sah mich nach dem nächsten Schacht um. Der Deckel war halb verdeckt von einem Stapel mit alten Paletten und dicken, verdreckten Holzbalken. Ich schlüpfte in meine Arbeitshandschuhe und begann, den Haufen abzutragen.

Bald schmerzten meine Arme und der Rücken mehr als zuvor. Und ich spürte ein leichtes Ziehen im Nacken, mit dem sich erfahrungsgemäß Kopfschmerzen anbahnten. Die konnte ich jetzt gar nicht brauchen. Ich ging an Max vorbei zum Auto, holte eine Schmerztablette aus dem Rucksack und spülte sie mit einem Schluck Tee aus der Thermoskanne hinunter. Während ich weiterarbeitete, versuchte ich, an etwas Schönes zu denken. Vielleicht konnte ich am Abend nach einer heißen Dusche mit Judith skypen. Ich war schon gespannt, wie sich die Sache zwischen ihr und diesem Nilesh weiterentwickelte.

Plötzlich bewegte sich die Palette vor mir, wurde mir förmlich aus den Händen gerissen und wirbelte aus meinem Blickfeld. Ich schrie unwillkürlich auf. Ich hatte nicht bemerkt, dass Max seinen Steuerstand verlassen hatte und zu mir herübergekommen war. »Lass das!«, knurrte er, und seine Wut kroch mir förmlich den Nacken hoch. Auf einmal hatte ich das Bild meines Vaters Kurt vor mir, die Hand erhoben zum Schlag. Dann fing ich mich wieder. Ich war erwachsen, und was immer in Max gefahren war: nicht mein Problem.

»Ist was kaputt?«, fragte ich und bückte mich demonstrativ nach einem Balken, doch Max stellte sich mir in den Weg. So nah, dass ich das Gefühl hatte, seinen Atem auf meiner Stirn zu spüren.

»Lass das«, sagte er noch einmal. Was wollte er?

Ich hob den Kopf, um ihm in die Augen zu schauen. Er war nur ein bisschen größer als ich, schien jedoch vor Muskelkraft zu bersten.

»Was«, sagte ich. Ich hatte drohend klingen wollen, doch diese Wirkung verfehlte ich gründlich. Erst wurden Max' ungleiche Augen größer. Sie hatten nicht nur die Farbe von Bernstein, da waren auch kleine schwarze Punkte, die wie Einschlüsse fossiler Grassamen und Spinnenbeine aussahen. Dann lachte er. Und zum ersten Mal, seit ich ihn kannte, lachte er mit dem ganzen Gesicht, dessen Proportionen auf einmal stimmten. Ein attraktives Gesicht, das verriet, wie sehr er sich gerade über mich amüsierte.

Na warte, dachte ich, legte eine Hand auf seinen Oberarm und schob ihn von mir weg, so energisch ich konnte. »Verrätst du mir, was los ist?«, fragte ich. Er nickte.

»Da sind alte Bahnschwellen dabei, schön mit Teeröl getränkt. Ziemlich ungesund.« Er blickte auf meine dreckigen Handschuhe. »Am besten nimmst du dir neue. Die Gemeinde soll das Zeug abtransportieren. Im Leistungsverzeichnis steht, dass alle Schächte frei anfahrbar sind – und nichts davon, dass wir Problemabfälle entsorgen sollen.«

Plötzlich ärgerte ich mich über mich selbst. Wie immer hatte Daniel das Angebot kalkuliert, aber ich hätte auch so wissen müssen, dass Aufräumen nicht zu unserem Job gehörte und dass es sich noch dazu um kontaminiertes Material handelte. Erst jetzt, nachdem Max mich darauf aufmerksam gemacht hatte, ordnete ich den leichten Teergeruch der alten Schwellen richtig ein.

»Da kommen sie schon«, sagte Max. Ich drehte mich um und sah einen klapprigen orangefarbenen VW Golf auf uns zufahren. Auf der Fahrertür prangte das Gemeindewappen in Form eines schief gewachsenen Schachtelhalms, darunter der Schriftzug: *Waldtorgemeinde Sesslfing*. Beinahe hätte ich gelacht. Wie viele Orte wohl für sich in Anspruch nahmen, das Tor zum Bayerwald zu sein?

Nun stieg ein Mann aus dem Gemeindeauto, ein weiterer näherte sich zu Fuß. Beide waren etwa in meinem Alter. Der Gemeindemann hatte volles Haar und eine schwammige Figur, wohingegen der schlanke Fußgänger bereits eine Glatze hatte. Er strahlte Selbstsicherheit aus, hatte ein offenes Gesicht und hellwache blaue Augen hinter einer schwarz gerahmten Brille. Er wirkte durchtrainiert, trug eine teure Outdoorjacke und Sicherheitsstiefel. Das Smartphone noch am Ohr, kam er auf unser Inspektionsauto zu. Das musste der Planungsingenieur sein, der die Inspektionsarbeiten für die Gemeinde überwachte. Er trat neben den Mann von der Gemeinde, der Max gerade mit einem niederbayerischen Wortschwall übergoss. Selbst ich musste mich konzentrieren, doch Max schien mühelos folgen zu können. Er hörte sich alles an und sagte dann: »Das, was wir bisher untersucht haben, ist ziemlich marode. Warum wollt ihr eigentlich das alte Zeug weiterverwenden? Es wäre doch einfacher …«

»Das entscheiden ja nicht Sie«, sagte da der andere Mann auf Hochdeutsch, und ich unterdrückte ein Schmunzeln. Es gefiel mir, dass Max einen Dämpfer bekam. Die Pläne der Gemeinde gingen ihn nichts an, zumal sie uns einen Auftrag beschert hatten. Statt einer Antwort schaute Max zu mir, und der Ingenieur sah mir zum ersten Mal ins Gesicht. Seine Augen hinter den Brillengläsern wurden groß, wie vorhin Annas. »Des gibt's ja ned. Die Lexi!«, sagte er im breitesten Dialekt, die Stimme einige Grade wärmer als zuvor. Wir gaben uns die Hand. Es war, als erwachte ich plötzlich aus der Realität der letzten dreiundzwanzig Jahre. Hinein in mein wirkliches Leben, in dem dieser ganz bestimmte Schmerz nie aufgehört hatte. Vor mir stand Florian Schorndorfer, ein Klassenkamerad meiner Schwester. Damals hatte er noch volles Haar und keine Brille gehabt. »Grüß dich, Florian«, sagte ich.

Er grinste mich an: »Du bist Kanal-Inspekteurin geworden? Da schau her.«

Ich schüttelte den Kopf und deutete mit dem Daumen auf Max. »Er ist das Genie. Max Engel.« Es tat mir gut, ihn neben mir zu wissen. Er gehörte zu dem Leben, das ich mir inzwischen aufgebaut hatte, und ruhte ganz in sich.

»Sie ist die Chefin«, sagte er. Der Blick aus seinen bernsteinfarbenen Augen streifte mich und schien zu fragen, was in mir vorging.

»Wie kommt ihr voran?«, fragte Florian.

»Bis jetzt ganz gut. Aber der Schutt muss weggeräumt werden«, sagte ich.

Florian nickte und sein Gesicht verschloss sich wieder. Ich hatte ihn immer etwas langweilig gefunden, während meine beste Freundin schon in der Grundschule für ihn schwärmte.

Der Gedanke an sie ließ Zeit und Raum jäh zusammenschrumpfen.

Ich war sechs Jahre alt und stand in einem Klassenzimmer mit dreißig anderen Kindern, die einander schon zu kennen schienen. Sie lachten und plauderten miteinander.

»Stellt euch bitte nacheinander auf«, rief die Lehrerin, Frau Kiesler. »Immer zwei Kinder miteinander. Nehmt euren Nachbarn oder eure Nachbarin an der Hand.«

Um mich herum bildeten sich schnell Paare, die Stimmung war ausgelassen. Nur ich stand immer noch allein herum. Ich spürte, dass Frau Kiesler ungeduldig wartete. Was konnte ich dafür, dass meine Eltern mich nicht in den Kindergarten geschickt hatten? Da entdeckte ich ein Mädchen mit braunen Wuschelhaaren, das noch weiter abseits stand als ich. Sie schaute mich an, als hätte sie ein großes kühles Eis mit ganz viel Sahne und bunten Smarties vor sich, ohne es erreichen zu können. Mit offenem Mund kam sie auf mich zu. Ich konnte sogar ihre Zahnlücke sehen, oben rechts.

»Genau, ihr zwei dahinten. Kommt endlich!«, rief Frau Kiesler.

Erleichtert packte ich die Hand des anderen Mädchens und wir folgten der Lehrerin und den anderen Kindern auf den betonierten Schulhof, in unsere erste große Pause.

»Ich bin die Yvonne«, sagte das andere Mädchen zu mir, und von diesem Tag an machten wir fast alles zusammen. Alles, was Yvonne wollte. Denn sie drohte mir: Wenn ich nicht mitmachte, würde sie nicht mehr meine Freundin sein.

»Schau doch heute oder morgen Abend mal vorbei«, sagte Florian jetzt, und ich schrak aus meinen Tagträumen auf. Wie ein ganzes Universum hatte sich die Erinnerung in mir ausgedehnt, doch jetzt und hier schien nur eine Sekunde vergangen zu sein. Ein stecknadelkopfgroßes Loch in der Zeit, das niemand außer mir zu bemerken schien. »Yvonne, meine Frau freut sich bestimmt, dich wiederzusehen«, fügte er hinzu.

»Ihr seid verheiratet?«, fragte ich. Ich war überrascht.

Florian nickte und lächelte: »Ja, seit fast achtzehn Jahren schon.« Er holte eine Visitenkarte aus seiner Aktenmappe und kritzelte etwas mit dem Kugelschreiber auf die Rückseite. »Hier ist unsere Privatnummer.«

»Danke«, sagte ich.

Ich hatte keine Lust, Yvonne zu treffen. Auch wenn ich neugierig war, welche Art von Frau aus der bedürftigen, mitunter fiesen Dreizehnjährigen geworden war, die sich damals an den knapp fünf Jahre älteren Florian gehängt hatte. Er war ein anständiger Typ – zu anständig, wenn es nach Yvonne ging. Das hatte sie mir damals selbst erzählt. Und nun hatte sie ihn tatsächlich geheiratet und mit ihm ein Bauunternehmen sowie das größte Kieswerk der Gegend. Florian war das einzige Kind seiner Eltern.

»Führt ihr jetzt die Firma zusammen?«, fragte ich.

Florian schüttelte den Kopf. »Das Bauunternehmen und das Kieswerk gibt es nicht mehr. Ich habe ein Ingenieurbüro und Yvonne arbeitet nur zwei Tage die Woche im Büro mit. Wir wollten beide mehr Zeit für uns und die Familie haben als unsere Eltern.« Yvonnes Vater war der Oberbauleiter bei den Schorndorfers gewesen und hatte entsprechend viel gearbeitet, ebenso wie Florians Vater.

»Du hast aber nicht in Regensburg studiert, oder? Sonst wären wir uns sicher mal über den Weg gelaufen.«

»Nein, in München«, sagte er.

»Wie kommt es, dass wir den Auftrag der Gemeinde bekommen haben? Gibt es im Bayerischen Wald keine Inspektionsfirmen?«

»Als Kommune müssen wir natürlich öffentlich ausschreiben«, schaltete sich nun der Gemeindemann ein.

»Ja, klar. Kennen wir beide uns eigentlich auch von früher?«, fragte ich.

Der Gemeindemann schüttelte irritiert den Kopf. »Nicht, dass ich wüsste.«

Florian sagte: »Herr Holzapfel ist aus Passau.«

Dieser griff das Stichwort auf und sagte in schönstem Niederbayerisch: »Aber ich bin schon zehn Jahre der Bauhofleiter hier.« Zum Beweis seiner Autorität schob er die Hände tiefer in die Taschen. »Alles klar?«, fragte er. »Oder gibt's noch Fragen?«

Ich spürte Max' erwartungsvollen Blick auf mir und sagte: »Keine Fragen. Aber das Gelände muss freigeräumt werden, das machen wir nicht. Schicken Sie bitte einen Trupp mit Lkw her, sonst können wir nicht weitermachen.«

Herr Holzapfel runzelte die Stirn. »Ach, Schmarrn. Die paar Brettln da sind doch kein Problem.«

Ich holte Luft. »Dann gehen wir jetzt gemeinsam das Gelände ab und Sie sagen mir, wie das funktionieren soll. Kontaminiert ist das Zeug übrigens auch.«

Aus dem Augenwinkel sah ich, wie Max und Florian einen Blick wechselten. Max amüsierte sich, das konnte ich an seinem Gesicht ablesen. Florian schien unsicher, ob er eingreifen sollte. Dann murmelte Herr Holzapfel auch schon: »Also gut. Ich schicke einen Trupp vorbei.«

Er stieg in sein Auto und Max erklomm wieder seine Schaltzentrale. »Gut gemacht«, sagte er.

Florian grinste mich an, dann wandte auch er sich zum Gehen. »Wie gesagt, schau mal vorbei. Du weißt ja, wo wir wohnen.« Er deutete rückwärts über seine Schulter. Kaum fünfhundert Meter von hier entfernt standen die Wohn- und

Geschäftsgebäude an der Bahnhofstraße. Auch Melanie war während ihrer Bauzeichnerlehre dort ein und aus gegangen. Sie hatte sie nie abgeschlossen.

»Die Eltern wohnen jetzt über dem Bürotrakt. Wir haben uns das Wohnhaus ausgebaut und renoviert.«

Von hier aus konnte ich ein Dachfenster des bewussten Gebäudes erkennen und ein Stück vom Balkon. Zum Glück würden wir gleich das Auto umsetzen und damit außer Sichtweite kommen. »Gut. Ich muss dann mal wieder«, sagte ich. Florian deutete ein Winken an und ging.

»Noch ein paar Minuten, dann ziehen wir um«, sagte Max. Ich nickte ihm zu und setzte mich auf einen Betonbrocken, der ein paar Schritte vom Wagen entfernt lag. Von hier aus hatte ich einen guten Blick zur Straße. Ein weißer Kleinlaster fuhr am Schorndorfer-Anwesen vorbei in Richtung Ortsausgang. Ich stellte mir vor, wie er die letzten Häuser passierte und weiter bergauf fuhr auf der Straße, die durch den Wald führte. Nach ein, zwei Kilometern würde er die Abzweigung passieren, die zu meinem Elternhaus führte. Obwohl der alte Bauernhof noch zum Ort gehörte, lag er in der Einöde, etliche Hundert Meter entfernt von den Nachbarn und von Wald umgeben. Ich erinnerte mich an die Stimmen von Wanderern und Schwammerlsuchern, die an schönen Tagen zu uns drangen. Ansonsten war der Wald sehr still. Doch je älter ich wurde, desto häufiger war ich frühmorgens von Lärm aus dem Erdgeschoss geweckt worden: Mein Vater brüllte und etwas flog krachend gegen die Wand, wahrscheinlich ein Küchenstuhl. Dann stand ich auf und klopfte an Melanies Tür. Sie saß im Bett und zeichnete. Die beunruhigenden Geräusche von unten schien sie gar nicht wahrzunehmen.

»Die streiten wieder«, sagte ich und wartete darauf, dass sie ein Stück zur Seite rutschte und die Bettdecke einladend hochschlug, damit ich zu ihr hineinschlüpfen konnte. Doch in letzter Zeit verhielt sie sich so abweisend, dass ich mich das nicht mehr traute. Stattdessen setzte ich mich auf den flauschigen Teppich vor ihrem Bett und zog die nackten Füße unter mich.

»Mach das Radio an, dann hörst du es nicht«, sagte Melanie und schaute abwechselnd aus dem Fenster und auf den Skizzenblock in ihrem Schoß. Ihre Hände flogen mit verschiedenfarbigen Stiften über das Papier. Von ihrem Bett aus konnte sie den Himmel sehen und die Bäume, die hinter dem Haus standen. Und dieses Motiv malte sie in allen Varianten. Ihre bevorzugten Farben waren Braun, Grün und alle Schattierungen von Blau.

Manchmal ging sie auch hinunter, um dem Streit ein Ende zu setzen. Das fand ich schlimmer, als mit ihr gemeinsam abzuwarten. Kurt konnte so ausfallend werden, dass es fast körperlich wehtat. Und manchmal setzte es auch eine Ohrfeige oder er packte eine von uns so heftig am Arm, dass blaue Flecken zurückblieben. Fast meinte ich zu spüren, wie sich seine Finger in meinen Bizeps bohrten.

Dann wurde mir bewusst, dass das alles längst vergangen war und ich mich hier und heute in Sicherheit befand. Als ich aufstehen wollte, wurde mir schwindelig und meine Beine drohten einzuknicken. Ich sank auf die Knie und stützte mich mit den Händen ab, doch auch die Arme waren weich wie Gummi. Bevor ich umkippte, legte ich mich lieber auf den Asphalt. Er war hart, aber angenehm warm. Obwohl es bewölkt war, fühlte ich die Sonne auf dem Gesicht. Ein leichter Wind strich über mich hinweg. *Melanie, wo bist du?*, dachte ich.

Als Nächstes spürte ich eine Hand auf der Wange. Erst eine sanfte Berührung, dann ein energisches Klopfen.

»Alexandra!«

Es war Max, der neben mir auf dem Boden kniete, und als ich die Lider aufklappte, schaute ich direkt in seine bernsteinfarbenen Augen. Sein Blick war ernst und, wie es mir schien, besorgt.

»Alexandra? Hörst du mich?«

»Ja, klar«, sagte ich. »Ich hab mich auf einmal so schwach gefühlt. Aber es geht schon wieder.«

»Bleib liegen. Ich hole dir was zu trinken«, sagte er und ging weg. Kaum, dass er mir den Rücken zukehrte, setzte ich mich auf. In meinem Kopf summte es wie in einem Bienenstock, aber ich kippte nicht um. Kurz darauf kam Max mit meiner Thermoskanne zurück und schenkte mir Tee ein.

»Danke«, sagte ich. Nach und nach nahm die Welt um mich herum wieder Konturen an. Max hockte sich neben mich und sah mich prüfend von der Seite an. »Schon das zweite Mal heute, dass du zu Boden gehst.«

»Dumm gelaufen«, sagte ich.

»Das gefällt mir nicht. Am besten fahre ich dich zu einer Arztpraxis.«

»Nein, lass mal. Ich fühle mich schon viel besser. Ich habe einen niedrigen Blutdruck. Dafür lebe ich länger«, sagte ich und grinste. »Wenn das Wetter so komisch ist, schlägt mir das auf den Kreislauf, und dann muss ich mich manchmal ganz schnell hinlegen«, flunkerte ich. Dabei war ich bis vor ein paar Tagen überzeugt gewesen, dass mich nichts so leicht umwerfen konnte. Das Schlimmste war ja schon passiert: Ich hatte meine Schwester verloren und mein beschissenes Elternhaus für immer hinter mir gelassen. Hatte ich gedacht. Aber nun war ich hier, mitten in Sesslfing, und es fühlte sich an wie ein schlechter Traum. Vielleicht war ich ja verrückt geworden und für immer in der Schleife meiner Kindheit gefangen. Aber da war auch Max, der von alledem nichts wusste. Max im Hier und Jetzt. Er hatte sich neben mich auf den Boden gesetzt, unsere Schultern berührten sich fast.

»Darf ich mich kurz anlehnen?«, fragte ich.

Statt einer Antwort rutschte Max ein paar Zentimeter näher. Ich spürte seine Wärme und die Muskelspannung seiner Oberarme. Das war es wohl mit meiner Autorität als Chefin, dachte ich. Dann überkam mich eine tiefe Erleichterung darüber, jetzt nicht allein zu sein. Und darüber, dass Max neben mir saß, still wie ein Berg oder Baum. Doch es dauerte nicht lang, bis er unruhig wurde. Vielleicht irritierte ihn die Situation mehr, als er zugeben mochte.

»So kuschelt sich sonst nur meine Tochter Amelie an mich«, sagte er schließlich. »Sie ist zehn.« Er lachte, wohl um uns beiden die Verlegenheit zu nehmen, und ich löste mich von ihm. »Dann hast du am Freitag von ihr gesprochen? Ich hatte ›Enkelkind‹ verstanden und mich gewundert, weil du doch ziemlich jung dafür bist.«

»Nein, das hast du schon richtig gehört. Amelies großer Bruder ist erwachsen und hat selbst eine kleine Tochter.«

»Wow«, sagte ich, und Max richtete sich auf.

»Kannst du aufstehen? Dann bringe ich dich zum Auto. Dort kannst du in Ruhe nachrechnen.« Er hatte mich durchschaut, denn in der Tat überlegte ich, wie alt oder besser gesagt, wie jung Max bei der Geburt seines Sohnes gewesen sein mochte. Ich nahm die Hand, die Max mir hinhielt, und er half mir auf. Dicht vor ihm kam ich zum Stehen. »Du musst mir ein paar Hinweise geben, damit ich die Gleichung lösen kann.«

Er lächelte. »Textaufgabe: Max ist sechsundvierzig und hat zwei Kinder. Julian war siebzehn, als seine Schwester Amelie, jetzt zehn Jahre alt, geboren wurde. Wie alt war Max, als …«

Ich musste lachen. »Schon gut, hör auf. Du bist also mit neunzehn zum ersten Mal Vater geworden, hast später noch eine Tochter bekommen und ein Enkelkind von deinem Sohn Julian«, sagte ich und dachte unwillkürlich an Daniel und seine weitläufige Verwandtschaft. »Dann bist du wohl ein richtiger Familienmensch.«

Er seufzte. »Leider nein. Amelie lebt in Wismar bei ihrer Mutter. Wir sind geschieden. Und unser Sohn wohnt ebenfalls im Nordosten.«

»Das tut mir leid«, sagte ich, aber er winkte ab.

»Schon okay«, sagte er. »Ich fahre etwa einmal im Monat hin, und im August kommt Julian mich besuchen. Zusammen mit seiner Frau, ihrer gemeinsamen Tochter und Amelie. Dann zeige ich ihnen Regensburg und wir machen uns ein paar richtig schöne Tage.« Er zählte ein paar der klassischen Ausflugsmöglichkeiten in der Umgebung auf, woran ich merkte, dass er noch nicht ewig in der Gegend lebte: eine Strudelrundfahrt mit dem Schiff, Besuch der Walhalla und bekannte Biergärten, die im Hochsommer so richtig überlaufen waren. Seine Stimme vibrierte und er unterstrich seine Worte immer wieder mit lebhaften Gesten, während er sich ausmalte, was seiner Familie gefallen würde.

»Geht ihr gerne baden?«, fragte ich und erzählte ihm vom Roither See, an dem ich früher gern gewesen war.

»Danke für den Tipp«, sagte Max. Dann fasste er mich behutsam beim Ellbogen und wir gingen zum Auto. Als er mich losließ, schüttelte es mich. »Du frierst ja, und das mitten im Sommer.« Max kletterte ins Auto, wo er in seinem Reiserucksack wühlte und einen Pullover für mich herausholte. »Hier, nimm den. Trink noch was und ruf mich, wenn du etwas brauchst.«

»Danke, aber …«

»Ich mache alleine weiter, kein Problem.«

Er wartete, bis ich eingestiegen war, dann ging er. Meine Beine zitterten vor Anstrengung, und ich musste einsehen, dass ich vorerst zu nichts mehr zu gebrauchen war. Ich schloss die Tür und lehnte den Kopf an die Scheibe.

Ich kam erst wieder zu mir, als die Fahrertür aufsprang und Max in den Wagen kletterte. Er brachte einen Geruch nach Schweiß und Regen mit, auf seinem Haar glitzerten feine Wassertropfen.

»Feierabend für heute.« Er legte die Hände auf das Lenkrad und hielt inne, um mich anzusehen. Sein Blick war fast zu intensiv für mich. Ich schaute weg. »Geht es dir besser?«, fragte er.

»Ja. Ich bin wohl eingenickt.«

Er lachte. »Zwei Stunden, tief und fest. Es ist schon halb sechs.« Dann wurde er ernst. »Du siehst schon besser aus. Nicht mehr so blass. Aber wenn du dich morgen früh nicht gut fühlst, gehst du zum Arzt, okay?«

Ich winkte ab. »Eine heiße Dusche und ausreichend Schlaf, dann bin ich wieder wie neu.« Ich hatte nicht bei Tamara nachgefragt, wo sie uns untergebracht hatte, aber Max schien Bescheid zu wissen. Er programmierte das Navi und fuhr ruckelnd los, genau wie ich am Morgen. Die Lüftung blies kalte Luft herein und ich wickelte mich noch fester in Max' Pullover. Er war weich und roch angenehm nach Waschmittel. Die Scheibenwischer bewegten sich gleichmäßig hin und her und ich konnte die Häuser und Geschäfte hinter dem Regenschleier nur undeutlich erkennen. Die Tankstelle mit Selbstbedienung, das neue Stehcafé am Marktplatz und eine Eisdiele, wo früher nur ein Wohnhaus gewesen war. Max bog rechts ab und passierte die beiden Bankfilialen direkt nebeneinander. Die eine sah noch aus wie in den späten Achtzigern, die andere war offenbar modernisiert worden. Wir überquerten die Sesslbachbrücke und fuhren an der Gärtnerei vorbei, an die sich jetzt neue Häuser anschlossen statt Felder und Wiesen. Max folgte der Straße bergauf in Richtung Friedhof.

»Ich habe mal hier gewohnt«, sagte ich.

Max nickte. »Hab's mitbekommen.«

Wir näherten uns dem Ortsausgang und mir war längst klar, dass Tamara Zimmer im Bergwirt für uns gebucht hatte. Der Ort in Sesslfing, mit dem ich, neben meinem Elternhaus, die meisten Erinnerungen verband. »Nach fünfzig Metern links abbiegen«, schnarrte das Navi. Max setzte den Blinker und bog auf den Parkplatz ein, eine großzügige Schotterfläche, die es früher nicht gegeben hatte. Damals parkten die Autos entlang der abschüssigen Straße. Am Wochenende reichte die Schlange bis zum Marktplatz hinunter, denn freitags und samstags war Diskonacht im Bergwirt. Ob es die immer noch gab?

Ich öffnete die Beifahrertür und rutschte vorsichtig aus dem Sitz. Als ich sicher war, dass meine Beine mich wieder trugen, wollte ich nach meiner Reisetasche greifen. Aber Max hatte sie bereits genommen und ging damit zum Haus.

»Und deine eigenen Sachen?«, fragte ich.

»Hole ich später«, sagte er. Bevor ich fragen konnte, warum er nicht gleich beide Gepäckstücke nahm, schob er mich sanft in Richtung Haus. Die Tür stand offen und von dem kurzen Flur gleich links ging die Gaststube ab. Ich drückte die Klinke und öffnete die Tür zu meiner Vergangenheit. Die Vergangenheit sah schöner aus und roch einladender, als ich erwartet hatte: Die Gaststube war jetzt mit honigfarbener Fichte ausgestattet und es duftete nach Knoblauch, Spargel und irgendetwas Fruchtigem. Erdbeeren vielleicht. Nichts deutete darauf hin, dass hier früher eine Diskokugel in der rauchgeschwängerten Luft gehangen hatte.

Vor meinem geistigen Auge sah ich sie trotzdem funkeln, darunter meine Schwester, die im Takt der Musik herumwirbelte: *Rythm is a dancer* … Meine Muskeln zuckten, so plastisch spürte ich die Beats in mir. Melanie hatte die Band gern gemocht. Wie hieß sie gleich noch mal? *Snap!*

»Servus Lexi«, sagte da eine Männerstimme zu mir.

## Lukas

Mein Kopf schnellte wie von selbst zur Theke. Hinter dem Tresen stand ein Mann. Lukas Thalhammer. Auch ihn hatte ich zum letzten Mal gesehen, als ich dreizehn war. Nicht zu fassen, aber er trug sein braunes Haar immer noch lang und zu einem Zopf gebunden. Inzwischen war es von grauen Strähnen durchzogen, ebenso wie der Fünf-Tage-Bart. Neben seinen hellgrauen Augen hatten sich tiefe Fältchen eingegraben. Lukas holte mit ruhigen Bewegungen die Gläser aus der Spülmaschine und stellte sie auf die Ablage neben dem Zapfhahn. Ich wunderte mich nicht, ihn hier im Wirtshaus seiner Eltern anzutreffen. Trotzdem hätte ich mir gewünscht, die Begegnung mit Melanies erstem Freund ein wenig hinausschieben zu können.

Er wirkte ebenfalls, als passe ihm mein Erscheinen ganz und gar nicht.

»Alexandra. Lang ist's her«, sagte er. Er klang müde, aber kein bisschen überrascht. Max schien die Spannung zwischen uns zu bemerken und trat neben mich. »Firma Riedl. Zwei Zimmer«, sagte er.

Lukas trocknete sich die schlanken Finger an einem karierten Geschirrtuch ab und kam hinter dem Tresen hervor. Dabei schaute er mir direkt in die Augen und die letzten dreiundzwanzig Jahre waren wie ausgelöscht. Ich dachte daran, wie ich ihn und Melanie auf der Martinihöhe beobachtet hatte; auf dieser Lichtung im Wald, von der aus man weit ins Land schauen konnte. Es war einer meiner Lieblingsplätze gewesen, bevor Melanie und Lukas den Ort für sich entdeckt hatten. Mehr als einmal hatte ich gesehen, wie sie sich küssten oder zusammen auf einer Picknickdecke lagen. Sie bemerkten mich nie und ich schlich mich jedes Mal schnell wieder weg, bevor ich Dinge zu sehen bekam, die mir die Schamröte ins Gesicht getrieben hätten.

»Eure Zimmer sind im Souterrain. Wenn ich gewusst hätte, dass du das bist, hätte ich ein schöneres Zimmer für dich reserviert. Momentan sind wir ausgebucht«, sagte Lukas mit professioneller Freundlichkeit.

Endlich fand ich die Sprache wieder. »Das passt schon«, sagte ich. Lukas deutete um die Ecke zum Treppenabgang. »Nummer drei und vier, direkt nebeneinander, geteiltes Bad. Die Schlüssel stecken. Warmes Essen gibt es bis neun, im Biergarten nur kalte Brotzeiten.«

»Und das Frühstück?«, fragte Max.

»Ab sieben, Kaffee und Tee schon vorher. Wenn ihr wollt, kann ich auch früher …«

»Nein, das passt schon«, sagte Max. Er hob meine Tasche auf und setzte sich wieder in Bewegung. Als ich hinter ihm die Treppe hinunterging, spürte ich Lukas' Blick in meinem Rücken.

Während Max meine Reisetasche im Flur abstellte, schlüpfte ich schnell ins Bad und ging auf die Toilette. Danach sah ich mich im Fernsehzimmer um. Darin standen eine alte Cordcouch, die mir vertraut erschien, und eine Schrankwand aus Fichte, darin ein Fernseher und etliche Bücher. Zwischen einigen Thrillern neueren Datums entdeckte ich eine verblichene Taschenbuchausgabe von *Die Nebel von Avalon*, wie auch meine Mutter sie besessen hatte. In der Nische zwischen dem Schrank und der Wand klemmten Polsterauflagen, wie man sie für Liegestühle benutzte. Die Erklärung dazu fand ich am Ende des Flurs: Hier führte eine Tür hinaus auf eine ebenerdige Terrasse, die Hanglage des Hauses machte es möglich. Max stand draußen und ließ den Blick über die angrenzende Wiese schweifen. Sie war nicht gemäht, Gras und Margeriten standen hoch. An der Wand neben der Tür lehnten ein hölzerner Klapptisch und zwei Liegestühle. Die Waschbetonplatten auf dem Boden wirkten sauber gefegt und auf dem Tisch stand ein Windlicht. Doch der Aschenbecher auf dem Fensterbrett quoll über von Kippen. Es war bestimmt nicht leicht, so ein großes Haus in Ordnung zu halten.

»Perfekt für ein Feierabendbier«, meinte Max.

Ich ging zurück und öffnete die Tür zu Zimmer drei. Es war dunkel und kühl wie eine Gruft und hatte nur ein kleines Fenster. Der Vorhang war aus grobem Baumwollstoff, beigefarben mit einem Dekor aus olivgrünen Bäumen. Als ich ihn aufzog, wurde es kaum heller, denn vor dem Fenster lag eine Böschung. Den Parkplatz oberhalb konnte ich nur erahnen. Ich sah mich um: ein schmaler Spind, ein Bett, ein Waschbecken mit Spiegel. Kein Tisch. Trotz des Schildchens mit der durchgestrichenen Zigarette auf dem Nachtkästchen roch es nach kaltem Rauch.

»Willkommen in deiner ersten Monteurunterkunft«, sagte Max, und ich erschrak. Ich hatte nicht gemerkt, dass er hinter mir in der Tür stand. Noch nie hatte ich mir Gedanken darüber gemacht, wie unsere Mitarbeiter bei Auswärtseinsätzen untergebracht waren und ob sie sich wohlfühlten. Wahrscheinlich gewöhnte man sich daran, trotzdem spürte ich einen Anflug von schlechtem Gewissen. »Musst du ins Bad? Ich würde gerne duschen«, sagte Max.

Ich schüttelte den Kopf. »Geh du zuerst.« Dann schloss ich die Tür, zog meine Arbeitsklamotten aus und wusch mir Hände und Gesicht. In BH und Slip ließ ich mich auf das Bettzeug fallen. Es war aus Frottee und duftete dezent nach echten Orangen, was mich mit dem abgestandenen Zigarettengeruch versöhnte.

Ich hörte, wie Max noch einmal die Treppe hinaufging, vermutlich um sein Gepäck zu holen. Ich musste daran denken, wie ich als Kind oft durchgeschwitzt und dreckig von der Feldarbeit zurückgekehrt war und mich mit einem Waschlappen abgeschrubbt hatte, weil der alte Badeofen nur freitags angeheizt wurde. Immer noch kam es mir luxuriös vor, einfach in die Dusche steigen und das Wasser aufdrehen zu können.

Plötzlich klopfte es heftig an der Tür. Mein Herz schlug wie ein Drucklufthammer. Ich musste eingeschlafen sein, denn im ersten Moment konnte ich mich nicht orientieren. Da war ein überwältigendes Gefühl der Fremdheit und Kälte. Dann fiel es mir wieder ein: Ich war in Sesslfing, beim Bergwirt im Souterrain, und ich wünschte, ich wäre hier tatsächlich vollkommen fremd.

Ich wickelte mich schnell in das Handtuch, das sauber zusammengefaltet auf der Bettdecke gelegen hatte, und stand auf. Max rief meinen Namen, als stünde das Haus in Flammen. »Alexandra! Alles okay?«

Ich riss die Tür auf. »Was ist los?«, fragte ich ungehalten. Sein Blick glitt über meinen Arm, den ich quer über die Brust gelegt hatte, um das Handtuch an seinem Platz zu halten. Meine Schultern waren nackt, vom Flur wehte ein kalter Luftzug herein. Max starrte mich an und ich starrte zurück. Im feuchten Zustand wirkte sein Haar viel dunkler als sonst, sodass die Silbersträhnen deutlich hervortraten. Außerdem hatte er sich rasiert und roch nach einem herben Duschgel. Er trug Jeans und ein ärmelloses T-Shirt. Sein Oberkörper wirkte durchtrainiert, aber nicht übertrieben muskulös. Und endlich erfuhr ich die Auflösung des Rätsels, das seine Tätowierung mir aufgegeben hatte: Die kunstvollen Schlingpflanzen wanden sich hinauf bis zur linken Schulter, wo der Kopf eines Löwen prangte. Die Augen schienen mich direkt anzusehen, kraftvoll und sanft zugleich. Obwohl es nur ein Bild war, beruhigte mich dieser Blick.

»Wenn du was mit mir besprechen willst, musst du reinkommen«, sagte ich schließlich. »Ich erfriere sonst.«

»Ich wollte nur wissen, ob alles in Ordnung ist«, sagte er, ohne sich von der Stelle zu rühren. Nur sein Blick glitt über mein Ohr hinweg zur Wand hinter mir. Vielleicht war ihm aufgefallen, dass es aufdringlich wirkte, seiner nur notdürftig bekleideten Chefin auf das Schlüsselbein zu starren.

»Ja. Ich dusche jetzt und lege mich anschließend hin. Morgen früh bin ich wie neu, versprochen.«

»Gut. Aber melde dich, wenn was ist.« Er hielt sein Handy in die Höhe und ließ es dann in seine Hosentasche gleiten. »Ich gehe jetzt essen.« Damit drehte er sich um und stiefelte den Gang entlang. Mein Herz schlug immer noch heftig, aber der Rhythmus hatte sich verlangsamt.

Das Bad war von warmem Dampf erfüllt und roch nach Max' Duschgel. Fremd, aber nicht unangenehm. Ich duschte abwechselnd heiß und kalt, um meinen Kreislauf weiter in Schwung zu bringen.

Als ich zurück in mein Zimmer wollte, fand ich ein Tablett mit Warmhaltehaube vor der Tür, daneben eine Flasche Birnencider. Ich nahm beides mit hinein, schlüpfte in Jogginghosen, Strickjacke und dicke Socken und nahm, in Ermangelung eines Tisches, das Tablett auf die Knie. Als ich die Haube öffnete, breitete sich der Duft nach Spargelsuppe und frischem Brot im Zimmer aus. Ein Duft, der mich glücklich machte. Ich tauchte den Löffel in die Keramikschüssel. Die Suppe war heiß und hatte kleine Sprenkel von zerlassener Butter. Wer das wohl für mich organisiert hatte? Lukas oder Max? Und wieso ausgerechnet Cider, mitten in Niederbayern?

Er passte jedenfalls perfekt zu der leckeren Suppe. Ich strich großzügig Butter auf das frische Bauernbrot und biss ein großes Stück davon ab. Es war außen knusprig und innen saftig-weich, genau wie ich es mochte. Erst jetzt merkte ich, dass ich wirklich hungrig war.

## Der Briefträger

Max saß mir mit gerunzelter Stirn gegenüber und nahm einen Schluck aus seiner Kaffeetasse. Er wollte ganz offensichtlich nicht reden, doch ich konnte von seinem Gesicht ablesen, dass ihm der Kaffee nicht schmeckte. Ich selbst hatte den Kräutertee aus der großen Thermoskanne genommen. Ich schmeckte frische Pfefferminze, Zitronenmelisse, Salbei und ein weiteres Kraut, das ich nicht identifizieren konnte. Das duftende Getränk war eindeutig aus frischen Kräutern gemacht und hatte nichts mit dem zu tun, was man in anderen Pensionen normalerweise als Kräutertee bekam; es war eindeutig die bessere Wahl als der Kaffee.

Ich stand auf, um mir noch Marmelade von der Anrichte zu holen. Frau Thalhammer, die gerade ein Kännchen Kaffee zu einem der anderen Tische brachte, lächelte mir zu. Sie musste über siebzig sein, doch ihre Schritte waren energisch und jeder Handgriff saß.

»Können Sie mir heißes Wasser abfüllen?«, fragte ich.

»Ja, freilich«, sagte Frau Thalhammer und legte mir kurz die Hand auf den Arm. »Stell deine Kanne in die Durchreiche. Und mit dem Sie-Sagen fangen wir gar nicht erst an. Ich bin die Erika, falls du es vergessen hast.«

Erika Thalhammer kannte mich seit der Schulzeit und ihre herzliche, unbefangene Begrüßung tat mir wohl. Nach Melanies Verschwinden waren eine Menge Leute komisch zu mir gewesen, hatten hinter meinem Rücken über mich getuschelt oder woandershin gesehen, wenn sie mir auf der Straße begegneten. Andere wiederum schienen den Kontakt zu mir aus reiner Neugier zu suchen. Meine Mutter war bei einem Kuraufenthalt, so die offizielle Version. Wie es mir damit ging, interessierte niemanden wirklich außer Pfarrer Höllgartner, der mich dabei unterstützte, auf ein Internat zu kommen, wo ich einfach nur ich selbst sein konnte und nicht die, deren Schwester und Mutter sich aus dem Staub gemacht hatten.

Lukas betrat den Frühstücksraum, ein Körbchen in der Hand. Sein Blick blieb sofort an mir hängen. Er sah frisch und munter aus, dabei hatte er bestimmt bis spätabends die Restaurantgäste versorgt und danach die Küche aufgeräumt.

»Guten Morgen«, sagte ich und griff nach einem der Glasschälchen. Auf dem Tisch standen dekorative Weckgläser mit drei verschiedenen Sorten Fruchtgelee.

»Probier mal die hausgemachte Aprikosenmarmelade.« Lukas lächelte und sah mich an, wie er Melanie oft angesehen hatte: als wäre er bereit, alles zu tun, was sie von ihm verlangte. Es hatte mich peinlich berührt. Gleichzeitig hatte ich mir gewünscht, auch einmal von einem Mann so angesehen zu werden. Vielleicht sogar von ihm. Doch heute konnte ich seinen Blick kaum ertragen. Ich wollte gerade Marmelade in mein Schälchen geben, da legte er mir die Hand auf den Arm und fragte: »Hast du was von Melanie gehört?«

Mir entglitt beinahe die Marmeladenschale. Ich schüttelte seine Hand ab. »Nein, nie mehr. Ich habe keine Ahnung, was aus ihr geworden ist.«

Lukas öffnete den Mund, sagte aber nichts. Seine Hand mit dem Weidenkörbchen zitterte. Aus dem Augenwinkel bemerkte ich, dass Max aufstand und auf das Buffet zukam. »Lass uns heute Abend darüber reden«, sagte ich. Lukas schüttelte den Kopf. »Es ist alles gesagt.« Seine Stimme hatte einen scharfen Unterton bekommen, als wäre es meine Schuld, dass Melanie nicht mehr da war. Hatte er denn gar kein Mitgefühl? Fassungslos nahm ich eine viel zu große Portion Marmelade und kleckerte die Hälfte davon auf den

Tisch. Plötzlich stand Max neben mir, reichte mir eine Serviette und schenkte sich heiße Milch in die halb leere Kaffeetasse. Die Blicke der beiden Männer prallten aneinander ab. Lukas stellte den Korb auf das Buffet, lüftete kurz das darauf liegende Tuch und sagte: »Gekochte Eier. Von glücklichen Hühnern aus der Gegend.« Dann drehte er sich um und ging hinaus. Als ich mich wieder setzte, streifte Max' Blick kurz den meinen. Seine Augen waren dunkel, beinahe braun; keine Spur von Bernstein in diesem Moment. Er sah auf seine zerschrammte Armbanduhr. Obwohl ich keinen Appetit mehr hatte, bestrich ich eine Semmelhälfte mit Butter und Marmelade. Max wickelte sein Salamibrötchen in eine Serviette und stand auf, ich schluckte hastig und ließ den Rest stehen. Beim Hinausgehen nahmen wir unsere Thermoskannen aus der Küchendurchreiche. Die von Max war ebenso zerbeult wie seine Uhr.

Am Eingang stieß ich beinahe mit dem Briefträger zusammen. Ich erkannte ihn sofort: Es war Paul, der Freund meiner Klassenkameradin Anna aus dem Supermarkt. Paul war nur gut fünf Jahre älter als ich und Anna. Ich erinnerte mich an den Ferientag im August, als er zum ersten Mal zu meiner Familie auf den Hof gekommen war. Ich hatte allein in der Küche gefrühstückt und dabei Radio gehört.

Melanie schlief noch, unsere Mutter arbeitete schon im Garten und unser Vater melkte die einzige Kuh. Es war einer jener seltenen Momente, in denen ich allein am Esstisch sitzen und meinen Gedanken nachhängen konnte – ohne Angst, dass sich unsere Eltern oder Melanie und Kurt in die Haare gerieten. Ich war weniger oft die Zielscheibe seiner Ausbrüche als die beiden anderen. Vielleicht, weil ich die Jüngste war und noch nicht so viele Widerworte gab wie Melanie. Ich war seit einem Jahr auf der Realschule und malte mir bereits aus, später in eine eigene Wohnung zu ziehen und eine Ausbildung zu beginnen. Einen Traumberuf hatte ich nicht, aber ich war in den meisten Fächern gut und mochte den Werkunterricht. Mein Lehrer hatte mir ein Praktikum in einem Handwerksbetrieb vorgeschlagen. Kurt war Elektriker, den Bauernhof führte er nur im Nebenerwerb. Doch ich hütete mich, ihm von meinen Plänen zu erzählen, denn es wäre der Horror für mich gewesen, in derselben Firma zu arbeiten wie er – und sei es nur für eine Woche.

Früher hatte ich davon geträumt, mit Melanie zusammenzuziehen. Doch wie ich lebte sie immer noch zu Hause, obwohl sie schon im dritten Lehrjahr bei Schorndorfers war, und bereitete sich auf ein Studium an der Kunsthochschule vor. Sie ließ keinen Zweifel daran, dass sie aufgenommen werden und es durchziehen würde. Und dass sie mich dabei nicht brauchen konnte.

Ich bemerkte Kurt erst, als er neben mir stand.

»Mach das Gedudel aus!«, herrschte er mich an.

Es lief gerade eines meiner Lieblingslieder, das brandneue *Revolution* von Tracy Chapman. Ich tat so, als hätte ich Kurt nicht gehört. Da ließ er die Hand auf den Tisch niedersausen, dass die Milch aus meinem Müsli spritzte.

»Ich habe gesagt, mach das AUS!« Das letzte Wort brüllte er, und obwohl ein Teil von mir sich vor Angst fast in die Hose machte, ließ ich das Radio laufen. Zum ersten Mal in meinem Leben regte sich auch in mir der Widerstandsgeist, den ich an Melanie so bewunderte. Ich stand auf und sah Kurt ins Gesicht. Wenn er richtig wütend war, wurde er weiß wie der Milcheimer, den er auf den Kühlschrank gestellt hatte. Eine andere Arbeitsfläche gab es in der Küche nicht, nur den Esstisch. Ich beobachtete, wie er immer blasser wurde und sich die Muskeln um seine Kiefergelenke spannten.

»Geh doch zurück in den Stall, da ist es ruhig«, sagte ich.

Einen Moment lang schien es ihm die Sprache verschlagen zu haben. Dann sagte er leise und drohend: »So redest du nicht mit deinem Vater.«

Mir fiel auf, dass die Schlagader an seinem Hals heftig pochte. Und doch musste ich weitermachen: »Toller Vater, der einen anbrüllt wegen nichts.«

Jetzt ruckte sein Arm doch nach oben und ich zog instinktiv den Kopf ein. Ich hatte Angst vor einer Ohrfeige oder Schlimmerem.

Im gleichen Moment klopfte es und wir zuckten beide zusammen. Ich musste den Atem angehalten haben, denn die Luft wich aus meinen Lungen wie aus dem Loch in einem Fahrradreifen. Der bedrohliche Moment war vorbei, doch es würde ein neuer kommen, so viel war sicher.

Ein spindeldürrer Junge erschien in der Küchentür. Ich schätzte ihn auf maximal achtzehn. Er trug eine viel zu große Regenjacke mit dem Logo der Post.

»E-e-entschuldigung.« Er streckte uns ein großes braunes Kuvert entgegen. Sein Blick huschte zwischen Kurt und mir hin und her.

»Pa-passt nicht in den … B-briefkasten.«

Kurt hatte jetzt die Arme verschränkt und so nahm ich das Pappkuvert und legte es auf den Tisch. Meine Hände zitterten. Ich war froh über die Unterbrechung. Solange der Briefträger hier war, konnte Kurt mir nichts anhaben. Ich versuchte, möglichst unauffällig den Absender des Briefes zu lesen: Er kam von dem Musikversand, der in der Fernsehzeitschrift meiner Mutter inseriert hatte. Das musste der Katalog mit Gratis-CD sein, den ich dort bestellt hatte. Zum Glück schien Kurt sich im Moment nicht dafür zu interessieren.

»Wer hat dich denn reingelassen?«, fragte er. Obwohl man sich im Bayerischen Wald meistens duzte und der Postbote sehr jung war, klang es in meinen Ohren respektlos.

»D… die Tür war auf und ihr habt keine Klingel. Euer Hund ist ein ganz Lieber. Was ist das für eine Rasse?«

Die letzten Worte kamen beinahe flüssig und mit einem Lächeln. Offensichtlich mochte er Hunde. Normalerweise bellte sich Nicky die Seele aus dem Leib, wenn ein Fremder auf den Hof gefahren kam. Dass der junge Briefträger mit Hunden konnte, machte sein Stottern mehr als wett. Ob das ein Einstellungskriterium gewesen war? Der Gedanke ließ mich beinahe kichern und ich entspannte mich ein wenig.

»Dackel, Dobermann und noch irgendwas«, sagte ich.

Wir hatten Mischlingshunde gehabt, solange ich denken konnte. Sie lagen an einer Kette, die bis ans Haus heranreichte. Manchmal durfte der Hund auch *laufen*, was bedeutete, dass er unbeaufsichtigt im Wald herumstöberte. Mehr als einmal war der Jäger hier gewesen und hatte Kurt gewarnt, dass er nicht angeleinte Hunde erschießen dürfe.

Inzwischen wusste ich, dass das Herumstreunen allein noch keinen Abschuss rechtfertigte. Doch als Kind hatte ich es geglaubt. Die Erinnerung zerstob und ich sah den Paul von heute vor mir. Inzwischen füllte er seine Dienstkleidung locker aus. Das dunkle Poloshirt mit den gelben Streifen betonte seinen athletischen Oberkörper, dazu trug er eine ebenfalls dunkelblaue Bermudahose. Perfekt zum Radeln an einem Tag wie diesem. Er wirkte ebenso energiegeladen wie Anna. Die beiden passten wunderbar zusammen. Ob sie ihm von mir erzählt hatte? Ich war mir nicht sicher, ob er mich ebenfalls erkannte. »Wir müssen los«, sagte Max und ich wandte mich schnell ab. Die Begegnung hatte nur zwei Sekunden gedauert.

## Yvonne

Ich kletterte auf den Fahrersitz und startete den Motor. »Das war Paul«, sagte ich zu Max. »Ich kenne ihn von früher, aber er scheint sich nicht an mich zu erinnern.«

»Pech für Paul«, meinte Max und zuckte zusammen, als ich krachend den Gang einlegte. »Schönen Gruß vom Getriebe.«

»Sorry, eleganter kriege ich es nicht hin. Bei dir hat es gestern auch geruckelt.«

»Die Kupplung ist ziemlich am Ende. Wenn wir mit dem Auftrag fertig sind, lasse ich die Karre durchchecken«, sagte Max, und ich nickte. »Und du, bist du wieder fit heute?«, fragte er dann.

»Ein bisschen Muskelkater, mehr nicht. Ich muss mich nur wieder an die körperliche Arbeit gewöhnen. Sonst ist alles gut.«

»Sicher?« Er sah geradeaus auf die Straße und wartete auf meine Antwort. Klar: Ich konnte nicht einfach ohnmächtig werden, den halben Arbeitstag verschlafen und dann so tun, als wäre alles in bester Ordnung. Bereits am Morgen hatte ich gespürt, dass er mich beobachtete. Ich schuldete ihm eine Erklärung.

»Gestern ging es mir tatsächlich nicht gut. Es war ein Schock, wieder hier zu sein. Ich bin in Sesslfing aufgewachsen und verbinde damit schlechte Erinnerungen.«

Max seufzte. »Kenne ich.«

Ich vermutete, dass es mit der Trennung von seiner Familie zu tun hatte. Doch ich fragte nicht nach. Sonst hätte ich meine eigenen Vergangenheits-Dämonen preisgeben müssen.

»Die Arbeit wird mich ablenken«, sagte ich. Kaum waren wir stehen geblieben, sprang er aus dem Wagen und holte

Werkzeug und Geräte heraus. Gemeinsam positionierten wir die Kamera im Kanal, dann ließ Max sich in seinen neuen Spezialsessel fallen und ich sah mich auf dem Gelände um. Die Gemeinde hatte tatsächlich aufgeräumt. Ein großer Teil des Abbruchmaterials war verschwunden und alle Schächte lagen frei. Die Luft war warm und klar, die Sonne schien. Hinter dem Bahnhofsgebäude sah ich in der Ferne die sanften Ausläufer des Bayerischen Waldes, in die Sesslfing eingebettet war. Warum konnte ich jetzt nicht einfach mit Thermoskanne und Käsebrot losziehen? Ich dachte an die wunderschönen Hüttentouren in den Alpen, die ich früher mit Daniel unternommen hatte. Wie wir es geliebt hatten, nach einer langen, anstrengenden Tour den Sonnenuntergang auf der Bank vor einer Hütte zu genießen, die Hände um einen heißen Becher Tee gelegt! Dann hatte die Firma immer mehr Zeit beansprucht und wir unternahmen nur noch Tagesausflüge am Sonntag oder Daniel zog mit dem Mountainbike los.

Das Wandern in der Natur fehlte mir. Und trotz meiner Geschichte mit Sesslfing war ich nicht immun gegen die Schönheit meiner Kindheitslandschaft. Ich hatte Sehnsucht nach den duftenden Sommerwiesen und Feldern, aus denen bei Hitze ein vielstimmiges Singen aufstieg. Selbst in dem dürren Gestrüpp, das direkt neben mir aus der aufgebrochenen Asphaltdecke wuchs, zirpten die Grillen. Im Gegensatz zu gestern war es ein wunderschöner heißer Sommertag, und ich nutzte jede Pause, um Wasser zu trinken und im Schatten Zuflucht zu suchen.

Gegen Mittag boten die Büsche kaum noch Schutz. Die Baumreihe am Sesslbach war zu weit weg. Blieb nur der Schatten, den das Auto warf. Die Tür zu Max' Steuerraum stand offen. Ich setzte mich neben ihn auf den Boden des

Wagens, doch seine nächste Bemerkung scheuchte mich schon wieder auf. »Möchtest du auch mal?«, fragte er.

»Klar«, sagte ich. Mit einer schwerfälligen Bewegung, die nicht recht zu seinem athletischen Körper passen wollte, schob Max sich hoch und überließ mir seinen Platz. Dabei kamen wir uns so nah, dass ich die Hitze seines Körpers spüren konnte. Verschwitzt, wie ich war, wollte ich eine Berührung unbedingt vermeiden. Max hingegen roch sauber nach Zitronenseife, unberührt von der kochenden Atmosphäre im Inneren des Fahrzeugs. Während ich auf seinem Stuhl Platz nahm, stieg er aus dem Auto und schenkte sich aus seiner Thermoskanne ein.

»Unbegreiflich, wie man bei der Hitze noch Kaffee trinken kann«, sagte ich und versuchte, mich am Steuerpult zurechtzufinden.

»Vielleicht kommst du auch nicht drum herum«, sagte er.

»Was?«

»Da draußen ist eine Frau mit einem Picknickkorb.«

Die Frau trug ein schlichtes gelbes Leinenkleid und Sandalen. Wie eine Fata Morgana schwebte sie durch die flirrende Hitze auf uns zu und winkte, als unsere Blicke sich trafen.

»Meine Güte. Das ist Yvonne«, sagte ich. »Schorndorfers Frau. Ich kenne sie …«

»… von früher«, Max grinste. Dann stand sie vor uns.

»Hallo, ihr beiden.« Ihr Lächeln war überzeugend wie das eines Zahnarztes, der sagt, dass es nicht wehtun wird. Sie trug einen kinnlangen Bob, der einen guten Friseur verriet – keine Spur mehr von dem wilden Wuschelkopf ihrer Jugendzeit. Ihr Haar glänzte rötlich in der Sonne. Früher hatte es fast die gleiche Farbe gehabt wie meines, ein dunkles Braun. Vor Kurzem hatte ich das erste graue Haar entdeckt, sah aber keinen Anlass, etwas dagegen zu unternehmen.

»Hallo, Yvonne«, sagte ich. »Die Frisur steht dir.« Das war zumindest nicht gelogen.

»Hallo, Alexandra. Florian hat mir erzählt, dass du da bist, da dachte ich, ich schau mal rüber.«

Sie musterte mich von den störrischen, mit einem Gummiband zu einer zerknautschten Haarpalme geformten Locken über die orangefarbene Arbeitskleidung bis hin zu den Sicherheitsschuhen, die wie Trekkingstiefel aussahen.

»Du schaust auch gut aus«, sagte sie und grinste. Tatsächlich schien es von Herzen zu kommen, in einem Anflug von echtem Humor. Auf einmal war es doch nicht so abwegig, dass wir mal Freundinnen gewesen waren. Beste und grundverschiedene Freundinnen, wenn man von der Haarfarbe und den Locken einmal absah. Yvonne hatte immer viel Wert auf elegante Kleidung gelegt, die sie von ihrem reichlich bemessenen Taschengeld kaufte.

Ich war immer ein wenig neidisch gewesen, vor allem da sie ihre Besitztümer meiner Meinung nach gar nicht richtig schätzte: Die Reitklamotten lagen meistens achtlos in einer Ecke. Mehr als einmal gab sie ein kaum getragenes Top oder eine Markenjeans an mich weiter, weil sie ihr nicht mehr gefielen. Ich konnte nicht widerstehen. Wir waren nicht arm, aber Kurt hatte meiner Mutter eingebläut, mich bloß nicht mit *Firlefanz* auszustatten. Ich bekam kein regelmäßiges Taschengeld und hätte auch kaum Gelegenheit gehabt, mir angesagte Klamotten zu kaufen, denn die nächsten Läden waren in Passau oder Deggendorf. Dort kam ich ohne Auto nicht hin und somit auch nicht ohne meine Mutter, die mich meistens in Esoterikläden schleppte. Immerhin brachte ich von einem dieser Ausflüge eine tiefrote, weite indische Leinenbluse mit nach Hause, die ich immer noch besaß. Die Farbe war längst verblasst, aber die Stickereien gefielen mir nach wie vor. Manchmal zog ich die Bluse zum Wandern an, als Schutz gegen die Sonne. Mir fiel auf, dass ich schon wieder von Erinnerungen überflutet wurde. Und das im Bruchteil einer Sekunde, während Yvonne nur eine winzige Sprechpause gemacht hatte. Jedenfalls fand ich nahtlos den Anschluss, als sie sagte: »Mögt ihr Eistee? Es ist ganz schön heiß heute.«

Ohne eine Antwort abzuwarten, drückte sie uns die Pappbecher in die Hand und schenkte ein.

»Danke«, sagten Max und ich gleichzeitig, und er warf mir einen fast verschwörerischen Blick zu.

»Gerne.« Sie lächelte zuckersüß und sah auf ihre zierliche goldene Armbanduhr. »Es ist gleich Mittag. Möchtet ihr auf einen Imbiss rüberkommen? Ihr könntet euch bei uns im Garten ein bisschen abkühlen.« Dabei schaute sie nur mich an, und es war klar, dass sie mit mir alleine sprechen wollte. Und Max schien das Angebot auch nicht ernsthaft in Erwägung zu ziehen. »Geh ruhig, wenn du möchtest. Ich mache allein weiter. Kein Problem«, sagte er. In mir sträubte sich alles. Ich fühlte mich gefangen, wollte am liebsten weglaufen, verschwinden. Ich schämte mich und wusste nicht, wofür. Konnte Yvonne kaum in die Augen sehen. Und doch war ich neugierig, wie sie lebte und was aus ihr geworden war. Und warum sie unbedingt mit mir sprechen wollte. Die Aussicht auf einen bequemen Gartenstuhl im Schatten und kühle Getränke war verlockend. Ich setzte ein Lächeln auf und nickte. »Danke, ich komme gerne mit«, sagte ich.

Das Haus der Schorndorfers war ein riesiger, alpenländisch angehauchter Kasten mit Rauputz und einem enormen Dachüberstand. Der Platz vor dem Haus war betoniert, er ging nahtlos in den ehemaligen Betriebshof über. An das Haus schloss sich ein niedriger Holzlattenzaun mit einer Tür an, dahinter ließ sich üppige Bepflanzung erahnen. »Komme ich auch außen herum in den Garten? Wegen meiner Klamotten, meine ich.«

»Ach was. Du willst dir doch bestimmt die Hände waschen und dich frisch machen.« Yvonne hielt mir die Haustür auf und ich trat in den breiten Flur. Eine Wand war ganz mit weiß glänzenden, raumhohen Schranktüren bedeckt, auf der anderen Seite hingen Sportfotos: Florian in einem Pulk von Männern im Triathlonanzug, die gemeinsam über die Wasserkante eines Sees stürmten; Florian mit angestrengt konzentriertem Blick auf dem Fahrrad und schließlich auf der Ziellinie eines Straßenlaufs. Die Bilder waren gestochen scharf. Daneben hing eine Urkunde mit Florians Namen. Er hatte in allen drei Wettkampfdisziplinen Plätze weit vorn errungen, soweit ich das beurteilen konnte. Nicht schlecht.

»Hier ist die Toilette und daneben das Bad«, sagte Yvonne jetzt. »Ich habe dir Handtücher rausgelegt.« Das Klo war hellgelb gefliest, mit hübschen Dekobändern und einem Sims, auf dem kitschige Tierfiguren aus Glas standen. Der Klodeckel hatte einen flauschigen Bezug, der zu dem dottergelben Vorleger passte. Auch die Handtücher waren farblich angepasst.

Auf Socken betrat ich das Wohnzimmer. Es war mit teurem Parkettboden ausgestattet, darauf eine bequeme Sitzgruppe mit einem niedrigen Couchtisch und eine Schrankwand aus hellem Holz. Einen Fernseher konnte ich nirgends entdecken, aber auf dem Sofa lag ein Laptop. An den Wänden hingen Familienbilder: Yvonne und Florian mit Meer und Bergen im Hintergrund, ein Mädchen mit kurzen rötlichen Haaren und Zahnspange zwischen sich. Alle drei lächelten entspannt in die Kamera.

Aus dem Augenwinkel sah ich, wie Yvonne mit einem breiten Tablett durch die Verbindungstür zum Wohnzimmer trat.

»Unsere Tochter Sanne«, sagte sie und ging durch auf die Terrasse. Ich folgte ihr und sah dabei zu, wie sie Porzellan-Schälchen auf dem Gartentisch verteilte: Oliven, Käse, in Speck gewickelte Datteln, kleine Tortilla-Dreiecke und andere Tapas. Hatte sie das extra für mich vorbereitet? Sie hatte ja nicht gewusst, ob ich wirklich kommen würde. Ich war wider Willen beeindruckt: »Wow. Hast du das alles selbst gemacht?«

»Fast alles. Setz dich doch«, sagte sie und sah mich wieder mit diesem Lächeln an, das mir irgendwie unecht vorkam. Vielleicht war sie auch nur nervös, so wie ich.

Ich setzte mich auf die hölzerne Gartenbank, Yvonne nahm auf dem Stuhl gegenüber Platz. »Erzähl mal, wie es dir ergangen ist, nachdem du aus Sesslfing weg bist. Wir hatten uns ja schon vorher aus den Augen verloren. Schade eigentlich.«

Unsere Wege hatten sich getrennt, als Yvonne begann, sich ernsthaft für Florian zu interessieren. Er war bereits siebzehn gewesen und sie erst zwölf, ihre eindeutigen Fantasien hatten mich überfordert – und Florian wahrscheinlich auch. Doch offensichtlich hatte sie am Ende bekommen, was sie wollte. »Warst du nicht damals schon mit Florian zusammen?«, fragte ich.

»Du weißt ja, wir kannten uns von klein auf. Ich war schon immer in ihn verliebt. Bei ihm hat es etwas länger gedauert.« Plötzlich runzelte sie die Stirn und senkte den Kopf, als würde sie gleich auf mich losgehen. »Auch deine Schwester konnte uns nicht auseinanderbringen.«

Ich war überrascht. »Wovon redest du? Sie war doch mit Lukas zusammen.«

»Trotzdem hat sie sich an Florian rangemacht. Natürlich hat sie dir nichts davon gesagt. Sie wusste ja, dass ich mit dir befreundet bin und du es mir brühwarm erzählen würdest.«

Bevor ich antworten konnte, sprang Yvonne auf, als hätte sie jemand mit der Nadel in den Hintern gepikst.

»Was ist?«, fragte ich, selbst ein wenig erschrocken.

»Meine Güte, ich habe dir ja noch gar nichts zu trinken angeboten.« Die Karaffe mit Wasser und auch der Eistee standen auf dem Tisch, und ich musste lachen. »Ja, das ist nahezu unverzeihlich. Ich schenke mir selbst ein, wenn's recht ist.« Yvonne nickte und setzte sich wieder hin. Was war nur los mit ihr? Erst rückte sie meine Schwester in ein schlechtes Licht, dann versuchte sie, mich abzulenken. Als wäre es eine ganz schlechte Idee gewesen, mir von Melanies angeblichem Fremdgehen zu erzählen. Vielleicht, weil es gelogen war?

»Du warst eifersüchtig«, sagte ich. »Weil ich eine Schwester hatte und du nicht.« Als ich es aussprach, entfaltete sich ein bitterer Geschmack auf meiner Zunge. »Das hat sich dann ja erledigt.«

Yvonne schaute mich betroffen an, widersprach aber nicht. Stattdessen nickte sie. »Ich hätte mir eben auch eine große Schwester gewünscht, die ich mal um Rat fragen kann. Meine Eltern hatten nie Zeit für mich.«

»Melanie hat sich auch immer mehr von mir zurückgezogen. Keine Ahnung, was in ihr vorging. Sie war ja kaum mehr zu Hause, seit sie die Lehre bei deinem Schwiegervater machte. Sie verbrachte viel Zeit mit Lukas, dann kamen die Demos dazu.«

»Aber du warst ihr sehr wichtig«, sagte Yvonne. »Ich habe sie manchmal hier im Büro getroffen, wenn ich meinen Vater abholte. Er war ja die rechte Hand von Florians Dad. Manchmal hörte ich sie über dich reden. *Meine kleine Schwester*. Sie hatte dich lieb, so viel steht fest.«

Als Yvonne mich ansah, war ihr Lächeln echt und voller Wärme. Ich musste ruckartig einatmen, Tränen schossen mir in die Augen. »Ich hole dir Taschentücher«, murmelte Yvonne und stand auf. Ich war dankbar, dass sie mich einen Moment alleine ließ, und schluchzte hemmungslos in eine Serviette. Die Traurigkeit schüttelte mich wie der Sturm vor ein paar Tagen unseren Apfelbaum. Doch sie brachte mich meiner Schwester näher. Ich meinte zu spüren, wie sie neben mir stand und meinen Rücken streichelte.

Als ich mich halbwegs beruhigt hatte, kam Yvonne zurück. Auf ihrem Gesicht spiegelten sich widersprüchliche Gefühle. Als kämpfte ihre Ehrlichkeit mit der manipulativen Seite in ihr, die ich gegen Ende unserer Freundschaft immer stärker wahrgenommen hatte. Mir wurde heiß.

»Hast du irgendetwas mitbekommen, das darauf hindeutet, dass Melanie abhauen wollte?«, fragte ich direkt.

Sie schüttelte vehement den Kopf. »Leider nein, ich habe keine Ahnung. Schlimme Geschichte. Und jetzt ist auch noch euer Vater gestorben. Mein Beileid.«

»Danke.« Über Kurt zu reden, war ebenfalls nicht angenehm, aber kein Vergleich zu dem heftigen Schmerz, den ich vorhin empfunden hatte. »Er hat mir das Haus hinterlassen«, sagte ich und verschwieg, dass ich nicht die Alleinerbin war.

Yvonnes Gesicht hellte sich auf: »Dein Elternhaus? Das ist ja schön. Ich meine, es ist natürlich kein Trost für deinen Verlust, aber …« Sie wurde rot und schwieg betreten. Sie wusste genug von mir, um zu vermuten, dass meine Trauer auch mit Erleichterung gepaart war.

»Schon okay, Yvonne. Kurts Tod geht mir nicht nahe, ich habe mich schon vor vielen Jahren innerlich von ihm verabschiedet. Eigentlich will ich sein Haus nicht.«

»Warum bist du dann hergekommen?«

»Am Wochenende treffe ich meine Tante Christa und wir sehen gemeinsam dort nach dem Rechten.«

»Das ist gut. Holt sie dich ab? Ansonsten kann ich dich gern fahren oder ich leihe dir mein Auto.«

Sie schenkte mir ein aufmunterndes, herzliches Lächeln. War das dieselbe Yvonne, die damals meine Sorgen und Nöte herumtratschte, nachdem ich mich ihr anvertraut hatte? Als ich es merkte, behauptete sie, sie habe mir nur helfen wollen. Aber niemand hatte genauer hingeschaut, was bei uns zu Hause los war. Seitdem war viel Zeit vergangen, vielleicht hatte Yvonne sich zum Positiven verändert. Ich suchte nach einem unverfänglichen Thema. »Das Urlaubsfoto im Wohnzimmer gefällt mir«, sagte ich. »Wie alt ist denn eure Tochter?«

»Fast sechzehn. Susanne geht aufs Gymnasium, heute Nachmittag ist sie bei einer Freundin. Und du? Hast du auch Kinder?«

Ich schüttelte den Kopf und wiederholte, was ich auch schon Anna im Supermarkt gesagt hatte. »Mein Mann Daniel und ich haben die Inspektionsfirma zusammen gegründet. Sie ist unser Baby.« Es sollte lustig klingen, aber Yvonne schaute mich verständnislos an.

»Ich arbeite als Angestellte Teilzeit in Florians Büro, mehr möchte ich gar nicht. Florian ist der Chef in der Firma und ich in der Familie. Funktioniert gut für uns beide. Es hat seine Vor- und Nachteile, wenn man mit dem Partner zusammenarbeitet, nicht wahr?«

»Da hast du recht«, sagte ich. Selbstverständlich würde ich Yvonne nicht auf die Nase binden, dass meine Ehe, mein ganzes Leben dabei war, sich aufzulösen.

»Wenigstens bist du verheiratet. Ich hab immer gedacht, du bleibst alleine.«

Jetzt blitzte die alte schnippische Yvonne durch. Dann sagte sie: »Er wirkt nett.«

»Wie meinst du das? Du kennst ihn doch gar nicht«, sagte ich und steckte mir eine Olive in den Mund. Yvonne schaute mich verständnislos an. »Dann war das vorhin gar nicht dein Mann?«

Beinahe hätte ich meine Olive vor Lachen wieder ausgespuckt. »Ach so. Du meinst Max Engel, das ist einer unserer Inspekteure. Ich bin eingesprungen, weil sein Kollege ausgefallen ist. Daniel hält in Regensburg die Stellung. Wir sind kein Zwei-Personen-Unternehmen, weißt du?«

Yvonne kniff die Augen zusammen. »Ach so. Toll, dass du auch draußen mit anpackst, wenn es drauf ankommt. Du warst schon immer ein Allroundtalent«, sagte sie. Es klang wie »Du bist dir auch für nichts zu schade«.

»Das stimmt«, sagte ich. Ich holte mein Handy heraus und rief unsere Firmenwebseite auf. Seit dem Relaunch vor einem Jahr gab es professionelle Fotos vom gesamten Team, von unseren Fahrzeugen im Einsatz und auch eines von Daniel und mir. Ich klickte bis zur entsprechenden Seite und zeigte sie Yvonne.

»Was für ein tolles Paar ihr seid«, sagte sie, und ihre Worte versetzten mir einen Stich. Ich war mir sicher, dass sie vor allem Daniel galten, der in dem makellos gebügelten hellblauen Hemd mit offenem Kragen zum Anbeißen aussah, sportlich und seriös zugleich. Aber auch ich gefiel mir auf dem Bild: eine glückliche, erfolgreiche Frau mit leuchtenden Augen, die einen eng anliegenden Kurzblazer trägt. Ich erinnerte mich noch gut daran, wie Daniel mich zu Hause davon befreit hatte …

»Wie habt ihr euch kennengelernt?«, fragte Yvonne jetzt, und ich kam auf den Boden der Tatsachen zurück.

»In dem Baumarkt, wo ich meine kaufmännische Ausbildung gemacht habe.« Nach dem gescheiterten BWL-Studium war der Job meine Rettung gewesen. Und als es langsam aufwärts ging, erschien Daniel auf der Bildfläche. Tatsächlich war es eine schöne, wenn auch schmerzhafte Erinnerung. »Er ist Installateur und wollte Dichtmasse kaufen. Dabei bin ich buchstäblich über ihn gestolpert.« Ich spürte, wie ich unwillkürlich zu lächeln begann. »Er hockte vor dem Regal und studierte die verschiedenen Marken, während ich um die Ecke kam. Wir stießen zusammen, er fiel direkt auf den Hosenboden.«

Ich erinnerte mich daran, wie er zu mir heraufgesehen hatte, ohne eine Spur von Verärgerung, dafür mit umso mehr Interesse. Ich trug mein Haar damals noch länger und war dünner als heute, selbst der schmale Kittel mit dem Baumarktlogo war mir noch zu weit gewesen. Darunter schauten meine engen Jeans und die bequemen Turnschuhe hervor. Ich konnte förmlich spüren, wie er meinen Körper abscannte und schließlich zu meinem Gesicht zurückkehrte. Seine braunen Augen blickten mich so freundlich und gleichzeitig frech an, dass ich meine Small-Talk-Schwäche glatt vergaß. Er gab mir das Gefühl, nur für mich da zu sein. Dabei war ich hier doch die Servicekraft.

»Ich brauche Beratung«, sagte er.

»Ja? Womit kann ich dienen?« Ich schaute fragend auf die Kartusche in seiner Hand, während er die Knie streckte und federnd mit mir auf Augenhöhe kam.

»Vorne im Eingangsbereich ist doch dieses Stehcafé. Welches Heißgetränk kannst du mir da empfehlen, Frau Brunner?« Sein Blick war für eine Sekunde zu dem Namensschild an meiner Brust gewandert.

Ich spürte, wie ich rot wurde. Dann fing ich mich und schaute auf seine Arbeitsjacke. Sie hatte ebenfalls einen Aufnäher mit seinem Namen. »Tut mir leid, Herr Riedl«, sagte ich, »das fällt nicht in meinen Bereich. Aber ich wäre bereit, unverbindlich einen Cappuccino mit dir zu testen.«

Er grinste noch breiter. »Das nenne ich kundenfreundlich.«

Ich setzte eine, wie ich hoffte, professionelle Miene auf. »Ich habe in zehn Minuten Feierabend.«

»Dann warte ich dort auf dich. Ich heiße Daniel. Bis gleich!« Und wieder warf er mir dieses freche Grinsen zu, dann schlenderte er zur Kasse. An diesem Spätnachmittag musste ein Kunde ziemlich lange darauf warten, dass Daniel zurückkam und das Waschbecken fertig einbaute.

Ich seufzte bei der Erinnerung daran.

»So romantisch«, sagte Yvonne und rollte mit den Augen. Ich ärgerte mich, dass ich die Details der Kennenlern-Geschichte preisgegeben hatte. Da waren wohl die Emotionen mit mir durchgegangen und nun blieb nichts als Traurigkeit zurück und das Bewusstsein, dass ich Yvonne das unromantische Ende der Geschichte verschwieg. Ich schaute demonstrativ auf die Uhr. »Ich muss wieder an die Arbeit. Danke für die Brotzeit. War nett, dich wiederzutreffen«, sagte ich.

»Ja, finde ich auch. Komm doch morgen zum Abendessen. Oder am Wochenende.«

Ich schüttelte den Kopf. »Tut mir leid. Abends muss ich Büroarbeit machen und am Wochenende treffe ich meine Tante Christa. Aber danke dir.«

Damit stand ich auf und verabschiedete mich. Draußen auf der Straße atmete ich erst einmal tief durch, dann checkte ich auf dem Weg mein Smartphone, das ich stumm geschaltet hatte. Es zeigte schon wieder einen entgangenen Anruf von Daniel und mein Postfach quoll über vor ungelesenen Mails. Am Abend musste ich zumindest die dringendsten beantworten oder an Daniel und Tamara weiterleiten, damit diese sich darum kümmerten. Ich war froh, als ich zu Max ins Auto klettern und die Tür hinter mir zuziehen konnte. Er saß mit dem Rücken zu mir, seine Hände klapperten über die Computertastatur wie die eines Klavierspielers.

»Schau, lauter Risse«, sagte er schließlich, und ich versuchte, mich auf das Videobild mit dem kaputten Kanal zu konzentrieren.

»Sieht aus wie gestern«, sagte ich.

Max nickte. »So ein Schmarrn, dass sie das alte Zeug wiederverwenden wollen. Das macht doch kein Mensch, die neuen Straßen nach der alten Kanaltrasse zu orientieren, oder?«

Auch darüber hatten wir gestern schon gesprochen. Ich schaute nachdenklich auf Max hinab und bremste gerade noch rechtzeitig den Impuls, mit meinen Fingern durch seine dunkelblonden Locken zu kämmen. Was war in mich gefahren? Es musste an der Nähe hier im Fahrzeug liegen.

»Vielleicht passen alt und neu zufällig zusammen?«, sagte ich. »Ich kann ja Florian nach der Planung fragen, wenn ich ihn das nächste Mal sehe.«

»Mach das. Aber jetzt ist es Zeit für deinen Einsatz. Du kommst gerade rechtzeitig.«

Ich öffnete die Tür und sprang aus dem Auto, während ich Max hinter mir ächzen hörte. Er brauchte mehrere Anläufe, um sich aus seinem Sessel hochzustemmen, was mich angesichts seines durchtrainierten Körpers wunderte. Waren seine Muskeln von dem bisschen Herumsitzen in dem kostbaren neuen Sessel so steif geworden? Mir selbst ging die Arbeit nach der Pause leicht von der Hand und die Hitze fand ich beinahe angenehm. Vielleicht gewöhnte sich mein Körper langsam daran.

## Gitarrenklänge

Als Max und ich am Abend in den Bergwirt zurückkehrten, war der Biergarten hinter dem Haus voll besetzt, und auch aus dem Gastraum hörte man Stimmen und Gläserklirren. Der Geräuschpegel war enorm. Erika rannte, mit mehreren Tellern beladen, an uns vorbei: knusprige, duftende Schnitzel, ein Brotzeitbrett und Spaghetti mit Cocktailtomaten und Rucola. Das Gemüse sah so aus, wie ich es mir selbst mit Zutaten aus dem eigenen Garten zubereitet hätte. Wir rückten zur Seite, um die Senior-Wirtin vorbeizulassen. Durch die offen stehende Küchentür konnte ich Lukas sehen. Er nickte nur kurz in unsere Richtung und fuhr dann fort, rasend schnell kleine Tomaten zu vierteln. Während er das Messer haarscharf an seinen Fingern vorbeisausen ließ, rief er uns zu: »Rush hour!« Dann landeten die Tomaten zischend in der Pfanne mit dem Knoblauch und den Gewürzen.

»Der versteht sein Handwerk«, sagte Max anerkennend, und ich hörte seinen Magen knurren. Ich nickte, doch im Moment lockte mich eine Dusche mehr als das leckere Essen – beides hatte ich mir nach dem anstrengenden Tag verdient. Max kam mir zuvor. »Ich gehe duschen«, sagte er und stieg vor mir die Treppe hinunter. Ich sah ihm verärgert nach. Ob er das absichtlich machte? Immerhin hatte ich den ganzen Tag auch körperlich geschuftet, er dagegen war in seinem gefederten Sessel gesessen und hatte jetzt keine Büroarbeit mehr vor sich wie ich.

Schon kam Erika zurück, rief Lukas eine neue Bestellung zu und begrüßte mich kurz. »Du kannst auch das Etagenbad unterm Dach benutzen«, sagte sie. Besaß sie den siebten Sinn?

»Das wäre super«, sagte ich. Erika machte eine Kopfbewegung in Richtung Lokal. »Da drin ist die Hölle los und im Biergarten auch. Willst du dir was mit aufs Zimmer nehmen, wenn du runterkommst?«

»Gerne. Die Spaghetti schauen super aus«, sagte ich und lächelte Erika an. Das wurde ja immer besser! Ich konnte sofort duschen und danach wäre sogar schon mein Essen fertig.

Beinahe beschwingt lief ich zu meinem Zimmer und packte meinen Kulturbeutel, frische Wäsche und den hauseigenen Bademantel zusammen. Als ich wieder in den Flur trat, kam Max gerade aus seinem Zimmer, nur mit einer Shorts bekleidet. Mein Blick blieb unwillkürlich an seinem Tattoo hängen, wanderte neugierig seine Arme hinauf bis zu den Schultern. Er wirkte verspannt. Sein Rücken rief förmlich nach einer Massage. Meine Hände zuckten und ich erschrak über mich selbst. Ich würde ihn selbstverständlich nicht anfassen! Da ging er auch schon ohne ein Wort an mir vorbei, der Gesichtsausdruck ebenso verkrampft wie seine Haltung. So schaute nur jemand, der körperliche Schmerzen hatte.

»Ich dusche woanders«, sagte ich. »Lass dir ruhig Zeit.«

»Danke«, sagte er und knallte die Tür hinter sich zu.

Der Weg durch das Treppenhaus ins Dachgeschoss war mir vertraut. Melanie hatte mich hin und wieder zu Lukas mitgenommen. Kaum betrat ich die Treppe, zogen die Erinnerungen wie Schnappschüsse durch meinen Kopf; ein ganz spezieller Nachmittag setzte sich dabei fest: Wir drei auf dem Sofa in Lukas' Zimmer, im Hintergrund leise Popmusik. Sein Arm auf Melanies Schultern, seine Hand in ihren dunkelblonden Dreadlocks. Ihr tiefes Lachen, als sie die Hand mit den schwarz lackierten Fingernägeln auf seinen Oberschenkel legte. Zum Glück war in diesem Moment der dicke grau gefleckte Kater der Thalhammers hereingekommen, hatte sich an meine Beine geschmiegt und gemaunzt. Lukas schien mich erst jetzt wirklich wahrzunehmen. »Kannst du ihm was zu essen geben? Sein Schüsselchen steht unten neben der Wohnungstür. Katzenfutter ist in der Nische hinterm Vorhang«, sagte er und es war klar, dass ich anschließend gleich unten bei der Katze bleiben sollte.

Ich stand auf und verließ das Zimmer. Aus dem Augenwinkel sah ich noch, wie sich Melanie zu Lukas drehte und die Hand in seinen Nacken legte, um ihn leidenschaftlich zu küssen, während seine Finger zögerlich die nackte Haut unterhalb ihres knappen Tops berührten. Anscheinend versuchte sie, auch noch ihren Oberschenkel über seinen zu legen, doch ihr Rock war zu eng, und einen Moment lang drohte sie rücklings auf das Sofa zu fallen. Vielleicht wollte sie ja genau das. Und Lukas? Der war eindeutig heiß auf meine Schwester und würde sich nicht lange bitten lassen. Theoretisch wusste ich Bescheid, fühlte mich aber noch Lichtjahre davon entfernt, mit einem Jungen ins Bett zu gehen.

Nachdem ich den Kater gefüttert und ausgiebig gestreichelt hatte, wurde mir langweilig, doch ich wollte nicht allein nach Hause gehen. Kurt hatte bald Feierabend und würde wissen wollen, wo Melanie steckte. Es passte ihm nicht, dass sie sich mit Lukas traf. Dessen Vater saß wie er im Gemeinderat, allerdings für eine andere Partei, und war wie die Bürgerinitiative gegen den Bau der Mülldeponie.

Zum Glück fand ich eine Etage tiefer auf dem Flur der Pension ein Bücherregal. Ich nahm mir einen Roman über eine Zeitreisende in Schottland heraus. Als Erika nach Hause kam, fand sie mich auf der Schuhbank vor ihrer Wohnungstür, völlig versunken in eine Welt, die romantisch und gleichzeitig spannend war.

»Hallo, Lexi«, sagte sie. »Was liest du denn Schönes?«

Sie war bepackt mit Einkaufstüten. Es war Montag, der Ruhetag des Restaurants. Natürlich kannte ich die Wirtin, und auch sie wusste, wer ich war. Aber wir hatten selten direkt miteinander gesprochen. Ich war ein bisschen eingeschüchtert von der großen, kräftigen Frau und ihrer lauten Stimme. Auf einmal war ich nicht mehr sicher, ob es in Ordnung war, dass ich das Buch genommen und mich vor die Wohnungstür gesetzt hatte. »Entschuldigung, Frau Thalhammer«, sagte ich.

Erika setzte die Tüten ab und sah mich stirnrunzelnd an. »Wofür?«, fragte sie. »Wenigstens kannst du dich beschäftigen. Der Lukas nimmt nie ein Buch in die Hand, aber bei den Buben ist das wohl normal.«

Ich schüttelte erleichtert den Kopf. »Meine Schwester liest auch nicht«, sagte ich. »Sie sind übrigens beide oben.«

Erika Thalhammer schnaubte. »Das dachte ich mir.« Sie runzelte die Stirn noch mehr und ich begriff, dass es nicht meinetwegen war. Ich schluckte und nahm all meinen Mut zusammen: »Meine Schwester hat sich die Pille verschreiben lassen. Sie brauchen sich keine Sorgen zu machen.«

Da ließ Erika sich auf die Schuhbank fallen und schlüpfte aus ihren Gesundheitsschuhen. »Oh mei, was du alles weißt«, sagte sie. »Danke dir. Jetzt lege ich erst mal die Beine hoch. Magst du mit reinkommen? Ich habe eine fertige Suppe auf dem Herd, dazu gibt's frisches Brot. Ich bin übrigens die Erika, gell? Bei Frau Thalhammer komme ich mir so alt vor. Und das Buch kannst du gern ausleihen.«

Schon damals hat Erika mich mit Essen versorgt, dachte ich, als ich jetzt auf dem Treppenabsatz im zweiten Stock stand. Der Flur war dunkel, aber ich erkannte die altmodische Garderobe und bequeme Hausschuhe, die Erika gehören mochten. Unter dem Fenster am Ende des Flurs eine Fünfzigerjahre-Bodenvase mit getrockneten Blumen. Silbertaler nannte man die, meine Mutter hatte auch welche gehabt. Bis Kurt eines Tages den Traktor genommen und den halben Garten umgepflügt hatte.

Die Vase hatte wahrscheinlich schon damals in Thalhammers Flur gestanden. Es war seltsam, jetzt wieder in die Privatsphäre der Familie vorzudringen. Das Bad lag gegenüber von Lukas' altem Zimmer. Die Tür stand offen. Ein Lichtschein fiel in den Flur, jemand übte Gitarre. Ein Pensionsgast oder jemand von der Familie? Ich musste einfach in das Zimmer schauen. Ich sah ein Sofa mit einer indianisch gemusterten Decke, die mir bekannt vorkam. Aber das Bild darüber war neu: ein etwa zwei Meter breites Panoramaposter des Grand Canyon.

Wer immer die Gitarre spielte, konnte nicht weit weg sein. Jetzt kam eine Stimme dazu, eine Männerstimme. Sie sang eine melancholische Singer-Songwriter-Nummer neueren Datums, ich kannte mich da nicht aus. Aber es klang gut. Der Sänger hatte mich wahrscheinlich noch nicht bemerkt. Ich hätte mich umdrehen und ins Bad gehen sollen. Stattdessen machte ich unwillkürlich einen Schritt nach vorn. Der alte Dielenboden knarzte.

Sofort verstummte die Musik, ich hörte Geräusche, etwas fiel zu Boden. Dann stand auch schon der Sänger vor mir, ein erstaunlich junger Mann, denn die Stimme hatte sehr erwachsen geklungen. Und er sah aus wie Lukas! Doch natürlich konnte er es nicht sein. Erstens hatte Lukas unten in der Gaststube zu tun. Und zweitens war dieser Junge siebzehn, höchstens achtzehn. Genau das Alter, in dem Melanie mit Lukas zusammen gewesen war. Vor fünfundzwanzig Jahren.

»Äh … Entschuldigung«, sagte ich. »Die Dusche im Keller ist besetzt, deshalb hat Erika, Frau Thalhammer meine ich, mich raufgeschickt.«

Der Junge war barfuß, trug Jeans und ein übergroßes Shirt. Mit einer ebenso lässigen wie hektischen Geste strich er sich sein dunkles langes Haar aus dem Gesicht. Vermutlich hatte er sich erschreckt und war genauso verlegen wie ich. Doch im nächsten Moment lachte er.

»Kein Problem«, sagte er. »Ich dachte, es wäre mein Dad.«

»Dein Dad … der Wirt?«, fragte ich. Trotz der großen Ähnlichkeit mit Lukas konnte ich mich schließlich täuschen.

»Ja, genau. Wenn er wüsste, dass ich Gitarre übe statt Mathe, dann würde er mich zu Oma in die Küche abkommandieren. Und Sie? Normalerweise schickt die Oma keine Gäste hier herauf.«

»Da liegst du richtig. Ich bin zwar ein Gast, aber ich kenne deinen Vater und deine Oma schon seit der Schulzeit. Ich heiße Alexandra. Wir können du sagen, wenn du willst.«

»Gern. Ich heiße Noah.«

Er lächelte mich an, als freute er sich wirklich über unsere Bekanntschaft. Dabei konnte ich doch gar nicht mit Jugendlichen. Nicht mal in meiner eigenen Jugend hatte ich das gekonnt, ich war immer eine Außenseiterin geblieben. Lukas junior hingegen schien keine Berührungsängste zu kennen. Vielleicht waren Wirtshauskinder so. Seine ungezwungene und selbstbewusste Art tat mir gut und berührte mich. Jetzt hörte ich Erika von unten rufen. »Noah, kommst du? Ich brauch deine Hilfe.«

»Bin gleich da, Oma«, rief er zurück.

»Und Mathe?«, fragte ich.

Er grinste: »Schon fertig. Pass auf mit der Dusche. Der Boiler braucht erst ewig und dann kommt's kochend. Also besser von Anfang an nicht so heiß aufdrehen.«

»Danke für den Tipp. Hat mir gefallen, wie du spielst. Deshalb bin ich stehen geblieben und habe dich belauscht.«

»Schon okay«, sagte er, strich sich noch einmal durch die Haare wie ein Popstar und ging zur Treppe. Netter Kerl, dachte ich. Sein Vater schien einiges richtig gemacht zu haben. Aber wo war die Mutter?

Nach einer ausgiebigen Dusche schlüpfte ich in Jogginghosen, T-Shirt und Pullover und ging wieder nach unten. Der Speiseraum war immer noch voll, doch Erika drückte mir ein Tablett mit einer Warmhaltehaube in die Hand.

»Danke. Warst du das, die mir gestern die Spargelsuppe vor die Tür gestellt hat?«, fragte ich.

Erika schüttelte den Kopf. »Gestern Abend war ich nicht hier. Kann eigentlich nur der Lukas gewesen sein.«

Wie nett von ihm, dachte ich, bedankte mich und ging ins Souterrain.

Die Tür zum Bad stand einen Spaltbreit offen und der Raum war dunkel, der angenehme Duft von Zitrone lag wieder in der Luft. Ich balancierte das Tablett auf einem Arm und versuchte gleichzeitig, den Zimmerschlüssel aus der Hosentasche zu ziehen. Dabei kam mir die Idee, auf der Terrasse zu essen. Dort gab es wenigstens einen Tisch. Ich holte mir ein Polster aus dem Fernsehzimmer und öffnete die Tür.

Als Erstes sah ich eine Fußsohle. Eine wohlgeformte glatte Fußsohle, die zu Max gehörte. Max kniete auf einer Gymnastikmatte und die Matte lag auf der Wiese vor der Terrasse. Er hatte das rechte Knie und die linke Hand auf dem Boden aufgestützt und den anderen Arm und das Bein in gerader Verlängerung seines Rückens ausgestreckt. Er hielt die Stellung einige Sekunden, ohne zu zittern; ich selbst wäre vermutlich schon bei dem Versuch zusammengeklappt. Dann wurde sein Rücken rund und Knie, Ellbogen und Stirn bewegten sich aufeinander zu. Ich stellte mein Tablett auf den Tisch, trat an den Rand der Terrasse und schaute auf ihn hinunter.

»Was machst du da?«

Ohne mit seinen Bewegungen aufzuhören, fragte er: »Wonach sieht's denn aus?« Er ließ sich kurz auf beide Knie nieder und wechselte die Seiten.

»Yoga?«

Sein T-Shirt war hochgerutscht und gab den Blick auf den unteren Rücken frei – und die Spur einer sehr geraden langen Narbe, deren Form an einen Reißverschluss erinnerte. Knapp über dem Hosenbund war sie in ein Tattoo integriert, das eine durch die Haut geschobene Nadel darstellte. Einschließlich Faden. Ich hielt vor Schreck die Luft an, meinte sogar, selbst einen Stich in dem entsprechenden Bereich meines Rückens zu spüren. Schnell wandte ich mich ab und griff nach einem Klappstuhl. »Entschuldige. Ich wollte nicht stören«, sagte ich. Doch Max ließ sich sowieso nicht aus dem Konzept bringen. Er wiederholte die Übungen ruhig und konzentriert, dann ließ er seinen Po auf die Fersen sinken und legte den Kopf zwischen den lang ausgestreckten Armen ab. Er atmete tief aus, als fiele eine Last von ihm ab.

»Du störst nicht. Ich bin fertig«, sagte er, erhob sich und rollte seine Matte zusammen. Er zog sein T-Shirt zurecht und ging an mir vorbei ins Haus. Dabei fiel mir wieder auf, wie gerade er sich hielt; seine Bewegungen waren nicht so geschmeidig, wie ich es nach einer Runde Yoga erwartet hätte. Was es wohl mit der Narbe auf sich hatte? Ich glaubte jetzt zu verstehen, warum er so sorgsam auf seinen Rücken achtete und mich manchmal so grimmig ansah. Was ich für schlechte Laune gehalten hatte, waren vermutlich Rückenschmerzen.

Ich klappte einen der Gartenstühle auseinander und nahm die Haube von meinem Essen. Es war eine großzügige Portion und zu dem Rucola und den Kirschtomaten hatte der Koch Pinienkerne und gehobelten Parmesan gegeben. Das

Essen war genau so, wie ich es für mich selbst gern zubereitete, seit Daniel so selten zu Hause war. Ich kochte gern Gemüse, während Daniel fleischlastige Gerichte bevorzugte. Doch es war lange her, dass er für uns beide einen Sonntagsbraten in den Ofen geschoben oder auch nur Spiegeleier mit Speck für unser gemeinsames Frühstück zubereitet hatte. Erst jetzt wurde mir bewusst, wie sehr ich es inzwischen genoss, beim Kochen ausschließlich meinem eigenen Geschmack zu folgen. Und wie gut mich meine Eltern auf die praktischen Dinge des Lebens vorbereitet hatten: Ich konnte nicht nur kochen, sondern hatte auch das handwerkliche Geschick meines Vaters geerbt. Er reparierte alles selbst, vom Traktor über Elektrogeräte bis hin zu einfachen Handwerkzeugen wie dem altertümlichen Holzrechen, dem ein Zinken ausgefallen war.

Im Schuppen hatte er sich eine Werkstatt eingerichtet, wo ich ihm oft zur Hand ging. Er erklärte mir, wie man die Bohrmaschine benutzte oder eine Säge führte. Bald bekam ich kleinere Aufgaben übertragen: einen kaputten Stuhl neu verleimen oder ein Elektrogerät zerlegen, das er reparieren wollte. Als ich älter wurde und mehr und mehr meinen eigenen Kopf entwickelte, fing er an, sich bei jeder Kleinigkeit aufzuregen und herumzuschreien. Melanie hatte behauptet, er sei schon immer ein Despot gewesen, sodass meine Erinnerung an die gemeinsame Arbeit mit der Zeit verblasst war. Erst jetzt wurde mir bewusst, dass es auch gute Zeiten mit Kurt gegeben hatte.

Als ich später das Geschirr nach oben trug, stieß ich beinahe mit Lukas zusammen. »Also, das Abservieren musst du noch lernen«, lachte er, nahm mir das Tablett aus der Hand und verschwand in der Küche.

»Dafür fehlt mir das Talent«, rief ich und machte ebenfalls einen Schritt auf die Küchentür zu, um Lukas nach einem alkoholfreien Bier oder einer Schorle zu fragen. Da kam er auch schon zurück, und das mit so viel Schwung, dass er geradewegs in mich hineinlief. Ich taumelte, er hielt mich an den Oberarmen fest. Gut, dass er gerade nichts in der Hand hatte.

»Sorry, Mel…«

Er sah mich erschrocken an, ließ mich aber nicht los. Ich spürte die Wärme seiner Hände durch den Stoff meines Pullovers und seinen durchaus festen Griff. »Ich meine natürlich, Alexandra. Entschuldige. Du erinnerst mich an sie.«

Mein Herz machte einen Satz. Weil er mich für eine Sekunde mit Melanie verwechselt hatte oder weil wir uns so nah gekommen waren? Ich wusste es nicht.

»Ich bin ihr doch kein bisschen ähnlich«, sagte ich.

»Äußerlich nicht. Aber du hast dieselbe trotzige Ausstrahlung. Die habe ich damals nicht so wahrgenommen.«

Trotzig? Ich? »Klar. Ich war nur die kleine Schwester. Sie hat mich einfach allein gelassen.«

Mein Hals schnürte sich zu und ich musste einmal ganz tief einatmen. Er kam noch näher und legte einen Arm um meine Schultern, was sich überraschend vertraut anfühlte. Früher hatte er mich höchstens mal freundschaftlich in die Seite geknufft.

»Es tut mir leid«, sagte er und zog mich noch näher an sich. Ich war mir nicht sicher, was genau er meinte. Wieder spürte ich mein Herz klopfen. Vielleicht war es auch seines.

»Hast du eine Ahnung oder eine Idee, warum sie –«

»Nein«, sagte er und schob mich unsanft weg. Mir wurde kalt. Schon wieder war seine Stimmung umgeschlagen, ähnlich wie am Morgen im Frühstücksraum.

»Ich würde gerne wissen, was du darüber denkst, Lukas. Vielleicht gibt es doch noch eine Möglichkeit, herauszufinden, was ihr zugestoßen ist. Unser Vater ist gestorben und ich kann den Hof nicht verkaufen, weil Melanie meine Miterbin ist.«

»Ach, darum geht es dir? Dann schlag das Erbe eben aus. Oder lass Melanie für tot erklären. Dann kriegst du alles«, sagte er. Seine Augen blitzten aggressiv.

»Ja, vielleicht mache ich das«, sagte ich. »Glaubst du, das fällt mir leicht? Diese praktischen Dinge müssen nun mal gelöst werden. Vielleicht kann ich dann endlich mit der Familie abschließen.«

Im Gastraum hinter Lukas brandete Gelächter auf und eine Frauenstimme rief: »Lukas, wo steckst du? Lass uns nicht verdursten.«

»Entschuldige«, sagte Lukas, und wieder wusste ich nicht, ob er sich für seine Schroffheit entschuldigen oder einfach nur sagen wollte, dass er weiterarbeiten musste.

»Schon gut«, sagte ich. Auf einmal wollte ich nur noch weg von ihm. Lukas' Stimmungswechsel gaben mir Rätsel auf und sie ärgerten mich. Vielleicht konnte er die Vergangenheit ebenso wenig hinter sich lassen wie ich. Dann kam mir ein anderer Gedanke: Hatte Lukas etwas mit Melanies Verschwinden zu tun? Vielleicht aus Eifersucht auf Florian? Das konnte ich mir nicht vorstellen. Die wenigsten Männer, und schon gar nicht Lukas, waren so jähzornig wie mein Vater. Vor meinem inneren Auge sah ich Kurts graues Gesicht, als er damals aus dem Haus gegangen und erst spät in der Nacht zurückgekommen war. Endlich traute ich mich, den Gedanken zu Ende zu denken, der schon lange tief in mir schlummerte: War er Melanie zur Kiesgrube gefolgt, wo sie mit den anderen ihre Protestaktion für den nächsten Tag vorbereiten wollte? Hatte er sie geschlagen wie unsere Mutter – und dabei einmal zu fest zugelangt? Und hatte der Hangrutsch in der Kiesgrube etwas damit zu tun? Falls Melanie durch seine

Hand zu Tode gekommen war, wie hatte er alles vertuschen und mit dieser Schuld leben können?

»Du warst doch an dem Abend bei der Protestaktion dabei, oder?« Lukas schien genau zu wissen, welchen Abend ich meinte. »Ja, aber Melanie war nicht dort. Und jetzt muss ich weiterarbeiten.«

Er legte mir kurz die Hand auf die Schulter und ging an mir vorbei in den Gastraum. Ich stieg hinunter zu meinem Zimmer. Dort setzte ich mich mit dem Notebook ins Bett. Das Smartphone lag bereits auf dem Nachtkästchen. Ich freute mich auf die vor mir liegende Arbeit, sie würde mich von meinen düsteren Gedanken ablenken. Als Erstes rief ich meine E-Mails ab. Tamara hatte sich schon um vieles gekümmert, doch es waren neue Fragen aufgetaucht, die Daniel offenbar nicht beantworten konnte oder wollte. Er selbst hatte mir auch eine Mail geschrieben: *Bitte ruf mich zurück. Ich will mit dir reden.*

Ach.

*Wir reden am Wochenende,* schrieb ich – und erhielt eine Abwesenheitsnachricht: Er sei bis Donnerstag außer Haus und rufe seine Mails nur sporadisch ab. Dabei war Daniel in all den Jahren so gut wie immer für die Firma erreichbar gewesen. Dass er ausgerechnet jetzt davon abwich, konnte nur mit Janine zu tun haben. Ich leitete meine Mail an seine private Adresse weiter und atmete tief durch. Da war auch noch eine Mail von Judith, die sich erkundigte, wie es mir ging. Außerdem berichtete sie von ihrem neuen Projekt. Sie klang weiterhin begeistert, was ich vor allem Nilesh zuschrieb. Ich schlug vor, später zu skypen. Erst danach fiel mir auf, dass ich dafür das Gäste-WLAN brauchte. Zwar steckte eine SIM-Karte in meinem Laptop, aber der Empfang hier unten war ziemlich schlecht. Außerdem hatte ich Durst.

# Auf ein Glas

Als ich nach oben kam, war der Biergarten geschlossen und der Gastraum leer bis auf Max und Lukas, der von Tisch zu Tisch ging und aufräumte. Max hatte einen Teller Spaghetti mit Rucola und Kirschtomaten vor sich stehen, dazu ein kleines Glas Rotwein und eine Flasche Wasser. Behutsam wickelte er die Nudeln auf die Gabel. Ich hätte ihn gern gefragt, ob ich mich zu ihm setzen könnte, doch aus irgendeinem Grund fürchtete ich, er würde Nein sagen.

»Lass es dir schmecken«, sagte ich, und er nickte.

Lukas trug ein Tablett zum Tresen, wo er die Gläser in die Spülmaschine räumte. Über die Schulter hinweg sagte er: »Ich könnte jetzt einen Absacker gebrauchen. Möchtest du auch ein Glas Wein? Geht aufs Haus.«

»Ich wollte eigentlich …«

»Nur ein paar Minuten. Ich war heute nicht besonders freundlich zu dir, das würde ich gern wiedergutmachen.«

»Erklärst du mir auch, warum?«, fragte ich und setzte mich auf einen Barhocker. Lukas schenkte den Wein ein, stellte das Glas vor mich hin und eine Schale mit Mandeln dazu.

»Ich hab mich gefreut, dich wiederzusehen«, sagte er dann. »Aber es ist eben auch schmerzhaft. Wegen Mel. Ich hatte die ganze Geschichte tief in mir vergraben, dachte ich. Und dann kommst du und alles ist wieder präsent, als ob es gestern gewesen wäre.«

Ich nickte. »Was meinst du, wie es mir geht?«

»Schwer zu sagen. Ich stecke nicht in deiner Haut. Erzähl doch mal. Hast du Familie? Haus, Garten, Hund?«

Ich nippte an meinem Wein. Er war tiefrot und schmeckte fruchtig, mit einem Hauch von Marzipan.

»Was ist das?«, fragte ich überrascht. Lukas lachte. »Valpolicella. Gib's zu: Du dachtest, in einem niederbayerischen Dorfwirtshaus haben wir nur *Hauswein rot oder weiß*.«

»So ungefähr. Wann und wo bist du zum Weinkenner geworden?«

Solange Max in Hörweite saß, war es mir ganz recht, dass Lukas nicht über Melanie reden wollte. »Ich habe eine Weile in Italien gearbeitet, dann in Schottland und in Österreich. Da gab es einiges zu sehen und zu schmecken.«

»Ach, Schottland. Daher also der Birnencider.«

»Den hast du auch schon probiert?« Ich wunderte mich, schließlich hatte er mir gestern eigenhändig eine Flasche davon vor die Tür gestellt. Bevor ich fragen konnte, sprach er auch schon weiter: »Ein Getränkehändler in Passau importiert ihn für mich. Seit Schottland liebe ich das Zeug. Ich habe ja in einem Pub gearbeitet, aber das Bier dort war nicht so meins.«

Ich nahm eine Mandel und war überrascht von dem feinen Geschmack nach Kräutern, Salz und einem Hauch von Chili. Ich vermutete, dass die Kreation von Lukas stammte und nicht aus irgendeiner Packung. Vielleicht lag es an Details wie diesen, dass die Bude hier jeden Abend voll war.

War das schon immer so gewesen? Ich hatte keine Erinnerungen in dieser Richtung. Meine Familie war so gut wie nie ausgegangen, nur einmal, als ich noch kleiner war, hatte mich Kurt zu einem Arbeitsessen mit Parteikollegen mitgenommen.

»Wolltest du nicht als Zimmerergeselle auf die Walz gehen?«

»Das habe ich getan, aber irgendwann fing ich an zu kellnern und in den Küchen verschiedenster Restaurants auszuhelfen. So bin ich schließlich doch ins Gastgewerbe gerutscht, vielleicht war das unausweichlich. Mein Vater war Wirt mit Leib und Seele.«

»Und dann zog es dich zurück.«

»Ich hatte immer Heimweh, egal wo ich war.«

»Schön, dass du ein Zuhause hast. Und eine Familie.« Die Worte waren raus, bevor ich nachdenken konnte. Als könnte er etwas für das, was mir passiert war. Er schaute mich an, als hätte ich ihm eine Ohrfeige gegeben. Jetzt waren wir wohl quitt. »Entschuldige«, sagte ich. Dann griff ich nach dem Weinglas und wechselte das Thema: »Vorhin habe ich Noah getroffen. Er ist nett.«

Lukas' Gesicht hellte sich auf. »Das hat er mir gar nicht erzählt, wir hatten alle Hände voll zu tun. Ich bin froh, dass er uns aushilft.«

»Und seine Mutter?«, fragte ich direkt.

Lukas schenkte mir Wein nach und sich selbst Wasser. Er ließ sich Zeit mit seiner Antwort. »Nach Noahs Geburt haben wir eine Weile zusammengelebt, aber es lief nicht gut. Dann starb mein Vater und ich entschied, den Betrieb zu übernehmen. Noahs Mutter wollte nicht mit, sie blieb in Oberösterreich. Seitdem lebt Noah hier bei mir und Erika. Die beiden hängen sehr aneinander.«

»Was will er denn später mal machen?« Ich griff noch einmal in die Schale mit den Mandeln.

»Er ist siebzehn und geht aufs Gymnasium. Im Moment träumt er von einem Musikstudium. Ich zwinge ihn zu nichts. Am allerwenigsten zur Gastronomie. Und du? Keine Kinder?«, fragte er.

Ich schüttelte den Kopf. »Nein«, sagte ich. »Mir war nicht nach einer eigenen Familie.«

»Hast du Lust, mit nach oben zu kommen?«, fragte Lukas unvermittelt und lächelte mich herausfordernd an. »Wir könnten den Wein mitnehmen und den Tag gemütlich ausklingen lassen. Keine Sorge, ich habe mein abgeschlossenes Apartment hier im Haus.«

Hatte ich richtig gehört? Und wie sollte ich das Funkeln in seinen Augen interpretieren? Ein Räuspern erinnerte mich daran, dass Max auch noch da war. »Zahlen, bitte«, sagte er, und Lukas ging zu ihm. Währenddessen schaute Max zu mir herüber. Ich konnte seinen Blick nicht genau deuten, aber bestimmt hatte er nicht zufällig gerade jetzt nach der Rechnung verlangt. Nachdem Lukas ihn abkassiert hatte, stand Max auf und sagte zu mir: »Lass uns morgen etwas früher starten, pünktlich um sieben.«

»Geht klar.«

»Der führt sich auf, als ob er der Chef wäre«, murmelte Lukas. Insgeheim gab ich ihm recht. Laut sagte ich: »Er hat recht. Ich muss morgen früh raus.«

»Dann komm am Samstag zum Kaffeetrinken. Da sperre ich das Lokal erst am Abend auf.«

»Am Wochenende besuche ich meine Tante Christa.«

»Schade«, sagte Lukas.

»Willst du mit mir anbandeln? Weil ich dich an Melanie erinnere, über die du mit mir aber nicht reden willst? Tut mir leid, damit komme ich nicht klar.«

Sein Lächeln erstarb. »Schon gut. War eine blöde Idee, ich weiß. Bestimmt wartet auch jemand in Regensburg auf dich.«

»Mein Mann ist jetzt die meiste Zeit bei seiner Freundin«, platzte ich heraus. »Er versteht nicht, dass ich erleichtert über den Tod meines Vaters bin. Und dass ich ihm nichts davon erzählt habe.«

Ich leerte mein Weinglas in einem Zug und stellte es zurück auf den Tresen. Lukas goss mir nach. »Für mich persönlich ist es auch unvorstellbar, nicht um den eigenen Vater zu trauern, und die Gesellschaft erwartet das von einem. Aber niemand kann dir vorschreiben, was du fühlen sollst.«

»Kurt war ein Arschloch«, sagte ich.

Lukas zuckte zusammen, dann nickte er: »Melanie hat mir erzählt, dass ihr Verhältnis zu ihm nicht das beste war. Er war dagegen, dass sie ihren Traum verwirklicht und Kunst studiert.«

»Wenn es nur das wäre! Er war jähzornig und ungerecht, kein Tag verging ohne Streit. In der Nacht, als Melanie verschwunden ist, hat er unsere Mutter geschlagen. Sie hatte eine Gehirnerschütterung, verbot mir aber, einen Krankenwagen zu rufen. Sie wollte nicht, dass es jemand erfährt.«

Lukas schüttelte sich, als ob er fröstelte. »Das schockiert mich«, sagte er. »Melanie ließ mich glauben, es wäre ausschließlich wegen ihrer Bilder. Ich konnte mir ihrer nie sicher sein. Sie wollte die nächstbeste Gelegenheit nutzen, um wegzukommen. Welche Gelegenheit das allerdings sein sollte, konnte ich mir nicht vorstellen.«

»Ich auch nicht. Eigentlich wollte sie die Bauzeichnerlehre bei Schorndorfers abschließen. Damit sie jobben kann, wenn sie an der Kunsthochschule angenommen wird. Es war ihr ernst, sie arbeitete in jeder freien Minute an ihrer Bewerbungsmappe. In den Wochen vor ihrem Verschwinden hat sie sich mehr und mehr vor mir verschlossen. Sie ließ mich ihre Bilder nicht mehr sehen und fuhr mir über den Mund, wenn ich sie fragte, woran sie gerade arbeite.«

Lukas verschränkte die Arme. Jede Faser seines Körpers drückte Widerstand aus. Das Thema schien auch ihn immer noch zu belasten. »Wie ging es denn bei dir weiter, nachdem Melanie weg war? Im Ort wussten alle, dass deine Mutter in einer Klinik war. Wir dachten, sie wäre Melanies wegen zusammengebrochen. Als die Wochen vergingen und sie nicht wiederkam, wuchs Gras über die Sache. Es muss schlimm für dich gewesen sein, allein mit Kurt zurückzubleiben. Hat er dich auch geschlagen?«

Ich schüttelte den Kopf. »Nein. Er redete nur das Nötigste mit mir und tat so, als wäre Mama nur vorübergehend weg. Immerhin musste ich keine Angst mehr haben, dass er sie umbringt.«

»Und niemand aus dem Ort hat nachgefragt, ob du Hilfe brauchst. Stattdessen habe ich mich in meinem eigenen Leid gesuhlt. Das tut mir leid.«

»Da gab es andere Leute, die sich für mich hätten einsetzen können. Menschen mit Einfluss und mehr Lebenserfahrung. Unser Hausarzt, Lehrerinnen, Kurts Gemeinderatskollegen, Tante Christa … Aber nichts. Alles drehte sich nur um Kurt, den armen Mann, der plötzlich als Alleinerziehender dastand – die Adoptivtochter vermisst und seine Frau so krank …, die Parteifreunde waren höchst besorgt um ihn. Nur Höllgartner interessierte sich für meine Situation.« Der junge, engagierte katholische Pfarrer war aus München nach Sesslfing gekommen und mit seinen modernen Ansichten bei den Alteingesessenen nicht sehr beliebt gewesen. Bei der Dorfjugend dafür umso mehr. »Er hat sich dafür stark gemacht, dass ich auf ein Internat gehen konnte. Das war meine Rettung. Ich bin so selten wie möglich nach Hause gefahren und irgendwann dann gar nicht mehr. Kurt war es recht so. Traurig eigentlich, aber ich war froh, dass er mich in Ruhe ließ.«

»Hast du noch mit jemandem von damals Kontakt?«, wollte Lukas wissen.

»Nein. Ich war wie betäubt und konnte mich nicht auf neue Freundschaften einlassen. Später habe ich einige wunderbare Leute kennengelernt, die meisten davon beruflich. Da fällt mir ein, meine Freundin Judith wollte heute noch mit mir skypen. Kannst du mir das WLAN-Passwort geben?«

Er nahm seinen Kellnerblock und schrieb es auf einen Zettel: *florenTine&78*.

»Danke für den Wein«, sagte ich und rutschte vom Barhocker. »Gute Nacht.« Lukas lächelte, dann drehte er sich um und ging in die Küche.

## Max

Max setzte sich auf das Bett und bückte sich, um seine Sneakers auszuziehen. Ungeduldig rupfte er am Schnürsenkel des linken Schuhs und verwandelte dabei aus Versehen die Schleife zu einem Knoten, den er vergeblich wieder aufzulösen versuchte. Verdammter Mist! Schließlich streifte er den Schuh mehr oder weniger mit Gewalt ab und warf ihn in die Ecke. Dabei schoss ihm der Schmerz in den Rücken. Außerdem fühlte er sich benommen von dem Glas Wein, das er viel zu schnell ausgetrunken hatte, weil ihm Alexandras Geplänkel mit dem Wirt auf die Nerven gegangen war. Er wollte gar nicht wissen, ob sie die Einladung in Lukas' Appartement angenommen hatte. Der hortete dort bestimmt keine Briefmarkensammlung, die er ihr zeigen wollte! Daniel hatte Max am Freitag zu verstehen gegeben, dass Alexandra etwas durch den Wind sei und eine Auszeit brauche. Warum machte sie dann nicht einfach Urlaub, statt sich mit der schweren körperlichen Arbeit abzumühen, an die sie nicht gewöhnt war? Es war doch offensichtlich, dass etwas Unangenehmes sie mit diesem Ort verband. Gespenster aus der Vergangenheit. Damit kannte Max sich aus. Doch der Abstand zu seiner Familie hatte ihm geholfen, mit sich selbst ins Reine zu kommen. Alexandra war noch lange nicht so weit. Er dachte an ihre Bekannte von heute Nachmittag. Die Begegnung hatte ihr offenbar so zugesetzt, dass sie etwas später ohnmächtig geworden war. Es schien ihr wieder gut zu gehen, aber er würde sie im Auge behalten und sie unterstützen, so gut er konnte. So, wie er gestern Suppe und Cider bei dem Jungen bestellt hatte, der am frühen Abend im Lokal bediente. Wahrscheinlich hielt sie das für Lukas' Verdienst.

Egal. Max legte sich auf das Bett, nahm sein Smartphone und stellte den Timer auf zehn Minuten. Was für eine Wohltat, sich kurz ausstrecken zu können! Die warme Dusche am Abend hatte ihn gerettet. Und natürlich die Schmerztabletten. Danach war er geschmeidig genug gewesen, um seine Yogaübungen zu absolvieren. Die Übungen waren Gold wert. Sie halfen ihm dabei, wieder einen Beruf auszuüben und seine Kinder zu unterstützen. Julian hatte er Startgeld für eine eigene Autowerkstatt gegeben, die inzwischen sehr gut lief. Und auch Amelie entwickelte sich viel besser, als Max je zu hoffen gewagt hatte. Max freute sich schon sehr auf den Urlaub im Sommer. Endlich würde er seine Familie einmal länger um sich haben, fernab von seiner Exfrau Britta und ihrem neuen Partner.

Schon war der Timer abgelaufen und er setzte sich widerwillig auf. Er war so müde! Trotzdem holte er seinen Laptop aus dem Schrank und loggte sich auf der Lernplattform ein. Es musste sein. Sein Rücken würde den Job als Inspekteur nicht ewig mitmachen. Er brauchte einen Bürojob, bei dem er sich die Arbeit besser einteilen konnte – und wo er zeigen konnte, dass er mehr draufhatte, als die Kamera zu steuern und Inspektionssoftware zu bedienen. Daniel und Alexandra wussten noch nichts von seinen Ambitionen, doch als diese IT-Beraterin im Haus gewesen war, Judith hieß sie, hatte er sich nicht zurückhalten können, und sie war bereitwillig auf seine Ideen eingegangen. Vielleicht würde er später auch in der IT arbeiten – oder etwas ganz anderes machen, das er sich jetzt noch gar nicht vorstellen konnte.

Als er gerade begonnen hatte, sich Notizen für eine Aufgabe zu machen, wurde die Tür zum Nachbarzimmer aufgesperrt und fiel mit einem dumpfen Geräusch ins Schloss. Anschließend hörte er, wie Alexandra im Bad das Wasser aufdrehte. Die Wände hier waren schon sehr hellhörig. Anschließend warf sie sich offenbar mit Schwung ins Bett, denn es quietschte und etwas klopfte kurz an die Wand, als wäre sie mit dem Ellbogen dagegen gestoßen. Dann ein Schaben und das Geräusch eines Steckers, der in die Steckdose geschoben wurde. Ihr Smartphone vielleicht oder auch das Notebook. Es war keine halbe Stunde vergangen, seit er den Gastraum verlassen hatte; anscheinend war Alexandra Lukas' Einladung nicht gefolgt. Irgendwie beruhigte ihn das und es störte ihn auch nicht beim Lernen, als sie wenig später leise zu reden begann. Sie führte wohl ein Telefonat oder einen Videoanruf.

Kurz vor Mitternacht hörte er, wie nebenan das Licht ausgeknipst wurde. Und auch Max packte seinen Laptop weg, rutschte tief unter seine Decke und atmete erleichtert ein und aus, als er spürte, wie sein Rücken sich entspannte. Dann wurde ihm bewusst, dass Alexandra – seine Chefin – einen halben Meter neben ihm lag, nur durch diese dünne Wand von ihm getrennt. Und dass er sich gerade vorstellte, wie es ohne diese Wand wäre. Trug sie ein verwaschenes Schlafshirt oder ein raffiniertes, durchsichtiges Etwas, wie Britta es gemocht hatte? Oder vielleicht gar nichts? Er hatte nicht um diese Bilder in seinem Kopf gebeten, aber sie waren da. »Max, du alter Idiot«, murmelte er. Dann drehte er der Wand den Rücken zu.

## Videokonferenz

Schon wieder hatte ich vergessen, mir eine Schorle mit herunterzunehmen, dabei war ich durstiger als zuvor, nachdem ich die salzig-scharfen Mandeln gegessen hatte. Ich füllte Leitungswasser in den Zahnputzbecher. Es schmeckte wie frisch aus einer Bergquelle und war ebenso kalt, zu kalt für dieses frostige Zimmer. Ich hatte bereits den Heizkörper aufgedreht, aber ohne Erfolg. Also schlüpfte ich schnell ins Bett und wickelte mich ein, während der Laptop startete. Als ich die Nachricht von Daniel in meinem Mailpostfach sah, wurde mir mulmig. Ich atmete tief durch und öffnete sie.

*Liebe Alexandra,*

*warum gehst du nicht ans Telefon? Diana hat mir erzählt, dass du am Sonntag doch noch zur Familienfeier kommen wolltest. Warum hast du mir nicht Bescheid gegeben? Es tut mir leid, dass wir uns verpasst haben; ich würde gern persönlich über einige Dinge mit dir reden. Ich verstehe, wie überraschend es für dich gewesen sein muss, von mir und Janine zu erfahren. Ich wollte dich nie verletzen, aber es ist passiert. Janine und ich haben uns nach ihrer Scheidung zufällig beim Mountainbiken wiedergetroffen, danach kam eins zum anderen … Nach unserem Streit ist mir klargeworden, dass ich auch dich immer noch irgendwie liebe. Aber deine Unnahbarkeit und deine Ängste haben an mir gezehrt, vor allem deine Haltung zu Kindern. Erinnerst du dich daran, wie du kurz nach der Hochzeit dachtest, du wärest schwanger? Du bist voll ausgeflippt, regelrecht in Panik geraten. Letztlich war es falscher Alarm, aber ich begriff erst da, dass du auf keinen Fall Mutter werden willst. Das war ein Schock für mich, denn ich fand es selbstverständlich, dass wir gemeinsame Kinder haben werden. So selbstverständlich, dass ich gar nicht auf die Idee gekommen bin, dich danach zu fragen … Wir hätten darüber reden müssen.*

*Vielleicht glaubst du mir nicht, wenn ich das schreibe, aber: Ich habe dich auf der Familienfeier vermisst! Es war ein wunderschönes Fest und ich wünschte, du wärst dabei gewesen. Bitte, komm nach Hause und rede mit mir. Ich werde da sein, versprochen.*

*Dein Daniel*

Ich las die Mail zweimal. Das erste Mal zitternd vor Wut über den unterschwelligen Vorwurf, dass wir uns »verpasst« hätten. Er war es doch gewesen, der am Sonntagabend nicht nach Hause gekommen war! Und dass er unbedingt Kinder wollte, war mir neu. Tatsächlich hatten wir nie darüber gesprochen. Ein Fehler, wie ich mir jetzt klarmachte. Wann immer ich mir vorstellte, ein Kind zu bekommen, fiel ich innerlich in ein großes dunkles Loch. Daniel hatte darauf reagiert, indem er seine eigenen Bedürfnisse zurückstellte. Und dann dieses verschwurbelte *dass ich auch dich immer noch irgendwie liebe.* Hieß das, er wollte es doch noch mal mit mir versuchen? Ich schwankte zwischen Verzweiflung und Wut und war drauf und dran, den Laptop in die Ecke zu werfen. Zum Glück ploppte in diesem Moment ein Videoanruf auf. Kurz darauf blickte ich in Judiths Gesicht, in ihre warmen dunklen Augen. Die Fläche hinter ihr wurde ganz ausgefüllt von diesem Bild an ihrer Wohnzimmerwand, das nur aus einer ockerfarbenen Fläche zu bestehen schien, wie eine Wüste. Ich wusste jedoch, dass sich die Leinwand beim Näherkommen in viele unterschiedliche Schattierungen auflöste und dass sie hinterfüttert war wie ein riesiges Sofakissen. Anfangs hatte es mich irritiert, dass so etwas Kunst sein sollte, aber ich fand es auch nicht hässlich. Judith sagte, das Bild tue ihr gut und helfe ihr, sich auf die

Arbeit zu konzentrieren. Tatsächlich wirkte sie sehr präsent, die leicht gebräunte Haut makellos und das Haar glänzend. »Du schaust gut aus«, begrüßte ich sie.

»Oh, danke. Und viele Grüße von meinem Vater«, sagte Judith. Ich lächelte. Ich war ihm noch nicht oft begegnet, aber ich hatte das Gefühl, dass er mich mochte, und das tat mir gut.

»Danke. Wie geht es ihm?«

»Er ist total beschäftigt, er läuft jede Woche bei *Fridays for Future* mit. Die Jugendlichen sind begeistert von ihm.«

Ich konnte mir den über achtzigjährigen bedächtigen Herrn nicht so recht auf einer Demo mit lauter Teenagern vorstellen. Aber er hatte bis vor zwei Jahren an seiner Uni noch eine Forschungsgruppe geleitet. Seit seiner Emeritierung suchte er sich ständig neue Aufgaben.

»Entschuldige, wenn ich das so sage, aber du selbst schaust ziemlich müde aus. Soll ich mich lieber morgen wieder melden?«, fragte Judith. Ich fühlte mich ertappt. Vielleicht hatte ich einen Moment zu lang ins Leere gestarrt.

»Nein, ich freu mich doch, dass du anrufst. Aber du hast recht, der Tag war ziemlich anstrengend.«

»Mein Vater meinte, ich wäre nicht spontan genug. Da hab ich dich einfach mal angerufen.«

Jetzt lachte ich. Ein bald achtzigjähriger Mann, der seiner Tochter etwas über Spontaneität erzählte – das sagte weniger etwas über ihn aus als über Judith.

»Fein«, sagte ich.

»Und jetzt erzähl, wie ist es in Sesslfing? Wo bist du untergebracht? Zeig mal.«

Ich schwenkte den Laptop, sodass sie das Zimmer sehen konnte, und hörte sie lachen. »Hast du eine Zeitreise gemacht?«

»Das trifft es ziemlich gut, nicht nur vom Interieur her. Ich habe schon mindestens fünf alte Bekannte getroffen. Der Wirt zum Beispiel war früher mit meiner Schwester zusammen.«

Ich erzählte ihr von Lukas, von Yvonne, Florian und den Begegnungen mit Anna im Supermarkt und Paul, dem Briefträger. »Warst du schon beim Haus?«, fragte Judith.

»Nein. Hatte alle Hände voll zu tun.«

»Ich würde dich begleiten, aber ich fliege am Donnerstag schon nach London. Mein Auftraggeber unterstützt das. Hauptsache, ich kriege die neue Zweigstelle so schnell wie möglich ans Netz.« Sie kicherte. »Nilesh holt mich am Flughafen ab und führt mich zum Essen aus. Rein geschäftlich natürlich.«

»Das freut mich für dich. Auch wenn ich hier wirklich eine gute Freundin brauchen könnte«, sagte ich.

»Warum fragst du nicht deine Mutter?«

»Bloß nicht. Die lebt in ihrer eigenen Welt.«

»Wie meinst du das? Ist sie dement oder so?«

»Nein, aber sie blendet die Realität aus. Solange wir oberflächlich plaudern, ist alles in Ordnung, aber wehe, ich erzähle mal was Persönlicheres. Dann ist es, als hätte sie verdrängt, dass ich ihre Tochter bin. Sie wohnt in einer betreuten WG in Passau, in einem Zimmer voller bunter Tücher, Traumfänger und Engelfiguren. Sie ist jetzt achtundsechzig und sieht aus wie ein junges Mädchen. Sie war immer sehr hübsch.«

»Bestimmt siehst du ihr ähnlich«, sagte Judith.

»Danke für das Kompliment, aber Melanie hatte viel mehr von ihr. Das liebliche, fast herzförmige Gesicht, das kräftige Haar, die zierliche Figur.« Ich dagegen hatte Papas drahtige Locken geerbt, die schmale Gesichtsform und seine großen, guten Zähne. Jedes Mal, wenn mich der Zahnarzt dafür bewunderte, musste ich an ihn denken. Ich trug sein Erbe in mir, ob ich wollte oder nicht.

»Und wie oft seht ihr euch?«, fragte Judith.

»Nur ein paarmal im Jahr. Wenn mein schlechtes Gewissen zu groß wird und ich wieder mal hinfahre. Es macht mich fertig, dass sie mir immer ausweicht.«

»Kannst du denn gar nicht mit ihr über eure Familie reden?«

»Immer, wenn ich das Thema anspreche, wird sie unsäglich müde. Sagt, dass sie sich dringend hinlegen muss, und dann schläft sie vor meinen Augen ein. Einmal waren wir zusammen in der Altstadt. Sie achtete peinlich darauf, dass wir uns nirgends hinsetzen und zur Ruhe kommen konnten. ›Kaffeetrinken können wir auch bei mir zu Hause‹, sagte sie. Wir gingen zurück zu ihrer WG, dort verabschiedete sie sich dann an der Haustür von mir.«

»Das tut mir leid«, sagte Judith.

Ich seufzte. »Am Wochenende besuche ich meine Tante Christa in Passau. Vielleicht treffen wir uns auch beim Haus. Und bis dahin bin ich hier gut ausgelastet.«

»Und wie geht es dir mit Max?«, wollte Judith wissen.

»Du hattest recht, er ist in Ordnung«, sagte ich und erzählte ihr von meiner Entdeckung, dass er Yoga praktizierte, und von der Narbe mit der Nähnadeltätowierung auf seinem Rücken. »Weißt du irgendwas darüber?«, fragte ich, aber Judith schüttelte den Kopf.

»Nein. Er sagte nur, dass er seinen alten Beruf aus gesundheitlichen Gründen aufgeben musste.«

»Der hat echt ein paar überraschende Seiten«, sagte ich. In diesem Moment hörte ich von nebenan ein Räuspern und mir wurde bewusst, wie hellhörig die Wände waren. Nachdem ich mich von Judith verabschiedet hatte, loggte ich mich wieder in unser Firmennetz ein und holte mir Max' Lebenslauf auf den Schirm: Geboren in Schwerin, ab 1989 in Wismar

Ausbildung zum Gerüstbauer, anschließend viele Jahre bei derselben Firma. Ab 2008 war er in Elternzeit gewesen, hatte verschiedene Fortbildungen gemacht und als Paketfahrer, in einem Callcenter und als Pförtner gejobbt, bevor er bei einer Inspektionsfirma in Schwerin anheuerte. Vor einem Jahr hatte er sich dann bei uns beworben. Warum war er nach Süddeutschland gekommen? Und warum hatte er den Beruf gewechselt? Ich dachte an die Narben auf seinem Rücken und betrachtete nachdenklich die Wand zum Nachbarzimmer.

# Paul

Ich war bereits mit dem Essen fertig, als Max den Frühstücksraum betrat, die Haare verstrubbelt, das Gesicht verschlossen. Ganz offensichtlich kam er nicht mit sechs Stunden Schlaf aus so wie ich. »Morgen«, grummelte er. Er ließ sich auf seinen Stuhl fallen und schenkte sich Kaffee ein, während ich den letzten Schluck Tee austrank und aufstand. »Ich warte draußen auf dich«, sagte ich, und er legte mir den Autoschlüssel auf den Tisch.

Die Luft war noch kühl, als ich auf den Parkplatz kam, doch der wolkenlose Himmel versprach endlich einen warmen Tag. Ich legte meinen Rucksack ins Fahrzeug. Anschließend lehnte ich mich außen gegen die Fahrertür und ließ mir die Morgensonne ins Gesicht scheinen. Der Berufsverkehr rauschte am Grundstück vorbei wie in einer Großstadt. Nur ein paar Büsche trennten den Gästeparkplatz von der Straße. Eine grau getigerte Katze schlüpfte unter einem der Autos hervor und kam auf mich zu. Ich beugte mich zu ihr hinunter und streichelte sie. Sie gähnte gelangweilt, ließ es aber zu. Langsam beruhigte ich mich. Als ich mich wieder aufrichtete, sah ich ein Postfahrrad auf das Grundstück einbiegen. Darauf saß Paul. Er lächelte. Nicht scheu wie früher, eher verschmitzt. Direkt neben mir kam er zum Stehen und lehnte sich lässig auf den Lenker.

»Du bist es. Also doch«, sagte er. »Gestern war ich mir nicht sicher. Dann hat die Anna erzählt, dass du da bist.« Er sprach langsam, beinahe vorsichtig. Als könne er immer noch nicht darauf vertrauen, dass die Worte flüssig aus ihm herauskamen. Doch bis auf die kleinen Sprechpausen war von seinem Stottern nichts mehr zu merken.

»Hallo, Paul. Ja, ich hab Anna beim Einkaufen getroffen, gleich am Montag. Ich bin wegen eines Arbeitsauftrags hier.«

»Ich weiß. Wie geht's dir?« Er lächelte wieder. Er sah gesund und durchtrainiert aus. Sein Blick war offener geworden, das Gesicht hatte klare Konturen gewonnen. »Ich hoffe, gut«, schob er noch hinterher.

»Danke, es passt schon. Und dir?«

»Alles bestens. Vor allem, seit ich mit der Anna zusammen bin.« Er grinste. Die Katze schaute zu mir auf und trat von einem Fuß auf den anderen. Als sie merkte, dass ich sie nicht weiterstreicheln würde, ging sie zu Paul und schmiegte sich an seine nackte Wade. Er strich ihr kurz über den Kopf und richtete sich gleich wieder auf. »Ich bin ja mehr für Hunde«, sagte er, und ich musste lachen.

»Stimmt. Unserer hat sich immer gefreut wie wild, wenn du gekommen bist. Ziemlich ungewöhnlich für einen Briefträger.«

»Jetzt habe ich sogar zwei. Einer ist ein Dackel-Dobermann-Mischling und sieht aus wie euer Nicky.« Zum ersten Mal seit Langem dachte ich wieder an den kleinen Kerl. Wie seine Ohren immer nach oben flappten, wenn er ein Geräusch hörte, und dann wieder nach unten fielen. Sein Schwanzwedeln, selbst wenn Kurt ihn kurz zuvor in die Flanken getreten hatte. »Ach, Nicky.« Ich seufzte und merkte an Pauls mitfühlendem Blick, dass ich laut gesprochen hatte.

»Ich habe ihn damals mit zu mir genommen. Wusstest du das?«, fragte er.

»Nein. Ich habe mich immer gefragt, was aus ihm geworden ist. Ob Kurt sich um ihn gekümmert hat, nachdem ich weg war.«

»Der hätte ihn verhungern lassen. Ich hab ihm immer Leckerli mitgebracht. Und Kurt so, irgendwann: ›Nimm den

Köter halt mit, wenn ihr euch so gut versteht.‹ Und ich so: ›Okay!‹ Als ich Nicky abends abholte, wartete er schon schwanzwedelnd auf mich. Hat sich schnell bei mir eingewöhnt.«

»Das freut mich, zu hören.«

»Hab mich immer gefragt, wie es dir geht. Ob du verschwunden bist, wie deine Schwester.« Dann wurde er rot, was mich nun doch an den Paul von früher erinnerte. »Entschuldige. Ist bestimmt schwierig für dich, oder?«, sagte er.

»Schon okay. Es ist lange her.«

»Ich mochte deine Schwester«, sagte er. »Und deine Mutter. Sie hatte viel Geduld mit mir. Mein Stottern, du weißt. Aber wenn Kurt daheim war, erkannte ich sie nicht wieder. Redete dann kein Wort mehr. Hat sich sogar mal vor mir versteckt! Ich brauchte eine Unterschrift. Fand sie dann im Garten. Mit blauen Flecken an den Armen, als hätte sie jemand viel zu fest angefasst.« Er schaute mich fragend an. Ich schluckte.

»Gut zu wissen, dass es jemand bemerkt hat. Zu viele Leute haben darüber hinweggesehen. Außerdem habe ich mich geschämt. Als ich einmal unserem Hausarzt davon erzählte, konnte ich gar nicht rüberbringen, wie beklemmend und bedrohlich sich das alles anfühlte.«

»Und die blauen Flecken bei deiner Mutter, die waren ihm auch nicht aufgefallen?«

»Nein, damit ging sie ja nicht zum Arzt. Und mich nahm er nicht ernst. Er meinte, als Lokalpolitiker brauche Kurt nun mal ›Biss‹, und eine gesunde Aggressivität gehöre dazu. Dabei war er einfach krank.«

»Ich weiß. Ich habe ihn gesehen. Damals, das erste Mal bei euch. Was der für einen Blick drauf hatte! Und die Stimmung zum Schneiden dick. Was ist denn hier los, habe ich mich gefragt.«

Jetzt konnte ich den Kloß in meinem Hals nicht länger ignorieren. Unter Pauls mitfühlendem Blick löste sich eine Träne und rollte mir über das Gesicht. Er drückte meinen Oberarm, und ich fühlte mich ermutigt, meinen Verdacht auszusprechen: »Manchmal denke ich, dass Kurt was mit Melanies Verschwinden zu tun hat.«

Paul runzelte die Stirn. »Du meinst, er hat sie umgebracht?« Paul nahm wirklich kein Blatt vor den Mund. Dann schüttelte er schnell den Kopf. »Er war cholerisch. Aber einen Mord traue ich ihm nicht zu. Trotzdem hätte ich was unternehmen sollen. Mit dir sprechen oder ihn anzeigen.«

Ich stellte mir vor, wie der junge Paul bei der Polizei anrief und vor lauter Aufregung kaum einen zusammenhängenden Satz herausbrachte. Warum hätten sie ihm mehr glauben sollen als mir – oder Kurt, dem angesehenen und verdienten Gemeinderatsmitglied?

»Schon gut, Paul. Vielleicht hätte das gar nichts genutzt. Meine Klassenlehrerin hat auch mal bei uns angerufen. Sie hatte das vorher mit mir besprochen und ich dachte, endlich wird sie merken, was bei uns los ist. Ich erwartete, dass Kurt sie auch anschreit und beschimpft. Stattdessen war er scheißfreundlich zu ihr, ist sogar zum nächsten Elternabend gegangen. Mit dem Ergebnis, dass sie rot wurde und kicherte, als ich sie am nächsten Tag danach fragte. Der hatte sie einfach eingewickelt.«

Paul seufzte. »Macht halt Eindruck, so ein Gemeinderat. Vielleicht war deine Schwester es einfach leid. Meinst du, sie hat sich umgebracht?«

»Nein! Sie war so voller Leben und hatte Pläne. Und sie war verliebt.«

»Ja, ich weiß. Ich habe Florian beneidet.«

»Ich meinte eigentlich Lukas.«

»Trotzdem hat sie sich massiv an Florian rangeschmissen. Ich hab's gesehen, wenn ich die Post brachte. Wie sie ihn angeschaut und manchmal auch zufällig berührt hat … brachte ihn ganz schön ins Schwitzen. Vielleicht hat er bei Yvonne … gewisse Dinge vermisst. Oder sich nicht getraut. Sie war noch so jung. Florian ist ein anständiger Typ.« Er grinste. »Hab mal eins von diesen neutral verpackten Paketen bei Yvonne zu Hause ausgeliefert. Ohne Absender. Du weißt schon. Vom Erotikversand. Aber deine Schwester war eben älter und hatte mehr Erfahrung. Außerdem war sie sehr hübsch. Wer wäre da nicht schwach geworden?« Täuschte ich mich oder wurde Paul leicht rot im Gesicht? Er schien meine Gedanken lesen zu können. »Für mich hat sie sich nicht interessiert«, sagte er und zwinkerte mir zu: »Damals sah ich noch nicht so gut aus wie heute.«

Ich lachte, doch meine Gedanken waren bei Melanie. Es gab so vieles, was sie mir nicht erzählt hatte. Vor allem, seit sie die Lehre bei Schorndorfers begonnen hatte. Falls sie wirklich was mit Florian gehabt hatte, war ihr gar nichts anderes übrig geblieben, als es vor mir geheim zu halten, denn ich hätte es sofort Lukas erzählt.

»Wie dem auch sei«, sagte Paul. »Florian ist dann ja doch bei Yvonne gelandet. Die waren schon als Kinder verbandelt. Als hätten ihre Eltern sie einander versprochen. Wie im Märchen. Florian hat deiner Schwester bestimmt eine Abfuhr erteilt und deswegen ist sie abgehauen.«

Ich atmete tief durch. So langsam wurde es mir zu viel, ich brauchte Luft, um die Informationen zu verarbeiten. Also deutete ich auf das Inspektionsfahrzeug. »Das ist unserer«, sagte ich. »Wir haben einen Auftrag von der Gemeinde.« Zu meiner großen Erleichterung sah ich Max aus dem Haus kommen. »Wir müssen los«, sagte ich, und Paul nickte.

»War schön, dich zu treffen. Wie lange bleibst du?«

»Wahrscheinlich bis Ende nächster Woche«, sagte ich. »Wir sehen uns bestimmt noch.« Ich kramte eine Visitenkarte aus meinem Rucksack und reichte sie ihm. »Grüß Anna von mir«, sagte ich.

»Mach ich, danke. Ich muss dann auch weiter«, sagte Paul. »Ich schreib dir.« Er berührte mich kurz an der Schulter, dann schob er sein Fahrrad in Richtung Hauseingang und ich kletterte auf den Fahrersitz, während Max auf der anderen Seite einstieg. Ich startete den Motor, ließ die Kupplung kommen und war auf das nun schon vertraute Ruckeln beim Anfahren gefasst. Aber nichts passierte. Auch nicht, als ich mit dem Gaspedal die Drehzahl nach oben jagte. Ich schaute rüber zu Max. Er verschränkte die Arme und sagte: »Jetzt hat die Kupplung endgültig aufgegeben.« Er schien nicht halb so überrascht zu sein wie ich.

## Panne

Mein Herz klopfte heftiger als zuvor. Es ist doch nur eine Panne, beruhigte ich mich. Doch in meinem Hirn herrschte völlige Leere. Sicherheitshalber hielt ich mich am Lenkrad fest. »Darf ich?«, fragte Max. Schon beugte er sich zu mir herüber und drehte den Zündschlüssel um. Der Motor ging aus. »Ich ruf den Abschleppdienst«, sagte er und zog mit einer lässigen Bewegung sein Smartphone heraus. Was sonst? Natürlich hatten wir einen Firmenschutzbrief für unseren Fuhrpark. Jeder unserer Inspekteure hatte die Nummer gespeichert. Ich öffnete die Tür und glitt vom Fahrersitz; die frische Luft kühlte meine heißen Wangen. Der Verkehrsstrom schien leiser geworden zu sein, viel leiser als das Rauschen in meinen Ohren. Bekam ich etwa schon wieder einen Schwächeanfall? Ich stampfte unwillkürlich mit dem Fuß auf und merkte, dass ich wütend war. Augenblicklich wurde ich wieder wach, meine Wahrnehmung schärfte sich und das Summen im Ohr wurde leiser. Ich hörte, dass Max bereits mit jemandem sprach und unser Problem beschrieb. Dann sprang auch er aus dem Auto und kam zu mir herum.

»Der Abschleppwagen kommt in einer guten Stunde.« Er schaute in mein Gesicht. »Alles in Ordnung?«, fragte er. »Tut mir leid. Ich hätte nicht gedacht, dass die Kupplung so schnell versagt. Letzten Freitag schien noch alles in Ordnung zu sein, sonst hätte ich die Jungs von der Werkstatt nachschauen lassen.«

Er wirkte so schuldbewusst, dass ich lachen musste. »Da kannst du doch nichts dafür, so was passiert eben. Und wahrscheinlich dachtest du, es liegt an meiner Fahrweise, als unser Start am Montag so holprig war.«

»Ja, da ist was dran.« Jetzt lachte er auch. Als ich in seine Augen sah, durchströmte mich ein warmes Gefühl. Erleichterung, Verständnis und noch etwas anderes. Geborgenheit vielleicht. Dennoch fröstelte ich. »Lass uns drinnen warten«, sagte ich, und Max nickte. Ich ging in mein Zimmer, tauschte meine Arbeitsklamotten gegen Sommerhose und T-Shirt und inspizierte meinen Rucksack. Wasserflasche, Teekanne und Brotzeit steckten darin und das frisch aufgeladene Smartphone. Ich zog es heraus und setzte mich auf den alten Sessel. Staubteilchen flogen auf und tanzten im Licht der wenigen Sonnenstrahlen, die durch das Fenster im Lichtschacht fielen. Ich spürte die Wärme auf dem Gesicht und schloss die Augen, während ich eine Sprachnachricht von Diana abhörte: *Hallo, meine Liebe! Daniel sagt, du bist in Sesslfing! Was machst du da? Das ist gar nicht weit von hier, magst du vorbeikommen? Wir sind noch bis Sonntag im Ferienhaus. Gib mir einfach Bescheid, ich kann dich abholen. Liebe Grüße, Servus, ich drück dich!*

Diana kannte ihren Bruder Daniel besser als jeder andere Mensch auf der Welt und ihr Verständnis tat mir gut. Aber sie war auch Mutter. Konnte sie nachvollziehen, warum ich keine Kinder wollte? Vielleicht würde sie mir das ebenso vorhalten wie Daniel. Mir die Schuld daran geben, dass er sich von mir abgewandt hatte. Vielleicht würde sie mir aber auch gut zureden und mir erklären, welche Bereicherung Kinder darstellten und dass ich mir das nicht entgehen lassen solle. Aus ihrer Perspektive stimmte das sicher, doch ich hatte es anders erlebt. Ich wusste, was passieren konnte. Am wahrscheinlichsten aber war, dass Diana einfach nur zuhören und mich liebevoll in den Arm nehmen würde. Die Vorstellung, mich ihr anzuvertrauen, war verlockend. Gleichzeitig hatte ich Angst, dass ich dabei Dinge über mich selbst herausfinden würde, denen ich nicht gewachsen war. Angst davor, vollkommen zusammenzubrechen und nie mehr aufzustehen, wie meine Mutter. Angst zu verschwinden wie … Tränen liefen über mein Gesicht und ich dachte an meine Schwester, mit der all das zusammenhing. Die Chance, doch noch etwas über ihren Verbleib herauszufinden, lag hier in Sesslfing. Ich musste sie nutzen. Außerdem hatte ich gerade ganz andere, praktische Probleme. Ich ließ Dianas Nachricht unbeantwortet. Von nebenan hörte ich Max telefonieren. Erst kurz und geschäftsmäßig, dann mit leiserer Stimme. Fragend, liebevoll und immer wieder lauschend. Ich seufzte. So hatte schon lange niemand mehr mit mir gesprochen. Ein sehnsüchtiges Ziehen breitete sich in meiner Brust aus und ich ließ mich in eine Tagtraumwelt hinübergleiten, in der Daniel mich zärtlich berührte, mich festhielt und wärmte, bis es still in mir wurde.

Plötzlich klopfte es an der Tür und ich sprang auf. Draußen stand Max in leichten Cargohosen und T-Shirt und wirkte bereit, die Dinge anzugehen – was immer auch zu tun war. Ich musste an einen straff gespannten Bogen denken.

»Der Pannendienst ist da«, sagte er.

Die Fahrerin des Abschleppwagens war eine zierliche Person mit kurzen roten Haaren. Sehr schnell stellte sie fest, dass unser Kleintransporter an Ort und Stelle nicht mehr flottzumachen war, und lud ihn im Handumdrehen auf ihren Hänger. »Wollt ihr mitfahren?«, fragte sie, und wir stiegen zu ihr in die Kabine. Die Werkstatt lag in Schlenk, nur wenige Kilometer von Sesslfing entfernt. Ich erinnerte mich gut an das Dorf, Yvonnes Eltern lebten dort. Der Weg nach Schlenk führte über die Bahnhofstraße, am Schorndorfer-Anwesen vorbei und durch ein Neubaugebiet. Früher waren hier nur Felder gewesen. Am Ende der Bebauung öffnete sich die Landschaft und gab den Blick auf die Berge frei: Die Straße führte bergauf und für ein paar Momente konnte man weit in das Tal hineinsehen, zu beiden Seiten erhoben sich sanfte bewaldete Hügel. Darüber ein Himmel voller knuffiger weißer Wolken, so plastisch, dass ich am liebsten hineingreifen wollte. Dann fuhren wir in ein Waldstück hinein. Viel schneller, als ich es in Erinnerung hatte, erreichten wir die Abzweigung zu meinem Elternhaus. Unmittelbar danach kam eine Kurve und ich wurde gegen Max gepresst.

»Sorry«, sagte ich. Er schaute scheinbar unbeteiligt aus dem Fenster, während ich mich bemühte, ruhig weiterzuatmen. Die Nähe zu dem Ort meiner Kindheit und die Nähe zu Max – beides brachte mich aus dem Konzept und ich suchte nach etwas, woran ich mich innerlich festhalten konnte. Ich dachte an das morgendliche Gespräch mit Paul. Hatte Melanie wirklich mit Florian geschlafen, wie er es angedeutet hatte? Was wusste Florian über Melanies Verschwinden? Ich würde ihn einfach fragen, ob da etwas zwischen ihm und meiner Schwester gewesen war.

Nun kam das Ortsschild von Schlenk in Sicht. Wir passierten vier oder fünf Häuser und bogen auf den Hof der Werkstatt ein. »Ganz schön groß«, sagte Max, und ich nickte. Mehrere Hallen reihten sich aneinander, dazu gab es noch eine große Außenfläche mit etlichen Fahrzeugen. Die Werkstatt selbst wirkte sauber, modern und aufgeräumt; darin stand bereits ein Kleintransporter, ähnlich wie unserer. Das ließ mich hoffen, dass wir hier kompetente Hilfe bekommen würden. Umso mehr, nachdem unsere Pannenhelferin das Auto geschickt auf eine fahrbare Hebebühne gesetzt hatte. So etwas hatte ich noch nie gesehen. Nachdem ich das Protokoll unterschrieben und den Durchschlag in meinem Rucksack verstaut hatte, verabschiedete sich die Pannenhelferin von uns: »Keine Sorge. Der Manfred kriegt das schon wieder hin.«

Manfred war der Chef, ein sportlich aussehender, großer Kerl mit kurzen grauen Haaren. »Na klar«, brummte er, rangierte unser Auto vorsichtig in die Werkstatt und hob es hoch. Wenig später bestätigte er die Diagnose: Die Kupplung musste erneuert werden.

»Bis wann schaffst du es?«, fragte Max. Manfred ließ sich nicht aus der Ruhe bringen. »Ich muss mir das genauer ansehen und die Teile bestellen. Frühestens Anfang nächster Woche.«

»Da ist wohl nichts zu machen«, sagte ich zu Manfred. »Können wir ein Leihauto bekommen?«

Er schüttelte den Kopf. »Tut mir leid. Die sind schon mit anderen Kunden unterwegs. Wollt ihr heute noch nach Regensburg zurück?« Er warf einen skeptischen Blick auf unser Kennzeichen. Ich schüttelte den Kopf. »Nein, wir müssen erst mal zurück zum Bergwirt in Sesslfing.«

»Ach so. Da fährt unser Azubi euch gerne hin. Felix?«, rief er, griff in seine Hosentasche und klimperte mit einem Schlüsselbund. Einen Augenblick später trat ein junger Mann durch die Seitentür in die Werkstatt; er sah aus, als hätte er erst seit wenigen Tagen den Führerschein. »Ja, Chef?« Sein Blick wanderte hin und her zwischen dem Schlüsselbund und uns beiden, Max und mir. Als Manfred mit dem Kinn auf eine metallicblaue Limousine deutete, erschien ein Lächeln auf Felix' Gesicht. »Bring die Kunden bitte nach Sesslfing«, sagte Manfred und wir stiegen ein. Ich vorne, Max hinten. Die Türen schlossen sich mit einem gedämpften Schmatzen, ich sank sofort tief in die Polster. Alles roch neu. Felix startete das Auto mit einem breiten Grinsen auf dem Gesicht. Sein Fahrstil war tadellos, vorausschauend und nicht zu schnell. Ich fühlte mich sicher. Langsam drang die Erkenntnis zu mir durch, dass unsere Arbeit unterbrochen war und ich mich entscheiden musste: nach Hause fahren und das unliebsame Gespräch mit Daniel führen oder hierbleiben und mich meiner Familiengeschichte stellen? Je näher das Waldstück mit der Abzweigung kam, desto klarer wurde mir, dass ich nicht einfach vorbeifahren konnte. Schon auf dem Hinweg hatte ich die Anziehungskraft gespürt. Wenn ich jetzt nicht hinging, würde ich vielleicht nie wieder den Mut dafür aufbringen. Also sagte ich: »Ich möchte aussteigen.«

Hinter mir gab Max einen überraschten Laut von sich und Felix ging vom Gas. »Mitten im Wald? Wir sind doch noch gar nicht …«

»Da vorne an der Abzweigung zum Brunnerhof«, sagte ich. »Sehen Sie das Schild?«

Statt einer Antwort setzte Felix den Blinker und fuhr rechts ran. »Wenn Sie meinen«, sagte er und drehte sich zu Max um. »Aber Sie wollen schon noch mitfahren, oder?«

»Ist das dein Ernst?«, fragte Max, und ich nickte. »Ich komme zu Fuß nach. Ist ja nicht weit.« Ich öffnete die Tür.

Da hörte ich Max sagen: »Danke dir, Felix. Ich steige auch aus. Du kannst ja allein noch eine Runde drehen.« Er pfriemelte einen Zehner aus einer seiner vielen Hosentaschen und reichte ihn dem jungen Mann. Dann standen wir allein im Wald. Ich fühlte mich überraschend gut. Weil ich wusste, dass ich endlich das Richtige tat. Ich versuchte, zu ignorieren, dass mein Herz wie wild klopfte. Und dass Max neben mir stand. Wollte ich ihn dabeihaben? Ich wusste es nicht. Mein Kopf war leer, meine Füße setzten sich von selbst in Bewegung.

## Auf dem Brunnerhof

»Wo willst du hin?«, fragte er. Ich spürte das Gewicht meines Rucksacks an den Schultern. Darin die Brotzeit und die Thermoskanne. Meine Füße steckten in robusten, gut eingelaufenen Turnschuhen und die Sonne schien. Der perfekte Tag für eine Wanderung.

»Zu meinem Elternhaus«, sagte ich. »Eigentlich war ich am Wochenende mit meiner Tante Christa verabredet, um nach dem Rechten zu sehen, aber jetzt, wo unser Auto kaputt ist …«

»Verstehe«, behauptete Max. »Im Moment wohnt wohl niemand mehr dort?« Ich schüttelte den Kopf. »Mein Vater ist vor einer Weile gestorben. Wir hatten etliche Jahre keinen Kontakt, aber ich will ein letztes Mal vorbeischauen, bevor ich das Erbe ausschlage. Du kannst gern mitkommen, wenn du willst.«

»Ja. Will ich. Zufällig habe ich heute nichts mehr vor.«

»Wir sollten Daniel anrufen.« Wenn ich Daniel sagte, dass Max neben mir stand, würde ich das Gespräch auf Berufliches beschränken können. Doch er winkte ab: »Hab ich schon. Ich hoffe, das ist okay für dich. Wenn ich mit einem anderen Helfer unterwegs bin, ist das ja auch mein Job.«

Ich war dankbar für den Aufschub, auch wenn ich mich feige fühlte. Aber ich konnte nicht alles Schwierige auf einmal erledigen.

»Ja, klar. Was hast du mit ihm ausgemacht?«, fragte ich so beiläufig wie möglich, während ich meinen Rucksack zurechtzurrte und wir langsam nebeneinander hergingen.

»Er kümmert sich um ein Ersatzfahrzeug und Ablösung für dich. Er meldet sich morgen noch mal.«

»Wer sagt, dass ich abgelöst werden möchte?«

Max antwortete nicht, stattdessen marschierte er zügig dahin. Dabei ließ er locker die Arme vor und zurückschwingen, als hätte er Walkingstöcke in der Hand; sein Rücken blieb kerzengerade. Er wirkte so konzentriert, dass ich grinsen musste. Ich verkniff mir eine Bemerkung. Das war auch gut so, denn obwohl ich selbst eine leidenschaftliche Spaziergängerin war, brachte mich das straffe Tempo außer Atem. Max schien es zu merken, denn nach einer Weile wurde er langsamer. Bald ging die Straße in einen geschotterten Waldweg über. Buchen und Fichten warfen ihren Schatten auf uns, die Vögel zwitscherten und ich dachte an die vielen Male, die ich hier auf dem Heimweg von der Schule entlanggelaufen war. Jetzt führte uns der Weg aus dem Wald heraus und wand sich zwischen sommerlichen Feldern hindurch. Es war schon später Vormittag und so heiß, dass ich schwitzte, doch das gehörte für mich zum Sommer. Links von uns wuchs Weizen, rechts trocknete Heu auf einer Wiese. An den Rändern wuchsen Kornblumen und roter Mohn. Überall summte und zirpte es. Es duftete nach Getreide, Heu und Erde. Ich liebte diesen Duft und ich liebte diesen Ort, trotz allem, was geschehen war. Wie hatte ich das jahrelang vergessen können? Ich hatte es vergessen müssen, um weiterzuleben. Vielleicht musste ich mich jetzt aus dem gleichen Grund erinnern.

»Idyllisch«, sagte Max neben mir. »Das ist bestimmt ein seltsames Gefühl nach so langer Zeit.«

Erstaunlich, wie Max meine Stimmung erspürte. Es sei denn … »Hat Daniel sonst noch etwas gesagt? Über mich zum Beispiel?«

Die Art, wie Max einatmete und sich mit seiner Antwort Zeit ließ, machte mich nervös. Dann sagte er: »Das klärst du besser mit ihm selbst. Er macht sich Sorgen um dich.«

Ich blieb ruckartig stehen. »Aha. Hat er auch verlauten lassen, warum?« Jetzt wollte ich es genau wissen. Aber Max wand sich, als hätte ich ihm glühende Kohlen vor die Füße geworfen.

»Er sagte, dass ihr euch gestritten habt. Und dass du im Moment nicht so … stabil bist.«

»Wie bitte?«, platzte es aus mir heraus. Wie konnte Daniel mir so in den Rücken fallen? Schließlich war er schuld an meinem Zustand und es traf mich schwer, dass er mich unserem Mitarbeiter gegenüber als instabil bezeichnete. Es ließ mich schwach und unzuverlässig erscheinen. Ich spürte, wie meine Autorität als Chefin davonschwamm. Falls sie jemals vorhanden gewesen war.

»Und du sollst mich im Auge behalten, oder wie?« Meine Stimme bebte, und ein Teil von mir fühlte sich zurückversetzt in die Zeit nach Melanies Verschwinden. Die Zeit, als ich noch mit meinem Vater zusammengelebt hatte, meine Mutter mich verlassen hatte und ich am liebsten sterben wollte. Dass ich jetzt hier war, so dicht an meiner Vergangenheit und mit Daniels Verrat im Rücken, fühlte sich schrecklich an, aber nicht halb so bedrohlich. Ich war erwachsen und viel stärker als damals. Von wegen instabil!

Max schaute mich mit gerunzelter Stirn an. »Ich lasse mich nicht in eure Probleme reinziehen. Ich mache, was ich für richtig halte, und Daniel weiß das auch. Ich wäre nicht hier, wenn ich nicht hier sein wollte.«

»Und warum willst du hier sein?«

Er zuckte mit den Schultern und schaute nach oben in den blauen Himmel. »Die Sonne scheint, die Luft ist herrlich«, sagte er. Er sah mich an und schmunzelte, eine Gesichtshälfte im Schatten und die andere von der Sonne beschienen. Das betonte die Asymmetrie seines Gesichts, bis hin zur Farbe seiner Augen: Das Schattenauge erschien dunkel und unergründlich, das andere leuchtete beinahe golden. Auch ich trug zwei Seiten in mir. Die dunkle und die andere, die mehr und mehr ans Licht trat. Sie war stark und speiste sich aus meinen ersten, unbeschwerten Kindheitsjahren, aus den blühenden Feldern und Wiesen und aus diesem Sommerduft, der für immer unter meiner Haut gespeichert war. Auch das war ein Teil von mir, der Teil, der sich nicht beugen ließ, egal was das Leben mir servierte. Es würde irgendwie weitergehen, mit oder ohne Daniel und die Firma. Ich merkte, dass ich lächelte, während Max seinen Rucksack abnahm und eine Sonnenbrille herausholte. Ich nutzte die Gelegenheit, um einen Schluck zu trinken. Vielleicht war es genau richtig, mit jemandem zu meinem Elternhaus zu gehen, der meine Geschichte nicht kannte.

»Danke«, sagte ich. »Lass uns gehen. Es ist nicht mehr weit.«

Der Weg schlängelte sich weiter durch die Felder. An der nächsten Biegung stand eine Gruppe mit Birken, deren Kronen sich ganz sacht bewegten. Im nächsten Moment blies auch uns ein warmer weicher Wind entgegen. Er kam vom Tal herauf, auf das wir jetzt zugingen. Der Weg wurde abschüssiger, und als wir die Bäume hinter uns gelassen hatten, kam der Hof in Sicht, die Berge wie ein Breitwandfilm im Hintergrund. Ich ging immer langsamer und blieb schließlich stehen.

»Ist das dein Elternhaus? Ich hatte mir einen imposanten Vierseithof vorgestellt«, sagte Max.

»Dann muss ich dich leider enttäuschen.« Unter uns reihten sich Wohnhaus, Stall und Scheune nahtlos aneinander. Dahinter gab es noch einen Schuppen, in dem sich auch der Hühnerstall befand. Alles wirkte vertraut. Auch der Garten war noch da. Auf den ersten Blick sah es aus, als lebten hier immer noch mehrere Leute und als wäre Kurt nur mal kurz weggefahren. Vor allem, da ein Flügel des Scheunentors offenstand und mehrere Fahrräder an der Bretterwand lehnten. Womit ich aber gar nicht zurechtkam, war das Mädchen auf dem Hof: Sie trug eine tiefviolette Haremshose und ein ärmelloses orangefarbenes Shirt. Über ihren Rücken fielen dunkelblonde Dreadlocks. Auch ihre Silhouette kam mir schmerzlich bekannt vor, schmal und drahtig. Ich fühlte mich wie in ein Feuerbad getaucht. »Das kann nicht sein«, sagte ich. »Sie sieht aus wie meine Schwester.« Die Person hatte uns den Rücken zugewandt und ging auf die Scheune zu. Dann verschwand sie aus unserem Blickfeld, weil der Torflügel sie verdeckte; das Innere der Scheune war von hier aus nicht einsehbar. Vielleicht fünfzig Schritte trennten uns jetzt noch von der Stelle, an der die Gestalt verschwunden war. Am liebsten wäre ich losgerannt, doch Max hielt mich fest. Erst jetzt merkte ich, dass ich seine Hand genommen hatte.

Er zog mich ein Stück zu sich und sah mich an. Jedenfalls vermutete ich das, denn seine Augen waren nach wie vor hinter der Sonnenbrille verborgen. Wie cool er damit rüberkam, während ich nervös vor ihm herumzappelte. Schließlich breitete sich ein Grinsen auf seinem Gesicht aus. Peinlich berührt zog ich meine Hand weg und schob sie in die Hosentasche, wo sich meine Finger wie von selbst um meinen Schlüsselbund schlossen. Ob der Schlüssel zu meinem Elternhaus noch passte?

»Hörst du das?«, fragte Max. Ich lauschte. Ein leises, rhythmisches Pochen schien von der Scheune her zu kommen. Oder trug der Wind das Geräusch von einem der Nachbarhöfe herüber? Doch als wir fast beim Garten angekommen waren, erkannte ich auch Gitarrenklänge. Gleichzeitig nahm ich den alten, unregelmäßigen Holzzaun wahr, an dem sich Kapuzinerkresse und Wicken emporrankten. Ich sah die abblätternde Farbe an der Hausfassade, die dunkel gestrichenen Fensterrahmen – waren die nicht mal weiß gewesen? –, die verwitterte Eingangstür, die blinden Stallfenster nebenan. Darunter ein Blumenkasten mit den verdorrten Überresten von Geranien. Und schließlich standen wir vor dem Heustadel. Die Musik kam eindeutig von dort, hinter dem offen stehenden Torflügel. Der Rhythmus wurde drängender, eine irische Flöte setzte ein und dann eine Männerstimme, tief und ein wenig rauchig. Die hatte ich schon mal gehört! Auch das Lied kam mir bekannt vor, ein irischer Folksong. Probte hier eine bekannte Band? Eine Frauenstimme kam dazu, klar und schnörkellos. Ich legte die Hand auf das rissige Holz des Scheunentors. Früher war hier nur das Gackern von Hühnern zu hören gewesen. Oder eben das Gebrüll meines Vaters. Es war mir so vorgekommen, als hätte er jegliche Musik gehasst, ganz im Gegensatz zu mir und meiner Mutter. Melanie hatte ihre eigene Musik im Kopf gehabt. Max neben mir wippte mit dem Kopf, sein ganzer Körper bewegte sich im Takt. Er hatte die Augen geschlossen und ein Lächeln lag auf seinen Lippen. Er schien mich völlig vergessen zu haben. Dann brachen die Klänge ab, Gelächter brandete auf. »Lasst uns das noch mal probieren«, sagte eine Frauenstimme, hinter der ich das Mädchen vermutete, das ich eben auf dem Hof gesehen hatte. Es war definitiv nicht Melanies Stimme, natürlich nicht. Die Gitarre setzte wieder ein, während Max zu den Fahrrädern ging, lauter straßentaugliche Mountainbikes. Eines davon war pinkfarben und der Lenker mit Plastikblumen umwickelt, dazwischen eine riesige Hupe. Als Max sie zusammendrückte, quäkte sie so durchdringend, dass mir fast die Ohren abfielen. Was für ein Gegensatz zur Musik!

Von drinnen kamen jetzt aufgeregte Stimmen, das Tor wurde weiter aufgestoßen und wir blickten auf zwei Jungs und ein Mädchen, keiner von ihnen älter als siebzehn. Den Jungen mit der Gitarre kannte ich.

»Noah!«, sagte ich.

»Servus, Alexandra«, sagte er lässig. »Wir spielen schon länger hier. Der Kurt hat es uns erlaubt.«

»Der Kurt«, sagte ich und fühlte mich schwach. Der junge Mann vor mir hatte ihn gekannt. Natürlich hatte er ihn gekannt, in einem so kleinen Ort wie Sesslfing. »Kurt war mein Vater. Er ist vor Monaten gestorben.«

»Ich weiß. Tut mir leid«, sagte Noah. »Aber ich habe seine Schwester getroffen – Christel oder so.«

»Meine Tante Christa.«

»Sie sagte, wir könnten weiterhin herkommen, wenn wir uns dafür ein bisschen um das Haus kümmern.«

»Und das haben wir gemacht. Die Post reingeholt, den Garten gegossen …«, sagte eine Männerstimme aus den Tiefen der Scheune. Erst jetzt fiel mir auf, dass jemand im Halbdunkel auf dem alten Hackklotz saß, eine große Trommel auf den Knien. Die Person mit den Dreadlocks, eindeutig ein junger Mann. Jetzt stand er auf und kam auf uns zu. Er schien der Älteste von ihnen zu sein, ich schätzte ihn auf ungefähr zwanzig. Wie gut, dass ich vorhin nicht auf ihn zugerannt war und ihn mit dem Namen meiner Schwester gerufen hatte!

»Das nennt man wohl Win-win-Situation«, sagte Max und stellte sich vor. »Wir sind uns schon beim Bergwirt begegnet, Noah. Ist der Wirt dein Vater?«

»Ja. Und das hier ist meine Band. Meine Freundin Sanne«, sagte Noah und zog das Mädchen näher zu sich heran. Sie war nicht groß, wirkte aber kräftig, hatte einen Nasenring und sehr kurze rotbraune Haare. Kaum zu glauben, dass diesem geerdet wirkenden Wesen so eine zarte Stimme innewohnte.

»Hast du vorhin gesungen?«, fragte ich, und sie nickte nur. Mir war, als hätte ich sie schon einmal gesehen. Dann fiel es mir ein: gestern, bei Yvonne, auf dem Familienfoto. »Bist du die Tochter von Yvonne und Florian?«, fragte ich sie, und tatsächlich nickte sie wieder. Das Mädchen hatte eine grundehrliche, fröhliche Ausstrahlung, die mich berührte. Kaum zu glauben, dass sie Yvonnes Tochter war. »Deine Mutter und ich waren zusammen in der Grundschule«, erklärte ich. Dann stellte Noah die anderen vor: »Der Mann mit den Dreadlocks ist unser Trommler Valentin. Und Ben ist der Meister der Instrumente. Er spielt nicht nur die irische Flöte, sondern auch Dudelsack und keltische Harfe.«

»Ich lerne noch«, sagte Ben schüchtern. Er schien noch jünger zu sein als die anderen.

»Seinem Vater gehört die Musikschule«, erklärte Noah. »Dort haben wir dich auch aufgegabelt. Oder du uns. Stimmt's, Benni?« Er klopfte dem dunkelhaarigen, schmächtigen Jungen auf die Schulter, und der schaute mit einem unsicheren Lächeln zu Noah auf, als könne er nicht glauben, dass er bei den Großen mitspielen durfte. Dabei hielt Noah offenbar sehr viel von ihm.

»Hat eure Band auch einen Namen?«, fragte Max.

Noah schaute Sanne an. »Wild Flowers«, sagte sie und errötete leicht. Dann fügte sie hinzu: »Wir proben für einen Auftritt.« Ihre Stimme war weich und leise. Nie hätte ich ihr diese großartige kräftige Singstimme zugetraut, wenn ich sie nicht vorhin mit eigenen Ohren gehört hätte. Wie süß das war! Mein Herz floss über vor Rührung – und ein wenig Neid auf all das, was die vier zu haben schienen. Wie jung sie wirkten und wie unbeschwert! So voller Selbstvertrauen und Tatendrang.

Plötzlich sah ich mich selbst mit sechzehn: verdruckst und ängstlich, zurückgezogen in mich selbst. Ich musste schlucken und mein Gesicht sah vermutlich aus, als würde ich gleich weinen. Ich bemerkte es erst, als Noah den Blick abwandte. Dafür kam Leben in Sanne. Vielleicht dachten sie, die Trauer über meinen Vater hätte mich im Griff.

»Wollen Sie sich vielleicht hinsetzen?«, fragte Sanne, und Valentin sagte: »Gute Idee. Wir holen die Liegestühle raus und gehen in den Garten.« Bevor ich wusste, wie mir geschah, hakte Max sich bei mir ein und schlenderte mit mir zum Garten hinüber, während Noah und seine Freunde uns mit den Stühlen überholten.

Den Mittelpunkt des Gartens bildete ein Rosenstock, eingerahmt von Lavendelbüschen. Das Wegekreuz war teilweise überwuchert, aber noch zu erkennen. In einem Viertel wuchs wie eh und je der Phlox mit seinen kräftig pinkfarbenen Blüten, daneben Cosmea und Sonnenhut. Über allem lag ein wunderbarer Duft nach Rosen, Lavendel, Salbei und trockenem Laub, dazu das Summen der Bienen. Das Rankgerüst für die Bohnen war leer, der Boden darunter überwuchert von Gras, aus dem ein Büschel höherer Pflanzen emporwuchs. Sie hatten prächtige fünffingrige Blätter mit sägezahnförmigen Rändern und reichten mir fast bis zur Schulter, manche trugen bereits Blüten. Ich suchte Max' Blick. Er trug immer noch die Sonnenbrille, doch um seinen Mund spielte ein amüsiertes Lächeln. »Ist es das, was ich denke?«, fragte ich ihn leise.

Er zuckte mit den Schultern. »Bist du auf diesem Bauernhof aufgewachsen oder ich?«, fragte er. Dabei bebte er vor unterdrücktem Lachen. Er schien es überaus lustig zu finden, dass die Kids hier Hanf anbauten.

Valentin bemerkte meine Irritation: »Der ist von alleine aufgegangen!«, beteuerte er. »Ich glaube sowieso, dass es

Nutzhanf ist.« Damit stellte er den Stuhl, den er getragen hatte, in die Wiese. Das Viertel des Gartens, in dem Marina früher Salat angebaut hatte, war nun von hohem Gras und Wildblumen überwuchert. Wild Flowers. Valentin ließ sich in den Liegestuhl fallen, Sanne nahm den Sessel daneben.

»Ich hole uns etwas zu trinken«, sagte Noah.

»Du hast einen Schlüssel für das Haus?«, fragte Max.

»Ja, natürlich.«

»Ich auch«, sagte ich. »Ich komme mit.«

Noah nickte zustimmend und Max folgte uns. Ich war die Erste an der Tür. Mit zitternden Fingern holte ich meinen Schlüsselbund heraus. »Mal sehen, ob er noch passt«, sagte ich. Das tat er. Zwei Umdrehungen und ich war drin – im Haus und mitten in meinen Erinnerungen. Es roch noch genauso wie damals: nach einer Mischung aus Heustaub, alten Jutesäcken, Gummistiefeln und einem Hauch von Bohnenkraut. Von allen Gerüchen und Düften, die im Lauf der Jahre durch die Räume gezogen waren, hatte sich das Haus ausgerechnet diese ausgesucht und für immer konserviert. Daran änderte auch der neue Anstrich nichts, ebenso wenig wie an dem schummrigen Licht in der Diele. Ich stolperte über ein Paar Filzhausschuhe, die neben der Eingangstür standen, und hielt mich am Treppengeländer fest. Dort hingen ein Regenschirm und eine verschlissene blaue Arbeitsjacke. Durch die offen stehende Küchentür sah ich die alten Möbel und die Eckbank neben der Wand, an die Marina sich damals gekauert hatte. Fröstelnd wandte ich mich dem Badezimmer zu: immer noch dieselben scheußlichen rosa Fliesen. Und auch im Schlafzimmer hatte sich kaum etwas geändert. Dort stand nach wie vor ein Doppelbett, darauf ein zerknautschtes Kissen und eine aufgeschlagene Bettdecke. Christa hatte mir erzählt, dass Kurt mitten in der Nacht den Rettungsdienst alarmiert hatte und kurz darauf im Krankenhaus an einem Herzinfarkt gestorben war. Auf dem Weg dorthin hatte er Christa als seine nächste Angehörige angegeben, obwohl sie einander seit Jahren nicht mehr gesprochen hatten.

Nur im Wohnzimmer erwartete mich eine Überraschung: Die wuchtige Sofalandschaft und die Eichenschrankwand von einst waren verschwunden. Stattdessen standen dort weiß lackierte Bücherregale, ein Schwingsessel mit einer Wolldecke und ein niedriger Tisch. Darauf eine Lesebrille und eine Schuhschachtel mit Postkarten und Bildern. Es sah gemütlich aus. Ich ging zu dem Tisch und nahm den Stapel sepiafarbener Fotos in die Hand. Auf dem ersten Bild erkannte ich das Haus, nur ohne die Scheune nebenan. Auf dem nächsten stand sie schon, samt einem Richtfestbaum auf dem noch ungedeckten Dachstuhl. Davor eine Gruppe von mindestens fünfzehn Leuten: Männer in Zimmermannskluft, Frauen in dunklen Kleidern, barfüßige Kinder, ein junger Mann mit Akkordeon. In der Mitte Kurts Eltern, die ich nie kennengelernt hatte. Trotzdem wusste ich, dass sie es waren. Verschwommen erinnerte ich mich an ein altes Familienalbum. Auf dem Bild vor mir lächelte mein junger, gut aussehender Opa charmant, meine Oma erwiderte das Lächeln. Die beiden waren unübersehbar einander zugetan. Auf der Rückseite stand eine Jahreszahl: *1936*. Das nächste Foto zeigte meinen Opa in Wehrmachtsuniform und eine Narbe lief quer über seine rechte Wange. Sie endete im Mundwinkel. Seine Augen waren leer, die Gesichtszüge grimmig und hart. Es fiel mir schwer, ihn mit dem glücklichen jungen Mann von dem ersten Foto in Verbindung zu bringen. Doch auf der Rückseite stand sein Name: *Karl 1944, Fronturlaub*. Den Urlaub hatte er vermutlich bekommen, als mein Vater geboren wurde. Erst jetzt machte ich mir bewusst, dass Kurt bei meiner eigenen Geburt fast vierzig gewesen war und meine Mutter erst fünfundzwanzig. Das Blättern durch die Fotos glich einer Zeitreise, sie schienen chronologisch sortiert worden zu sein. Dazwischen lag eine vergilbte Postkarte mit dem Symbol des Roten Kreuzes an *Meine liebe Resi* – meine Oma. Die Schrift war zittrig und schwer zu entziffern, doch ich begriff, dass sie aus einem russischen Kriegsgefangenenlager kam. Sie war von 1951, sechs Jahre nach Kriegsende. Unvorstellbar.

Schließlich landete ich bei einem quadratischen Farbbild, darauf mein Vater mit Lederjacke und eine junge Frau im roten Minikleid. Sie standen neben einem VW Käfer und schauten kühl in die Kamera. Wer war das? *Ariane und ich*, hatte mein Vater mit blauem Kugelschreiber auf die Rückseite geschrieben. Neben dem Namen der Frau ein schwarzes Kreuz, das offensichtlich später dazugesetzt worden war. Was bedeutete das? Ich nahm mir noch einmal die Schachtel vor und entdeckte schließlich eine aus der *Deggendorfer Zeitung* ausgeschnittene Todesanzeige, der zufolge am 15. November 1968 eine erst zweiundzwanzigjährige Frau namens Ariane in Passau *durch ein tragisches Unglück* gestorben war und die Beerdigung bereits stattgefunden habe. Um sie trauerten die Mutter, ein Onkel und drei Brüder, der Familienname sagte mir nichts. Und dann gab es noch eine zweite Anzeige, einen Nachruf: *Geliebte Ariane. Du fehlst. Für immer, Dein Verlobter Kurt.*

Was war geschehen? Warum hatte die Familie ihn nicht in ihre Traueranzeige mit eingeschlossen? Weil sie nicht verheiratet gewesen waren? Oder die Familie hatte ihre Beziehung nicht gutgeheißen? Noch etwas, das ich Tante Christa fragen musste.

Wie von weit weg drang Noahs Stimme zu mir: »Ich hole was zu trinken aus dem Keller. Was möchtet ihr: Apfelschorle, Cola, Wasser, Cider … oder ein Bier?« Ich hörte Max lachen. Er stand bei Noah im Hausflur. Sie hatten mich taktvoll mit der Erinnerungskiste meines Vaters allein gelassen, aber es tat mir gut, die beiden in Rufweite zu wissen. Ich legte den Deckel auf die Schuhschachtel und ging zu ihnen.

»Das ist ja eine Auswahl wie bei deinem Vater in der Gastwirtschaft. Ich nehme gern ein Bier«, sagte Max gerade, und ich bat um ein Wasser. Noah nickte und ging die Kellertreppe hinunter, während ich meine Füße auf die Stufen nach oben setzte.

## Das Zimmer meiner Schwester

Ich öffnete die Tür zu meinem Zimmer und auf einmal war ich wieder dreizehn Jahre alt. Staubteilchen tanzten im Sonnenlicht, auf dem Bett lag mein Schlafsack als Tagesdecke und unter dem Dachfenster stand der ausrangierte Küchentisch, an dem ich meine Hausaufgaben gemacht hatte. Auch das Bücherregal und der alte Sessel mit dem Kunstfell darauf: alles noch da. Nur ein paar Bücher hatte ich mitgenommen, meine CDs und meine Klamotten. Ich öffnete den Kleiderschrank. Er war leer bis auf ein paar T-Shirts, Pullover und Hosen, die mir damals schon nicht mehr gepasst oder nicht mehr gefallen hatten. Die Szenerie kam mir so unwirklich vor wie ein Traum. Ich fühlte nichts. Ich hatte einen Zeitsprung gemacht, aber Kurt, Marina und Melanie waren nicht hier, nicht in diesem Zimmer. Da war nur ich. Plötzlich knarzte es hinter mir, ich erschrak. Erst jetzt erinnerte ich mich wieder an Max. Er stand auf der Türschwelle und füllte den kleinen Raum mit seiner Präsenz.

»Soll ich dich lieber allein lassen?«, fragte er. Er hatte die Sonnenbrille ins Haar geschoben und schaute mich unverwandt an. Er lächelte nicht, wartete auf eine Antwort.

Ich schüttelte den Kopf. »Wie aufmerksam du bist«, sagte ich. Er zog die Augenbrauen hoch. Erstaunt vielleicht. Oder verlegen. Kein Wunder. Immerhin war ich seine Chefin. Wir waren geschäftlich nach Sesslfing gekommen und nun standen wir beide in meinem Elternhaus, mitten in meiner Kindheit und Jugend. Nur der Staub und das Poster von Tracy Chapman über dem Schreibtisch verrieten die Zeitspanne, die seither vergangen war.

»Dein altes Zimmer?«, fragte er schließlich.

Ich nickte. »Ich war seit zwanzig Jahren nicht mehr hier. Ich bin nie richtig ausgezogen, nur immer seltener aus dem Internat heimgekommen und irgendwann gar nicht mehr. Melanies Zimmer ist nebenan.«

Ich wunderte mich, wie wenig mich der Besuch in meinem Elternhaus berührte. Ich war wie betäubt. Doch kaum hatte ich die Schwelle zum Zimmer meiner Schwester überschritten, traf mich der Schmerz mit voller Wucht. All die Dinge vor mir zu sehen, die sie berührt, benutzt, besessen hatte – das Schlafsofa, den Kleiderschrank, die raumhohen Regale –, ließ mich spüren, wie sehr ich sie vermisste. Vor allem aber der große Tisch machte mir bewusst, dass sie fehlte. Er war das Herzstück des Zimmers. Wann immer ich an meine Schwester dachte, sah ich sie konzentriert über die Arbeitsplatte gebeugt, mit ernster Miene oder leise lächelnd, vor sich eine technische Zeichnung für die Berufsschule, Skizzenpapier oder eine Handarbeit. Der Tisch, die Regale, jede freie Fläche im Raum war stets bedeckt gewesen von den Materialien und Werkzeugen, mit denen Melanie gern arbeitete. Die Regale waren noch immer voll davon: Zeichenstifte, Pinsel, Farbtuben. Stoffreste, Wolle, Klebstoff, Scheren und Messer. Auffällig geformte und blank polierte Äste, manche davon bemalt. Steine, Federn, sogar Knochen. Dazu Lederflecke, Sisalschnur und Glasperlen. Zangen, Messer und Geräte, von denen ich nicht wusste, wozu sie gut waren. Nur die Arbeitsfläche war leer bis auf ein Stück grob gewebten Stoff und die Staubschicht, die sich auch hier über alles gelegt hatte. Der Schmerz schnürte mir das Herz ab. Ich ballte die Fäuste, dass es wehtat. Max trat neben mich, nahm das Webstück in die Hand und schüttelte es sanft aus. Staub flog auf und ich musste niesen, dann sah ich es mir genauer an. Das Gewebe war dicht und regelmäßig. Es hatte weder eine erkennbare

Funktion noch ein Muster. Braun, Grau, tiefes Grün und helles Blau gingen ineinander über. Wie Himmel, Erde und Wasser. »Interessant. Hat deine Schwester das gemacht?«

Ein Gedanke zog durch mein Bewusstsein, durchdrang die widerstreitenden Gefühle und machte Erinnerungsbildern Platz. »Ja. Lukas hatte ihr einen kleinen Webrahmen vom Flohmarkt besorgt und sie brachte sich selber bei, wie man damit arbeitet.«

Max sah sich suchend um. »Er scheint nicht mehr da zu sein. Oder er ist gut versteckt. Hier herrscht kreatives Chaos, so viel steht fest. Ich möchte wetten, dass deine Schwester Kunsthandwerkerin geworden ist. Stimmt das?«

Ich schluckte. »Ich habe keine Ahnung«, sagte ich, und Max schaute mich wieder einmal fragend an, mit hochgezogener Augenbraue. Ich wich seinem Blick aus. In mir schnürte sich etwas zu. »Lass uns gehen«, sagte ich, doch er rührte sich nicht.

»Was hast du vor?«, fragte er.

»Erst mal raus hier. Meine Kindheit war nicht schön«, sagte ich.

»Möchtest du nichts mitnehmen? Erinnerungsstücke oder Fotoalben? Wenn du das Erbe ausschlägst, kommst du womöglich nie wieder her. Letzte Gelegenheit.« Er drückte mir den gewebten Stoff in die Hand. Die Oberfläche fühlte sich rau an, beinahe hart, war aber trotzdem biegsam. Es tat gut, etwas in Händen zu halten, das Melanie gemacht hatte. Max hatte recht. Ich sollte ich mich noch einmal genau umsehen, bevor ich meinem Fluchtreflex nachgab. Vielleicht fand ich endlich einen Hinweis, wohin Melanie gegangen war.

»Ich wüsste schon gern, wo der Webrahmen ist«, sagte Max. Ich kniete mich auf das Sofa und eine Staubwolke stieg mir entgegen. Ich nieste und beugte mich über die

Rückenlehne, doch dahinter waren nichts als Spinnweben und noch mehr Staub. Währenddessen ging Max neben mir in die Knie. Dabei hielt er den Rücken sehr gerade, seine Bewegungen wirkten angestrengt und zugleich sorgsam einstudiert wie eine Yogaübung. Er schien etwas in der Spalte zwischen dem Sofa und dem Regal entdeckt zu haben. Als er wieder hochkam, hielt er mir eine dicke Kladde entgegen. Zwischen den Seiten steckten lose Blätter. Alles wurde von einem Gummiband zusammengehalten. Ich nahm die Kladde und wischte über den beigefarbenen Einband. *Melanie Brunner*, stand darauf. Wenig überraschend, doch mein Herz klopfte, und der Buchdeckel schien unter meinen Fingern zu pulsieren wie ein magischer Gegenstand. Ich sah mich um, ob es noch mehr davon gab. Die einzigen Skizzenbücher, die ich zwischen Wollresten in einem Regalfach entdeckte, waren noch in Folie eingeschweißt. Die Kladde musste heruntergefallen oder vom Sofa in ihr Versteck gerutscht sein. Und Max hatte sie für mich gefunden.

»Danke«, sagte ich, öffnete meinen Rucksack und schob die Kladde hinein. »Ich sehe sie mir später an«, sagte ich und Max nickte.

Dann fragte er: »Erzählst du mir die ganze Geschichte?«

## Im Wald

Die jungen Leute waren nicht traurig, dass wir schon gehen wollten. Ich versicherte ihnen, dass es auch für mich in Ordnung war, wenn sie sich bis auf Weiteres hier trafen, aber ganz wohl war mir bei der Sache nicht. Was, wenn sich jemand an den alten Landmaschinen und Geräten verletzte oder aus Übermut im Heustadel herumkletterte und herunterfiel? Ich musste dringend mit Tante Christa darüber sprechen. Noah schenkte uns zwei Flaschen Birnencider zum Abschied. Dann machten wir uns wieder auf den Weg. Es war früher Nachmittag, die Sonne brannte vom Himmel und meine Gedanken kreisten immer noch um das Haus. »Ich bin am Wochenende mit meiner Tante hier verabredet, aber eigentlich möchte ich nicht mehr rein«, erklärte ich Max, während ich ihm das hintere Gartentor aufhielt. Von dort aus betraten wir direkt wieder den Wanderweg, der am Hof vorbeiführte. »Im Moment habe ich jedenfalls genug.« Wir ließen das Grundstück hinter uns und liefen schweigend in den Wald. Zwischen den Buchen und Nadelbäumen war es angenehm schattig und kühl, doch der Weg ging bergauf und brachte uns ins Schwitzen. Ich kam außer Atem, Max dagegen lief scheinbar mühelos neben mir her. »Wohin gehen wir?«, fragte er. »Ich könnte bald eine Pause vertragen. Mein Käsebrot ist wahrscheinlich schon geschmolzen.«

»Es ist nicht mehr weit«, schnaufte ich. »Nur noch ein kleiner Anstieg auf die Martinihöhe. Die nächste Bank ist unsere.« Nach einer viertel Stunde wurde es lichter zwischen den Bäumen und tatsächlich kam eine Bank in Sicht. Sie lag noch im Schatten und bot einen grandiosen Ausblick auf die Berge und ins Tal. Erschöpft ließ ich mich darauf fallen und schnürte meine Schuhe auf. Meine Füße kochten. Max tat es mir gleich und stellte seine Stiefel diskret zur Seite. Wir zogen auch die Socken aus und hielten unsere nackten Füße in die frische Luft.

»Schön hier«, sagte Max und öffnete seinen Rucksack. »Die Brotzeit haben wir uns verdient.«

Max holte sein Käsebrot heraus und ich meine Buttersemmel, ein Ei vom Frühstückstisch und einen Apfel, der nach Rosen duftete. Dazu tranken wir den Cider. Die Flaschen waren noch so kalt, dass sie beschlugen. Nach einigen Schlucken kam mir die Welt viel freundlicher vor, der Besuch in meinem Elternhaus wie ein ferner, verwirrender Traum. Da fragte Max: »Hast du dich mit deiner Schwester zerstritten?«

Ich schüttelte energisch den Kopf. »Nein, schlimmer. Danke, dass du mitgekommen bist.«

»Was meinst du mit schlimmer?«

»Meine Schwester ist vor dreiundzwanzig Jahren verschwunden. Niemand weiß, wo sie ist. Ich vermute, dass es mit unserem Vater zu tun hat. Er war ein Tyrann. Ich bin froh, dass er tot ist.« Anders als Daniel zuckte Max nicht zusammen und ließ auch kein Entsetzen erkennen wie Lukas. Er schaute mich nur interessiert an. Also redete ich weiter. Ich erzählte ihm alles, bis hin zu meinem Verdacht, dass Melanie bei dem Kiesgrubeneinsturz ums Leben gekommen sein und Kurt etwas damit zu tun haben könnte.

»Ist die Grube in der Nähe?«, fragte er dann.

Ich nickte. »Vielleicht eine halbe Stunde von hier. Liegt auf dem Heimweg.«

»Dann sollten wir sie uns ansehen. Aber kommt es dir nicht komisch vor, dass der Webstuhl weg ist und wir nur dieses eine Skizzenbuch gefunden haben? Falls Melanie die Sachen mitgenommen hat, spräche das doch sehr dafür, dass sie geplant weggegangen ist.«

»Ich weiß nicht. Vielleicht hat Kurt die Sachen weggeworfen. Oder meine Tante Christa.«

Ich versuchte, mich an Melanies Zimmer zu erinnern. Wie es ausgesehen hatte an dem Tag nach ihrem Verschwinden und dem schlimmen Streit meiner Eltern. Doch die Zeit danach verschwamm zu einem endlosen grauen Strom von Tagen. Ich hatte funktioniert, aber kaum etwas wahrgenommen. Die Schule war ein Lichtblick in dieser Zeit, dort lief alles weiter wie immer und bald konnte ich mich auch wieder auf den Lernstoff konzentrieren, ich stürzte mich sogar mit Eifer darauf. Das Lernen war etwas, womit ich meine düsteren Gedanken im Zaum halten und woran ich mich festhalten konnte. Meine Noten waren besser denn je.

»Vielleicht hast du auch recht. Man konnte den Webstuhl zusammenklappen. Sie hatte sich sogar eine Tasche dafür genäht«, überlegte ich, denn ich wollte Max gern glauben. Dann sah ich wieder das aschgraue, wutverzerrte Gesicht meines Vaters vor mir. Fühlte den eisernen Griff um meine Oberarme und die Todesangst um mich selbst und meine Mutter, die ich in dem Moment empfunden hatte. Trotzdem konnte ich mir nicht verzeihen, dass ich Kurt damals gesagt hatte, wohin Melanie gegangen war.

»Ich habe sie verraten!« Mein Hals schnürte sich zu, gleichzeitig kam ein Seufzer tief von innen und in meinem Hals bildete sich ein Kloß. Ich stand auf und drehte mich um. Max sollte nicht sehen, dass ich mit den Tränen kämpfte. Daniel wirkte immer peinlich berührt, wenn ich weinte. Außerdem hatte ich Angst, im Schmerz unterzugehen, sobald ich damit anfing. Doch dann spürte ich Max' Hand auf meinem Oberarm. Genau dort, wo Kurt mir damals blaue Flecken beigebracht hatte. Wie anders diese behutsame Berührung war! Auf einmal konnte ich nicht mehr anders, als meinen Gefühlen freien Lauf zu lassen. Ich drehte mich zu Max und hielt mich an ihm fest. Ein Augenblick des Zögerns, dann schlossen sich seine Arme um mich und es war mir egal, dass ich verschwitzt und klebrig war und Rotz und Tränen auf sein T-Shirt tropften. Max sagte nichts, er wiegte mich nur sanft hin und her. Nach und nach beruhigte ich mich und irgendwann löste ich mich von ihm.

»Du kannst gut trösten. Danke«, sagte ich. Er reichte mir ein Taschentuch.

»Als Vater lernst du das. Vor allem, wenn eins deiner Kinder besondere Eigenschaften hat.« Er lächelte, doch da war auch ein wehmütiger Zug um seinen Mund und seine Augen.

»Du meinst deine Tochter? Erzähl mir mehr von ihr«, bat ich. Er setzte sich auf einen Baumstamm und atmete tief durch.

## Max

Max hatte keine Ahnung, wo er beginnen sollte. Er wusste überhaupt nicht, wohin mit sich. Was hatte er sich dabei gedacht, Alexandra in den Arm zu nehmen? Den ganzen Tag über war sie ihm schon so nah. Erst im Abschleppwagen und später auf dem Hof, im Zimmer ihrer Schwester. Er hatte ihre Verzweiflung gespürt und die Last ihrer Familiengeschichte. Sie hatte ihn behandelt wie einen guten Freund, der ihr zur Seite stand und den sie sicherlich gebrauchen konnte. Warum war Daniel nicht hier, bei seiner Partnerin? Warum hatte er zugelassen, dass sie sich all dem allein aussetzte? Dann erinnerte Max sich an Alexandras abweisende Reaktion, als sie gestürzt war. Sie konnte einen durchaus auf Abstand halten. Doch jetzt hatte sie nicht mehr die Kraft dazu. Sie brauchte Unterstützung und vertraute darauf, dass seine Umarmung vollkommen unschuldig war. Frei von den Hintergedanken, die ihn jetzt quälten: Dass er sie gern noch einmal berühren, ihr noch näher kommen würde. No way! Bestimmt bedeutete es nichts. Er war es bloß nicht mehr gewohnt, mit jemandem so viel Zeit zu verbringen außer mit seinen Kindern oder auch mit Bruno, seinem Arbeitskollegen. Allerdings hatte er noch nie das Bedürfnis gehabt, Bruno zu umarmen. Oder doch: ungefähr letztes Jahr um diese Zeit, als sie zusammen miterleben mussten, wie Deutschland schon in der Vorrunde aus der Fußball-WM ausschied. Ein trauriger Moment, sie waren beide sehr enttäuscht gewesen. Aber natürlich nicht vergleichbar mit dem, was Alexandra ihm eben erzählt hatte. Max hatte ein liebevolles Elternhaus gehabt, doch er wusste, was es hieß, in ein Loch zu fallen und sich wieder daraus emporzukämpfen.

»Als man mir Amelie zum ersten Mal in den Arm legte, war ich hin und weg. Aber für manche Dinge war es zu spät.« Er sah auf und blickte in Alexandras dunkle Augen.

»Wie meinst du das?«, fragte sie. »Wofür war es zu spät?«

»Für eine heile Familie. Meine Frau und ich haben uns vor ihrer Geburt getrennt.«

Alexandra sah ihn weiterhin fragend an.

»Ich war damals ziemlich angeschlagen.« Noch immer stieg Bitterkeit in ihm auf, wenn er daran dachte. »Ich hatte einen Unfall. Bin einfach vom Dach gefallen, auf der Baustelle meines Bruders. Dabei war ich viele Jahre lang Gerüstbauer und weiß, wie man sich in der Höhe bewegt. Trotzdem ist es passiert.« Er konnte sich immer noch nicht erklären, wie es dazu gekommen war, erinnerte sich aber genau an seine grenzenlose Verwunderung, als er den Halt verlor und über die Dachziegel rutschte. Das Gefühl von Kontrollverlust, bevor er unten aufkam und ohnmächtig wurde. Die alte Sicherheit war nie zurückgekehrt. »Einer dieser blöden Augenblicke im Leben, die es eigentlich nicht geben dürfte. Ein kurzer Moment der Unachtsamkeit, den man sein Leben lang bereut.«

»Das tut mir leid. Hat die Narbe an deinem Rücken etwas damit zu tun?«, fragte sie. »Ich hab sie neulich abends gesehen. Als du deine Yogastunde beendet hast.«

»Ja. Ich hatte mehrere Operationen, war ewig lang auf Reha. Aber es wurde nicht mehr richtig gut. Irgendwann war klar, dass ich meinen Beruf aufgeben muss, dabei hatte ich den wirklich gern gemacht und konnte auch nichts anderes. Ich hatte ständig Schmerzen. Zur gleichen Zeit machte meine Frau ihren Bachelor in Hörakustik. Wir waren ja früh Eltern geworden und jetzt startete sie beruflich durch, während ich nicht wusste, wie es bei mir weitergehen sollte. Ein paar Monate später wurde sie schwanger …«

»Und deine Rolle als Hausmann war besiegelt«, stellte Alexandra fest und grinste. Ganz schön frech, aber sie hatte den Nagel auf den Kopf getroffen.

»Bis dahin sah ich mich immer als Ernährer«, sagte Max. »Ich kannte es nicht anders. Dann war das plötzlich vorbei. Mein Alltag bestand nur noch aus Arztbesuchen und Physiotherapie. Dazu der Papierkrieg mit den Versicherungen. Als Britta vorschlug, dass ich mich nach der Geburt um das Baby kümmere und sie Vollzeit arbeiten geht, machte mir das wahnsinnig Angst. Durch die lange Krankheitsphase traute ich mir nichts mehr zu, schon gar nicht die Verantwortung für so einen kleinen Menschen. Ich fürchtete, dass ich mein Kind nicht tragen kann oder es sogar fallen lasse, wenn eine Schmerzattacke kommt. Und dann erfuhren wir bei der Vorsorgeuntersuchung auch noch, dass Amelie behindert sein würde.«

Alexandra schluckte. Offensichtlich gingen ihr seine Worte sehr nah.

»Am gleichen Abend zog ich mit einem Kumpel um die Häuser. Statt für Britta und meine Familie da zu sein, kam ich erst am Morgen heim und sagte ihr, dass ich das Kind nicht will. Kurz nach dieser Episode haben wir uns getrennt.«

So. Jetzt war es raus. Er hatte diese Geschichte noch nie jemandem in allen Einzelheiten erzählt. Auch nicht seinem Bruder, der sich ohnehin schuldig fühlte, weil der Unfall auf seiner Baustelle passiert war. Max beobachtete Alexandras Gesicht. Versuchte, herauszufinden, was sie dachte.

»Anscheinend hast du dich dann aber doch als Papa zur Verfügung gestellt.« Das sagte sie ganz trocken und mit diesem leisen, liebevoll-spöttischen Lächeln, das er nun schon an ihr kannte. Und das er mochte. Es war ihm lieber als Betroffenheit. Er nickte.

»Ja. Als Amelie auf die Welt kam, war alles so viel einfacher, als ich gedacht hatte. Es ging mir gesundheitlich besser und ich fand eine Wohnung in der Nähe, sodass ich mir die Betreuung mit Britta teilen konnte. Amelie hat eine leichte Form des Downsyndroms, bekommt spezielle Förderung und wird später wahrscheinlich einen Beruf erlernen und ein selbstständiges Leben führen können.«

»Das klingt doch großartig. Wie kommt ihr jetzt miteinander klar, deine Exfrau und du?«, wollte Alexandra wissen.

»Manchmal glaube ich, besser als vor der Trennung. Das war lange Zeit schwierig für mich. Ich hoffte, wir könnten wieder zusammenkommen. Aber dann lernte sie ihren jetzigen Partner kennen. Deshalb habe ich mich in den Süden beworben. Ich brauchte Abstand.« Er stand auf, holte die Zigaretten und das Feuerzeug aus seinem Rucksack und zündete sich eine Zigarette an. Er nahm mehrere tiefe Züge und stieß langsam den Rauch aus. »Ich bin also schon wieder weggelaufen. Britta braucht mich jetzt nicht mehr, aber wegen Amelie tut es mir leid.«

»Hast du auch wieder jemanden gefunden?«, fragte Alexandra. Himmel, wo sollte dieses Gespräch denn noch hinführen? Er hatte nie eine Therapie gemacht, aber das hier kam dem schon ziemlich nahe, fand er.

»Ja, meine Yogalehrerin«, sagte er knapp. »Aber es hielt nicht lang. Wegen meiner ständigen Rückenschmerzen.« Er ärgerte sich immer noch, wenn er an Saskia dachte. An ihr bezauberndes Gesicht mit dem harten Zug um den Mund, als sie mit ihm Schluss machte. »Ihre Worte waren: ›Ich kann einfach nicht mit einem Behinderten zusammenleben.‹« Ein kratziges Lachen brach aus ihm heraus, er konnte es nicht verhindern. Jetzt war es Alexandra, die einen Schritt auf ihn zu machte, doch sie berührte ihn nicht. Stand einfach nur da und hörte zu. »Wahrscheinlich habe ich das verdient«, sagte er.

»Nein, das hast du nicht«, sagte sie. »Du hast genug mitgemacht.«

»Das sagt Britta auch. Aber ich kann mir selber nicht verzeihen. Blöd, was?«

»Nein, gar nicht blöd. Nur menschlich. Ich bewundere dich. Immerhin hast du zwei Kinder großgezogen.«

»Amelie ist noch längst nicht erwachsen. Sie fehlt mir«, sagte Max. Und deshalb will ich auch wieder zurück, hätte er beinahe hinzugefügt. Stattdessen drehte er sich weg. Er hatte genug von sich gesprochen. »Gehen wir weiter?«, fragte er, drückte die Kippe am Rand einer Pfütze aus und legte sie in seine leere Brotzeitdose. Mit etwas gutem Willen würde das die einzige Zigarette heute bleiben. Er bückte sich und angelte nach seinen Schuhen.

## Die Kiesgrube

Ich sah mich noch einmal um und nahm Abschied von diesem Ort. Vom harzigen Duft der Bäume und der Feuchte, die aus dem Wald strömte, während ich auf der sonnigen Lichtung stand. Von der Aussicht ins Tal und der Bergkette in der Ferne. Das hier war einer meiner Lieblingsplätze. Aber ich würde wohl so bald nicht wiederkommen, vielleicht nie mehr. Als ich mich nach Max umdrehte, war er schon ein gutes Stück voraus. Vielleicht flüchtete er vor mir, vor unserer ungewohnten Nähe. Es hätte mich nicht gewundert. Erst hatte ich ihm meine Familiengeschichte aufgetischt, mich ihm heulend in die Arme geworfen und ihn dann auch noch nach seinem eigenen Leben ausgefragt. Vielleicht war er aber auch erleichtert, die Geschichte jemandem erzählen zu können. Wie sehr ich es ihm nachfühlen konnte, dass er damals vor der Verantwortung Reißaus genommen hatte! Mir jagte ja schon die Aussicht auf ein gesundes Kind eine Riesenangst ein. Doch da meldeten sich zum ersten Mal Zweifel in mir. Natürlich wäre ich in der Lage, ein Kind aufzuziehen, oder nicht? Immerhin war ich gesund, hatte Geld und einen Ehemann. Bis vor einer Woche zumindest war das die Ausgangslage gewesen. Jetzt war es zu spät, über ein gemeinsames Kind nachzudenken. Warum hatte ich nicht früher versucht, in diese Rolle hineinzuwachsen? Andere schafften das doch auch. Ich spürte ein schmerzhaftes Ziehen im Bauch, eine Mischung aus Trauer und Wut. Warum hatte Daniel mir nie gesagt, dass er sich so sehnlich Kinder wünschte? Inzwischen war ich mir fast sicher, dass er bereit sein würde, einen größeren Anteil an der Erziehungsarbeit zu übernehmen als ich.

Ich holte Max bald ein. Wie jeder verantwortungsvolle Bergwanderer war er an der nächsten Abzweigung stehen geblieben, um auf mich zu warten. Er stand unter einem Wegweiser mit dem Symbol eines Schachtelhalms. Daneben stand: Sesslfing 40 Min. Ich musste lachen: »Anscheinend ist der Tourismus jetzt auch offiziell in Sesslfing angekommen.«

»Dann ist die Gegend so was wie ein Geheimtipp?« Max schüttelte den Kopf, als könne er es kaum glauben, und grinste dabei. »Mir gefällt es hier. Wirklich.«

Zunächst ging es weiter bergab durch den Wald, der mehr und mehr von Kiefern dominiert wurde. Der Boden war sandig und knochentrocken. Schließlich lichteten sich die Bäume und gaben den Blick auf eine Wiese frei. Unser Weg mündete in eine mit harten Gräsern überwucherte Fahrspur, die Markierung wies nach links. Hier war schon lange kein größeres Fahrzeug mehr unterwegs gewesen, doch unter den Grashalmen hatten sich Reifenspuren tief eingegraben. Meine knöchelhohen Wanderstiefel machten sich bezahlt, denn ich knickte mehrmals um. Als ich in etwa hundert Meter Entfernung einen Zaun entdeckte, wurden meine Beine immer schwerer. Ich konnte kaum noch einen Fuß vor den anderen setzen. Max, der hinter mir ging, bemerkte es und fragte: »Was ist los? Hast du dir den Fuß verknackst?«

Ich schüttelte den Kopf. »Ich bin ein bisschen müde, aber es ist ja nicht mehr weit.« Als wir auf einen etwas breiteren, geschotterten Weg stießen, wusste ich, dass wir uns der Kiesgrube näherten. Der Untergrund wurde härter, der Bewuchs spärlicher. »Das muss die alte Baustraße sein«, erklärte ich. Trotz der Hitze begann ich zu frösteln.

»Und was wurde aus dem Deponieprojekt?«, fragte Max.

»Es wurde gestoppt, offiziell wegen Unwirtschaftlichkeit. Aber ich denke, die Proteste hatten ihren Anteil daran.«

Jetzt waren wir am Zaun angekommen. Der Weg führte direkt daran vorbei und auf der anderen Seite wuchsen Sträucher. Grillen zirpten, Schmetterlinge flogen auf. Längst hatte die Natur hier wieder die Oberhand gewonnen. Die Abbruchkante war hinter dem Idyll nur zu erahnen. Ein paar Schritte weiter öffnete sich das Dickicht und gab den Blick frei. Den Hang selbst konnten wir nicht einsehen, aber das Gelände musste steil abfallen, um den gut zehn Meter unterhalb gelegenen Grund der Grube zu erreichen. Der Boden war uneben und von riesigen Reifenprofilen durchfurcht, das sah ich auch von hier aus. Hunderte von Metern entfernt führte das Abbaugebiet über eine niedrige Böschung in den angrenzenden Wald. Die Grube bildete einen Einschnitt in den natürlich gewachsenen Hang. Eine Narbe in der Landschaft, karg und kahl wie die Oberfläche eines fremden Planeten. Wären da nicht die Büsche und Bäumchen gewesen, die sich vereinzelt auf dem mageren Boden angesiedelt hatten. Hier und da wuchsen sogar Margeriten. Max hatte seine Sonnenbrille wieder aufgesetzt und scannte das Gelände ebenso aufmerksam wie ich.

»Schade, dass man nicht näher rankommt«, sagte er und ließ den Blick am Zaun entlangwandern.

»Du willst doch nicht rüberklettern?«, fragte ich und merkte, wie leichte Panik in mir aufstieg. Am Zaun hingen mehrere Warnschilder.

»Nicht wirklich. Ein Absturz im Leben reicht.« Er schüttelte sich und wollte weitergehen, doch ich konnte mich noch nicht von diesem Ort lösen.

»Geh schon mal vor. Ich möchte ein paar Minuten hierbleiben«, sagte ich.

Seine Augen waren hinter der Sonnenbrille verborgen, aber ich war mir sicher, dass er mich scharf ansah und überlegte, ob er mich allein lassen konnte. Dann sagte er: »Okay. Wir sehen uns heute Abend.«

Ich schaute ihm nach, bis er im Wald verschwunden war, der hinter dem Zaun begann. Er ging immer noch aufrecht, aber seine Bewegungen wirkten eckig. Vielleicht schmerzte sein Rücken wieder.

Ich setzte mich auf einen Baumstamm und holte meine Wasserflasche heraus. Bis auf das leise Geräusch, das der Wind in den Grashalmen und im Gebüsch verursachte, und das Zirpen der Grillen war es still. Trotz des Einschnitts in der Landschaft war es immer noch ein idyllischer Ort. Melanie war hier gewesen, vielleicht genau an der Stelle, wo ich jetzt saß. Damals hatten hier noch Bäume gestanden. Sie waren der Baustraße zum Opfer gefallen, doch wenigstens lagerte hier kein Müll. Stattdessen wurde er in weiter entfernten Anlagen verbrannt. Ob das besser war? Das glaubte ich nicht. Deshalb bemühte ich mich immer, möglichst wenig Abfall zu erzeugen. Melanie war radikaler gewesen als ich. Sie hatte schon damals Kunststoffe gemieden und darauf hingearbeitet, alles, was sie brauchte, selbst herstellen zu können. Seien es Möbel, Essen oder Kleidung. Sie hatte Lukas dafür geliebt, dass er kochen und Holz bearbeiten konnte, und sich einiges von ihm abgeschaut. Und er hatte gewusst, dass er ihr mit dem Webstuhl eine viel größere Freude bereiten konnte als mit einem Ring oder einer Kette. Ich holte das Webstück heraus und legte es vor mir auf den Boden. Mit seinen Farben von Erde, Gras und Himmel passte es perfekt hierher. Aber ich hatte ja noch einen größeren Schatz geborgen. Das Skizzenbuch. Mit zitternden Fingern löste ich das Gummiband. Und da waren sie: Bleistiftzeichnungen, wie ich sie früher schon von Melanie gesehen hatte. Sonnenblumen in Marinas Garten, eine alte Bank, Ackerfurchen und Lukas' Gürtel mit dem Zimmermannswerkzeug. Die scharfe Skizze eines Dachstuhls, ähnlich den technischen Zeichnungen, die Melanie im Büro der Schorndorfers anfertigte. Dazwischen hatte sie immer wieder ausschließlich mit Farbe gearbeitet, die Motive waren nur schemenhaft zu erkennen. Kaum zu glauben, dass die Bilder von ein und derselben Person stammten. In der Mitte des Buches hatte sie dann eine Doppelseite dazu benutzt, um mehrere Techniken in einem Bild anzuwenden. Im Vordergrund sah man eine mit spitzem Bleistift angelegte Mauer, auf der zwei Menschen mit dem Rücken zum Betrachter saßen. Die Mauer musste auf einem Berg stehen, denn weit unterhalb lag die verschwommene Silhouette einer Stadt. Ich kannte sie nicht, aber sie wirkte vertraut – das Licht, die Farben, Kirchtürme mit grünlichen Kupferdächern, ein breiter Fluss und sanfte Hügel drum herum. In der Ferne hohe schneebedeckte Berge. Wo war das? Ganz gleich, wie angestrengt ich auf die Doppelseite starrte, das Bild im Hintergrund blieb unscharf. Unscharf wie Erinnerungen. Als ich umblätterte, stockte mir der Atem: Da war der Hof meiner Eltern, von dem Hügel aus gesehen, auf dem ich heute auch mit Max gestanden hatte. Die Berge in der Ferne sahen drohender aus, als sie in Wirklichkeit waren. Davor grob hingeworfene schwarze Umrisse, aus denen wütende rote Flammen schlugen. Mittendrin eine Gestalt mit Dreadlocks und violetten Hosen, den Mund zum Schrei geöffnet. Die Szene ähnelte meinem Traum vom Wochenende verblüffend.

In diesem Moment klingelte mein Handy. Tante Christa! Obwohl ich mich gerade gar nicht in der Verfassung dazu fühlte, ging ich ran. Ein Teil von mir war froh über die Ablenkung.

»Hallo, Alexandra. Hast du einen Augenblick Zeit?«

»Ja. Ich kann eh nichts arbeiten, unser Auto ist kaputt. Ich bin an der Kiesgrube. Auf dem Rückweg vom Haus.« Ich hörte Christa eine Weile atmen, bevor sie antwortete. Als ob sie meine Worte erst auf sich wirken lassen müsste.

»In Kurts Haus? Du warst schon dort?«, sagte sie dann.

»Ja. Hat sich so ergeben. Sogar mein Schlüssel passt noch.«

»Das ist gut«, sagte Christa. »Ich kann am Wochenende nämlich doch nicht kommen. Ich bin noch in Hamburg, bei einem Freund. Ein ehemaliger Lehrerkollege.« Sie tat so, als hätte ich gewusst, wohin sie gefahren war, und das ärgerte mich. Das und die Tatsache, dass sie mich schon wieder hängen ließ.

»Ja, und?«

»Er … wir standen uns mal ziemlich nah, jetzt haben wir uns zufällig wiedergetroffen. Ich möchte nicht gleich wieder weg.«

Das klang nach einer alten Liebe. Und nach einer zweiten Chance. Ich war beinahe neidisch. Und enttäuscht. »Hast du das nicht vorher gewusst?«, fragte ich.

»Ich kann auf dem Rückweg bei dir in Regensburg vorbeikommen, wenn du reden willst. Für das Haus brauchst du mich nicht.«

»Schon gut«, sagte ich. »Ich habe übrigens die Kids getroffen. Noah und Sanne, Ben und Valentin. Samt ihren Instrumenten.«

»Ja, die machen tolle Musik, nicht? Nebenbei passen sie ein bisschen auf das Haus auf, eine klassische Win-win-Situation.«

»Ist das nicht etwas viel verlangt? Die sind ja alle noch minderjährig. Was, wenn einem dort was passiert?«

»Valentin ist zwanzig. Was soll schon sein? Besser, sie sind auf dem Hof als anderswo.«

»Trotzdem ist mir nicht wohl bei der Sache.«

»Dann musst du es ihnen sagen. Höchste Zeit, dass du dich selbst um alles kümmerst. Es ist schließlich dein Erbe.«

»Und Melanies.«

Christa schwieg.

»Ich war in ihrem Zimmer«, sagte ich. »Es ist fast alles unverändert, genau wie bei mir. Unglaublich, dass er das all die Jahre so gelassen hat. Nur ihr Arbeitstisch ist wie leer gefegt und ihre Skizzenbücher sind weg bis auf eines.«

Christa zögerte. Oder bildete ich mir das nur ein? »Denkst du, jemand von der Band hat sie genommen? Oder ich?«, fragte sie sachlich und ohne den Hauch eines Vorwurfs in der Stimme. Trotzdem fühlte ich mich ertappt.

»Nein, natürlich nicht«, sagte ich. »Ich wundere mich nur. Es wäre schön gewesen, wenn ich einen Hinweis gefunden hätte, wohin sie gegangen ist.«

»Ich mache jetzt Schluss, wir wollen heute noch in die Kunsthalle. Es ist so schön, dass ich Timo wiedergefunden habe und dass er meine Interessen teilt. Er war Kunstlehrer, wie ich.«

Falls Christa mich von dem Thema Melanie ablenken wollte, erreichte sie genau das Gegenteil. Etwas klingelte in mir. Erst jetzt wurde mir bewusst, was Christa und Melanie gemeinsam hatten – die Liebe zur Kunst. »Wie fandest du eigentlich Melanies Arbeiten?«, fragte ich.

»Ich habe sie leider nicht gesehen. Ich war doch ganz selten bei euch.«

»Sie hätte dir ja was schicken können. Sie wollte doch auf die Kunsthochschule.«

»Hat sie aber nicht. Oft verliert sich das sowieso, gerade bei jungen Mädchen. Nur dass man Landschaften und Ackerfurchen zeichnen kann, heißt ja nicht, dass es für ein Kunststudium reicht. Und Weben, das ist was fürs Kunsthandwerk.

Mit Tapisserie erfolgreich zu sein, das schaffen nur …« Sie unterbrach sich mitten im Satz: »Huch. Schon so spät. Ich muss jetzt wirklich auflegen.« Das tat sie und ich blieb alarmiert zurück. Dass Christa ausgerechnet das Weben ansprach! Ich hatte den Webstuhl gar nicht erwähnt. Hektisch versuchte ich, sie noch einmal anzurufen, aber sie ging nicht ran. *Weißt du, wo Melanie ist?*, tippte ich in eine SMS. Kurz darauf kam die Antwort: *Frag deine Mutter.*

Mir wurde schlecht, doch diesmal ließ ich mich davon nicht beeindrucken. Ich stand auf und trank einen Schluck Tee, atmete ein paarmal tief durch und lief am Zaun auf und ab. An einem Pfosten hielt ich an und trat dagegen; meine Kraft übertrug sich auf den Zaun und erzeugte ein metallisches Schellen. Ich brüllte den Zaun an, voller Wut, so laut ich konnte. Meine Schreie kamen als Echo vom Grund der Kiesgrube zurück. Ich schimpfte vor mich hin. *Du blöde Kuh* war einer der harmloseren Ausdrücke. Ich wusste nicht mal, ob ich Christa oder mich selbst damit meinte – oder meine Mutter. Wie oft ich versucht hatte, sie zum Reden zu bringen! Und egal, wie behutsam ich vorging, sie brach jedes Mal mehr oder weniger zusammen. Beim letzten Mal hatte ich sie weinend in ihrer Wohngruppe zurücklassen müssen, ohne mich von ihr zu verabschieden. Erst Tage später telefonierten wir wieder, und ihr Betreuer Stefan legte mir nahe, das Thema nicht mehr anzuschneiden. Daran hatte ich mich gehalten. Und dann kam mir Christa mit so einem blöden Spruch – *frag deine Mutter.* Als ob das so einfach wäre.

Langsam wurde ich ruhiger. Ich setzte mich wieder und holte einen Müsliriegel heraus, denn das Schreien und Hin- und Herrennen hatten mich erschöpft. Um mich abzulenken, googelte ich *Tapisserie* und stieß dabei auf den Begriff *Bildwirkerei*, der mir gefiel. Er spiegelte das Handwerkliche dieser mit dem Weben verwandten Kunst viel besser wider als der französische Ausdruck. Ich fand heraus, dass die Techniken sich voneinander unterscheiden: Beim Weben werden die waagrechten Fäden, die sogenannten Schussfäden, auf der gesamten Breite des Webstücks durch die vertikalen Fäden, die sogenannten Kettfäden, geführt. Bei der Tapisserie hingegen zieht man die Schussfäden unterschiedlicher Farben oft nur durch einen Teilbereich der Kette, abhängig vom Motiv.

Es gab nicht viele Künstlerinnen und Künstler, die sich der Bildwirkerei verschrieben hatten. Falls Melanie eine von ihnen war, würde ich sie finden, mit oder ohne Marinas Hilfe. Doch ich wollte meine Mutter auf jeden Fall in Passau besuchen. Vielleicht hatte Kurts Tod ja etwas an ihrer Haltung verändert. Entschlossen stand ich auf und machte mich auf den Heimweg.

## Florians Geheimnis

Ich war dankbar, als der Wald mich wieder aufnahm mit seiner Stille und seinen schattigen Wegen. Schon zwanzig Minuten später erreichte ich die ersten Häuser von Sesslfing. Ich traf auf eine schmale Straße, die mich direkt zur Bahnhofstraße führte, in Sichtweite des Schorndorfer-Anwesens. Das kam mir gelegen, denn ich wollte mir Yvonnes Auto ausleihen. Schließlich hatte sie es mir angeboten und mit dem Bus wäre es eine Tagesreise bis nach Passau und zurück. Lukas wollte ich auch nicht fragen. Er hätte womöglich vorgeschlagen, mich zu fahren und mir unterwegs weitere Avancen gemacht.

Vor dem Ingenieurbüro nebenan parkten mehrere Autos, doch das Wohnhaus wirkte verlassen. Alle Fenster waren geschlossen. Trotzdem klingelte ich. Einen Augenblick später hörte ich im Innern des Hauses eine Tür zufallen und Schritte, die schnell näher kamen. Die Tür wurde geöffnet und vor mir stand Florian, im Fahrraddress und mit einem Helm auf dem Kopf. Er war mindestens so durchtrainiert wie Daniel, auch in Größe und Statur ähnelten sie einander. Ich schnappte kurz nach Luft, musste an Daniels Mountainbiketouren denken, die zu der Entfremdung in unserer Ehe beigetragen hatten. Auch Florian wirkte überrascht. »Hallo, Alexandra. Möchtest du zu Yvonne? Sie ist beim Schwimmen.«

»Und du willst auch gerade los«, stellte ich fest. Er lächelte mich an und nahm den Helm ab.

»Das kann warten. Ich will nur eine kurze Runde drehen, bevor ich mich wieder an den Schreibtisch setze. Für mehr ist es zu heiß. Komm doch rein auf einen Kaffee.«

Am Ende wurde es eine Traubensaftschorle für mich und Wasser für Florian. Ich durfte wieder auf der Terrasse Platz nehmen und Florian brachte einen Teller mit Brot, Oliven und Käse. Die Sachen waren wahrscheinlich noch von gestern übrig.

»Bist du auf dem Rückweg von der Autowerkstatt?«, fragte er.

Ich nickte. Von dem Besuch im Haus und davon, dass ich dort seine Tochter Sanne getroffen hatte, sagte ich nichts. »Die Reparatur wird ein paar Tage dauern und ich bekomme frühestens ab Montag ein Ersatzfahrzeug.« Jedenfalls hoffte ich, dass Daniel das hinbekam. Ich musste ihn endlich anrufen. Noch ein schwieriger Punkt auf meiner Liste. »Tut mir leid«, schob ich hinterher, aber Florian winkte ab.

»Als Vertreter des Auftraggebers müsste ich dir tatsächlich Druck machen, aber … ich möchte dich etwas fragen. Es geht um Melanie.« Mein Herz klopfte schneller, während Florian nervös sein Wasserglas hin und her drehte, und ich griff nach einer Olive. »Ich war geschockt, als Yvonne mir erzählte, dass du nie wieder von ihr gehört hast. Ich dachte natürlich, dass sie sich bei dir melden würde, sobald sie in Hamburg angekommen wäre.«

Die Olive flutschte mir aus den Fingern und kullerte über mein T-Shirt, wo sie ölige Flecken hinterließ, bevor sie seitlich über den Stuhlrand hüpfte und ins Gras fiel. »Sie wollte also doch zu Tante Christa!«

Florian nickte. »Melanie erwähnte, dass ihr dort Verwandte habt. Sie war fest entschlossen, wegzugehen, weil eure Eltern gegen ihr Kunststudium waren.«

Wenn es nur das gewesen wäre! Trotz der Hitze lief es mir eiskalt den Rücken hinunter und Florian schaute mich besorgt an. Er ließ sein Glas los und legte seine Hand auf meine. Ich merkte erst jetzt, dass ich die Finger zur Faust geballt hatte. Er drückte sie leicht, doch die Berührung erreichte mich nicht, fühlte sich weder gut noch schlecht an. Ich zog die Hand weg. »Du bist ganz blass«, sagte er. »Kein Wunder. Ich dachte, du wüsstest davon.«

»Dass sie studieren wollte, ja. Aber nicht, dass sie nach Hamburg wollte. Ich habe erst heute mit Tante Christa telefoniert. Sie ist meinen Fragen ausgewichen, genau wie meine Mutter all die Jahre.«

»Ich hätte es dir damals schon erzählen sollen. Bei mir hat sich Melanie übrigens auch nie wieder gemeldet.«

Ich dachte an das Gespräch mit Paul am Morgen. »Kam dir das nicht seltsam vor? Ihr hattet doch eine Beziehung«, sagte ich. Florian riss erst die Augen auf, dann schaute er schnell zu Boden.

»Das hast du also mitbekommen. Yvonne weiß nichts davon. Ich hätte gern, dass das so bleibt.« Er flüsterte beinahe und sah sich um, als wolle er sichergehen, dass seine Frau auch wirklich nicht in der Nähe war.

»Meinetwegen. Es ist ja schon so lange her. Hast du Melanie geliebt?«, fragte ich.

Florian dachte nach, dann sagte er: »Ich habe sie bewundert, weil sie künstlerisch begabt war und bereit, ihr Ding durchzuziehen. Ich selbst wäre gern Profisportler geworden, wollte aber meinen Vater nicht enttäuschen. Melanie verstand mich und ich sie, das war wie eine Verschwörung. Auf einem Firmen-Sommerfest sind wir uns nähergekommen.« Sein Blick nahm einen versonnenen Ausdruck an, als ob er einer verpassten Chance hinterhertrauerte. Doch dann sagte er: »Ich habe nach kurzer Zeit mit ihr Schluss gemacht. Schon damals wollte ich Yvonne nicht verlieren. Sie war total eifersüchtig. Und Melanie fing ebenfalls an zu klammern. Wie sie mich im Büro mit Blicken verfolgte und ständig versuchte, mich alleine abzupassen! Sie wollte mich überreden, dass wir zusammen abhauen und unsere Träume verwirklichen. Du weißt ja, wie dramatisch sie sein konnte.« Ich ließ seine Worte unkommentiert; er musste nicht wissen, wie bitterernst unsere familiäre Situation gewesen war. Da fuhr er auch schon fort: »Eines Tages erwischte ich sie dabei, wie sie Geld aus der Brotzeitkasse nahm. Es waren zweihundertfünfzig Mark drin, die mein Vater für eine Geburtstagsfeier spendiert hatte. Ihr Reisegeld, sagte sie. Ich versprach ihr, nichts zu verraten. Ich füllte sogar die Kasse aus eigener Tasche wieder auf, damit es niemand merkt.«

Warum hatte Christa eigentlich Melanie kein Geld für die Reise geschickt? Vielleicht hatte sie tatsächlich nichts von deren Reiseplänen gewusst und Melanie war per Anhalter losgefahren, aber nie bei unserer Tante angekommen?

»Sieht so aus, als würde sich ihre Spur auf dem Weg nach Hamburg verlieren«, sagte ich und schmeckte Bitterkeit in meinem Mund. Ich konnte es kaum erwarten, mir meine Mutter vorzuknöpfen. Und Tante Christa. »Warum hast du nicht versucht, Christas Nummer herauszufinden und dort anzurufen?«

Florian senkte den Kopf. »Ich war gekränkt und dachte, wahrscheinlich will sie nichts mehr von mir wissen. Irgendwie war ich auch erleichtert, als sie weg war und endlich Ruhe herrschte. Ich konnte doch nicht wissen, dass sie für immer verschwindet.«

»Schon gut«, sagte ich und stand auf.

In diesem Moment quietschte die Gartentür und Yvonne kam um die Ecke, eine große Badetasche über der Schulter und die Haare noch feucht. Sie küsste Florian auf den Mund und warf mir einen säuerlichen Blick zu, während sein Gesicht einen fast ängstlichen Ausdruck annahm. War das ein Problem für sie, dass ich alleine mit Florian hier saß? Ich zwang mir ein freundliches Lächeln ins Gesicht. »Hallo, Yvonne. Kannst du morgen tagsüber dein Auto entbehren?« Ich berichtete ihr kurz von unserer Fahrzeugpanne und dass ich meine Mutter besuchen wollte.

Ihr Gesicht wurde freundlicher: »Ja, klar. Ich brauche es die nächsten Tage nicht und wenn doch, kann ich ein Firmenauto nehmen.« Sie suchte den Blickkontakt zu Florian. Er brummte zustimmend und schenkte ihr ein Lächeln, das mich neidisch machte.

»Danke, das ist wirklich nett von euch. Kommst du vom Tannerlweiher?«, fragte ich. Marina war dort oft mit mir und Melanie hingegangen. Er war nicht groß, aber sauber und hatte eine schöne Liegewiese.

Yvonne nickte. »Das Wasser ist herrlich. Im Auto liegen ein Ersatzbadeanzug und ein Handtuch, falls du auch schwimmen gehen möchtest.«

Wenig später fuhr ich in Yvonnes rotem Cabrio in Richtung Bergwirt. Nach der Gärtnerei bog ich spontan ab. Die Straße war dieselbe, aber damals hatten hier noch keine Häuser gestanden. Erst als ich sie hinter mir gelassen hatte, erkannte ich die Landschaft wieder. Wie oft ich hier mit dem Fahrrad entlanggeradelt war! Trotzdem hätte ich den Abzweig zum See beinahe verpasst, mit dem Auto ging alles viel schneller als damals mit dem Rad. Außerdem war der Feldweg verbreitert worden und am Ende befand sich ein Parkplatz mit einem Ticketautomaten, gesäumt von Büschen und Hecken. Dahinter musste der See verborgen liegen. Ich staunte: Sogar ein Umkleidehäuschen gab es jetzt und eine ausgedehnte Liegewiese. Der See erschien kleiner, als ich ihn in Erinnerung hatte, maß aber doch einige Hundert Meter im Durchmesser. Mittendrin lag eine Insel. Das andere Ufer war steil und ging in einen bewaldeten Hügel über, als würden dort schon die Berge beginnen, die man in der Ferne sehen konnte.

Ich schlüpfte in Yvonnes Badeanzug, der mir nur ein kleines bisschen zu eng war, und breitete das Handtuch unter einem Baum aus, etwas abseits vom Wasser. Viele Leute mussten direkt nach der Schule oder Arbeit hergekommen sein. Kein Wunder bei dem herrlichen Wetter. Ich suchte mir einen Weg zwischen Handtüchern und ausgestreckten Gliedmaßen und watete ins Wasser. Es war warm und trüb, zu viele Füße hatten den Kies aufgewühlt. Der Grund blieb lange flach, doch etwas weiter draußen fiel er dann rasch ab. Nach ein paar kräftigen Schwimmzügen streichelte klares weiches Wasser meinen Oberkörper und meine Beine. Ich schwamm noch ein bisschen weiter, drehte mich auf den Rücken und ließ mich treiben, den wolkenlosen Himmel über mir. Die Geräusche vom Ufer drangen nur noch gedämpft zu mir durch, ich genoss die Schwerelosigkeit meines Körpers und den Duft des Sommers. Doch in meinem Kopf wollte sich keine Leichtigkeit einstellen. In meiner Erinnerung war ich wieder zwölf Jahre alt und Melanie siebzehn. Es war einer dieser kostbaren Nachmittage, an denen ich meine Schwester für mich alleine hatte, ohne Lukas. Unsere Mutter verließ sich darauf, dass sie auf mich achtgab. Von ihr hatte ich auch das Schwimmen gelernt, nicht etwa von Marina oder gar Kurt. Wir waren beide gute Schwimmerinnen. Problemlos gelangten wir zur Insel, wo wir uns ins Moos legten und von der Sonne trocknen ließen, den Schlick des Ufers noch zwischen den Zehen. Das feuchte Grün, das schlammige Braun und der Himmel, die Kühle des Bodens und die Sommerwärme: All das hatte Melanie in sich aufgenommen und in ihren Bildern verarbeitet, durchwoben von den bedrohlichen Schatten unseres Familienlebens. Vielleicht hatten sie Melanie eingeholt. Doch ihre Bilder existierten weiter, in mir und in ihrem Skizzenbuch. Das Skizzenbuch! Ich hatte eine Idee. Plötzlich konnte ich nicht schnell genug zum Ufer zurückkommen. Im Auto holte ich die Kladde aus meinem Rucksack, fotografierte die ominöse Stadtansicht und weitere Bilder, die mir besonders markant vorkamen, und mailte sie an Judith. *Kannst du rausfinden, ob diese oder ähnliche Bilder irgendwo im Internet veröffentlicht sind und von wem?*, fragte ich. *Habe sie im Zimmer meiner Schwester gefunden.* Für weitere Erklärungen fehlte mir die Energie, aber ich wusste, Judith würde mir helfen. Während ich noch tippte, kam eine Nachricht von Diana, die noch einmal nachfragte, ob sie mich abholen sollte. Ich ignorierte sie und tippte eine kurze Nachricht an Daniel, dass ich meiner Schwester auf der Spur sei und mich am Wochenende bei ihm melden würde. Morgen war ja erst Donnerstag und ich hätte dann noch einen Tag Zeit, um mich von dem Besuch bei meiner Mutter zu erholen oder weitere Nachforschungen anzustellen. Dann hörte ich meine Mailbox ab: *Max hier. Alles in Ordnung bei dir? Tschüss, bis nachher.*

Anscheinend machte Max sich Sorgen um mich. Immerhin war es jetzt schon mehrere Stunden her, dass wir uns bei der Kiesgrube getrennt hatten. Kein Wunder, dass er sich fragte, wo ich abgeblieben war. Das war nett und gab mir ein warmes Gefühl, aber irgendwie irritierte es mich auch.

# Max

Max duschte und legte sich auf das Bett. Sein Körper war schwer und müde vom Wandern, doch innerlich fühlte er sich leicht und hellwach. Das verschwenderische Licht, das Gehen im Wald und die wunderschönen Ausblicke in die Landschaft hatten ihm gutgetan. Nach einer halben Stunde hatte sich sein Rücken so weit entspannt, dass er an sein tägliches Yogaprogramm denken konnte. Über die Terrasse am Ende des Flurs trat er auf die angrenzende Wiese und entrollte seine Matte. Die Übungen erschöpften ihn schneller als sonst, doch eine Schmerztablette brauchte er nicht. Das war schon länger nicht mehr vorgekommen. Außerdem war nur noch eine einzige Zigarette in der Schachtel und er hatte sich bewusst keine neue mitgenommen, als er im Supermarkt ein paar Kleinigkeiten einkaufte. Er war auf einem guten Weg. Trotzdem würde wohl nie ein Asket aus ihm werden, und das war auch gut so.

Nach dem Yoga ging er hoch in die Gaststube und ließ sich zwei Bier geben. Dann holte er eine Tüte Erdnussflips und eine Tafel Schokolade aus seinem Zimmer und drapierte alles zusammen auf dem Terrassentisch. Er setzte sich in einen Liegestuhl und checkte sein Handy: Daniel hatte ihm eine Nachricht geschrieben und wollte wissen, wie es Alexandra ging. Anscheinend erreichte er sie nicht. Max wollte wirklich nicht in die Ehekrise seiner Chefs hineingezogen werden, aber auch er fragte sich, wo Alexandra steckte. Es war schon eineinhalb Stunden her, seit er sie auf dem Weg bei der Kiesgrube zurückgelassen hatte, und sie war nicht gerade in bester Verfassung gewesen. Kurz entschlossen rief er sie an. Er erwischte nur die Mailbox. Vielleicht wollte sie ihre Ruhe haben und hatte das Handy bewusst ausgeschaltet. Das war ihr gutes Recht. Er lehnte sich zurück und schloss die Augen. Das Stimmengewirr aus dem oben am Haus gelegenen Biergarten drang gedämpft zu ihm. Es hatte etwas Beruhigendes.

»Max?«

Ruckartig setzte er sich auf. Erst nach ein paar Sekunden konnte er sich orientieren. Er musste im Liegestuhl eingeschlafen sein, denn es dämmerte bereits. Alexandra stand vor ihm. Sie trug ein schlichtes graues Kleid, das über den Knien endete. Sie war barfuß und ihre Figur zeichnete sich deutlich unter dem weichen Stoff ab. Ihre Haare waren nass, ein vertrauter Duft wehte zu ihm herüber. Ihr Lächeln machte ihn ganz unruhig.

»Ich habe mir was von deinem Duschgel genommen. Es duftet so gut«, sagte sie mit einem Hauch von kindlichem Schuldbewusstsein in der Stimme.

Max musste lachen. »Du klaust mir mein Duschgel? Allerhand.«

Sie ließ sich in den freien Liegestuhl fallen und nestelte an den Armstützen herum. Die Rückenlehne klappte ruckartig nach hinten, und er war froh, dass sie erst einmal aus seinem Blickfeld verschwand und er sich sammeln konnte. Trotzdem beugte er sich nach vorne und sah zu ihr hinüber.

»Alles in Ordnung?«, fragte er.

»Ja. Ich gucke mir die Sterne an«, sagte sie. Max hatte eher den Verdacht, dass sie schlicht mit dem Mechanismus nicht zurechtgekommen war, und unterdrückte ein Lachen. Er stellte seinen Stuhl ebenfalls zurück und verschränkte die Arme hinter dem Kopf. Obwohl es noch nicht ganz dunkel war, tauchten nach und nach die ersten Sterne auf. Er hätte jetzt wirklich gern gewusst, wo sie gewesen war, doch er wollte nicht aufdringlich oder gar kontrollierend wirken.

»Der Himmel ist vollkommen klar. Ein Traumwetter«, sagte er stattdessen.

»Und es ist immer noch warm. Ich war vorhin am Tannerlweiher, das ist ein kleiner Badesee hier in der Nähe. Yvonne hat mir ihr Auto geliehen.«

»Ach so. Ich habe mich schon gefragt, wo du bleibst.«

»Ich habe deinen Anruf gesehen. Hoffentlich hast du nicht auf mich gewartet.«

»Nein. Ich habe Yoga gemacht und bin dann eingeschlafen. Wollen wir noch rauf in den Biergarten gehen?« Eigentlich hatte er keine große Lust. Zum Glück schüttelte Alexandra den Kopf.

»Hier ist es ruhiger. Besonders hungrig bin ich sowieso nicht.«

»Ich lade dich ein. Es gibt lauwarmes Bier und Erdnussflips.« Er deutete auf den kleinen Tisch, den er zwischen den beiden Liegestühlen aufgestellt hatte.

Sie lachte. »Ich liebe Erdnussflips. Ich hatte schon ewig keine mehr.« Dann riss sie die Tüte auf und nahm sich eine Portion heraus, während er die Bierflaschen öffnete und ihr eine davon reichte.

»Hab ich bei Lukas organisiert. Er war wie immer im Stress.«

»Wahrscheinlich weiß er gar nicht, dass Noah mit seiner Band auf dem Brunnerhof probt.« Sie hob die Flasche an die Lippen und nahm einen Schluck.

»Das müssen die beiden wohl untereinander klären.«

»Sicher, aber es macht mich nervös. Schließlich bin ich für das Haus verantwortlich und dafür, wer dort ein und aus geht.«

Sie erzählte von dem Telefonat mit ihrer Tante Christa und dass Florian Melanie damals beim Griff in die Brotzeitkasse erwischt hatte. Für Max war der Fall klar: »Die Spur führt also nach Hamburg. Bald löst sich alles auf, du wirst sehen.«

Doch Alexandra schüttelte den Kopf. »Ich bekomme zwar ständig neue Informationen, aber sie ergeben kein Bild. Was verschweigt Christa mir? Ich soll meine Mutter fragen. Und glaub mir, das tu ich. Morgen fahre ich zu ihr nach Passau.«

Max nickte. Er war überzeugt, dass Alexandra die Wahrheit herausfinden würde. Doch jetzt wollte er über etwas anderes reden, er hatte genug von all den schwierigen Themen. Er nahm einen Schluck Bier und fragte: »Was machst du eigentlich sonst, wenn du nicht gerade Familienangelegenheiten nachgehst oder eine Firma leitest?«

Sie lachte wieder. »Das ist ganz unspektakulär. Ich arbeite im Garten und koche mit eigenem Gemüse und Kräutern. Dabei höre ich Musik.«

»Was denn so? Ich mag Rock-Oldies, von AC/DC bis Zappa. Und du?«

»Meine Lieblingsband ist Runrig, kennst du die?«

»Die schottische Band? Klar doch. Die höre ich gelegentlich auch, obwohl Folk Rock sonst nicht mein Ding ist. Die haben ja letztes Jahr aufgehört.«

Sie schien überrascht. »Du bist gut informiert. Ich wäre gern zum Abschiedskonzert geflogen, aber die Karten waren im Nu ausverkauft.« Sie nahm sich noch einmal Flips, die Tüte raschelte.

»Hast du sie denn früher mal live gesehen?«, fragte er.

»Drei Mal sogar! Das erste Mal in Regensburg, dann am Bodensee und auf der Loreley. Ich liebe Rockkonzerte, aber ich gehe meistens allein hin. Weder Daniel noch meine beste Freundin können große Menschenmassen aushalten.«

»Das ist doch das Beste bei einem Konzert«, sagte Max. »Wenn die Menge richtig kocht und du selber mittendrin …«

»… wenn du die Beats im Körper spürst, wenn alle mitsingen und tanzen!« Sie unterstrich ihre Worte so energisch mit den Händen, dass seine ebenfalls zuckten. Als würden sie gemeinsam im Publikum stehen, synchronisiert vom Takt der Musik. Da sagte sie leise: »Dabei hab ich es sonst nicht so mit Großevents. Manchmal tanze ich auch zu Hause, allein für mich.«

»Mit Luftgitarre und Bürstenmikrofon?«, fragte er, um seine Verlegenheit zu verbergen.

Sie knuffte ihn in die Seite. »Du bist doof.« Damit hatte sie recht, aber ganz anders, als sie vielleicht dachte. Er nahm den Faden wieder auf und fragte sie, welche Bands sie sonst noch mochte. Sie fanden heraus, dass sie vor Jahren auf demselben Konzert von Sting in München gewesen waren und dass sie beide gern einmal nach London reisen würden. Max war als Jugendlicher dort gewesen, kurze Zeit nach dem Mauerfall mit seiner Abschlussklasse. »Wie erstaunt ich war, dass ich mich mit meinem Schulenglisch tatsächlich verständigen konnte«, er lachte. »Alles war so bunt, so laut, so lebendig … Das würde ich gern noch mal erleben.«

»Die Stadt soll sich in den letzten Jahrzehnten stark verändert haben. Neue Wolkenkratzer, der Olympiapark – vor Kurzem habe ich eine Fernsehdoku darüber gesehen. Meine Freundin Judith hat einen Auftrag in London, vielleicht begleite ich sie ja mal für ein paar Tage. Morgen fliegt sie das erste Mal hin. Da fällt mir ein, ich warte noch auf eine Nachricht von ihr. Ich gehe rein. Danke für das Menü.« Sie stand auf, was ihm ziemlich abrupt vorkam. Ob sie spürte, wie sehr er sich zu ihr hingezogen fühlte? Er erhob sich ebenfalls und griff nach der leeren Flipstüte. Genau wie Alexandra in dem Moment. Ihre Hand streifte seine Finger. Alexandra zuckte zurück. Danach bewegte sie sich keinen Millimeter mehr. Sie stand so dicht neben ihm, dass er ihre Körperwärme spüren konnte.

»Ich mache das schon«, sagte Max und ärgerte sich darüber, wie belegt seine Stimme klang.

»Danke, dass du heute mitgekommen bist«, sagte sie.

Und dann umarmte sie ihn. Zum zweiten Mal an diesem Tag. Ihr Kleid war wirklich sehr dünn und ließ ihn jeden Millimeter ihres Oberkörpers spüren. Er wagte kaum zu atmen, während ihre Hände über seinen Rücken strichen, den Saum seines T-Shirts erreichten und schließlich nackte Haut berührten. Sofort breitete sich ein aufregendes Kribbeln über seinen ganzen Körper aus. Es fühlte sich unglaublich gut an. Viel zu gut, um wahr zu sein. Er griff nach ihren Händen und schob sie von seinen Hüften. »Das lassen wir mal lieber.«

Sie wich sofort zurück, stieß aber an den Liegestuhl. Sie schlug die Hand vor den Mund. »Entschuldige vielmals. Ich wollte dir nicht zu nahe treten.«

»Das bist du nicht«, sagte er. »Ich möchte bloß nicht, dass es Schwierigkeiten gibt.«

Er dachte an Daniel. Max hatte nicht vor, Teil von Alexandras Ehekrise zu werden oder die Ausnahmesituation auszunutzen, in der sie sich zweifellos befand. Vor allem aber wollte er kein Lückenbüßer sein. Deshalb schob er mit Nachdruck hinterher: »Gute Nacht. Und danke, dass du mich zum Wandern mitgenommen hast.«

Sie blinzelte verwirrt. »Ja. Danke. Gleichfalls.« Dann atmete sie tief durch, drehte sich endlich um und wand sich zwischen den beiden Stühlen durch. An der Tür blieb sie noch einmal stehen: »Mit dir würde ich gern mal auf ein Konzert gehen«, sagte sie, bevor sie im Haus verschwand.

## Planänderung

Als ich am nächsten Morgen den Frühstücksraum betrat, war mir flau im Magen. Nicht nur wegen des bevorstehenden Besuchs bei meiner Mutter, sondern vor allem wegen dieses peinlichen Moments, in dem ich gemerkt hatte, dass ich zu weit gegangen war. Genau genommen hätte Max mein Verhalten als sexuellen Übergriff am Arbeitsplatz auslegen können. Als ob ich nicht schon genug Probleme hätte! Andererseits: Als ich ihn umarmt hatte, war er zwar zunächst erstarrt, hatte mich dann aber umso entschlossener an sich gedrückt. Oder bildete ich mir das ein? Das und seine leise gemurmelten Worte »zu gut, um wahr zu sein«? Ich würde ihn ganz bestimmt nicht danach fragen, sondern so tun, als wäre alles wie immer. Es *war* alles wie immer zwischen Max und mir. Trotzdem war ich froh, dass er bislang noch nicht aufgetaucht war. Ich nahm mir einen Kaffee vom Buffet und ging nach draußen in den Biergarten. Auch der war menschenleer. Die Morgensonne stand schon hoch am Himmel und die zusammengeklappten Schirme warfen steile Schatten auf die Tische. Ich stellte meine Tasse auf das Geländer, das den Biergarten vom angrenzenden Hang trennte. Wenn ich mich ein Stück nach vorne beugte, konnte ich einen Zipfel unserer kleinen Terrasse im Souterrain sehen, die jetzt im Schatten lag.

Da hörte ich ein Geräusch hinter mir. Ich fuhr herum. Vor mir stand Max, die Sonnenbrille lässig ins Haar geschoben und mit diesem herausfordernden Lächeln im Gesicht. Mein Herz klopfte schneller. Der Mann machte mich nervös und gleichzeitig beruhigte er mich – wie war das möglich? Es kam mir immer noch unwirklich vor, in Sesslfing zu sein und in der Vergangenheit zu wühlen. Und ich war froh, dass Max mich begleitete. Er war einfach da und bewertete nichts. Jetzt parkte er seine Tasse neben meiner und stellte sich ebenfalls ans Geländer. »Ich dachte, du magst keinen Kaffee? Der gestrige Abend muss dich ganz schön mitgenommen haben, wenn du früh am Morgen schon so harte Sachen trinkst.« Er schaffte es doch tatsächlich, unser kleines Intermezzo noch mal anzusprechen, ohne eine Riesensache daraus zu machen. Seine Worte nahmen mir die Befangenheit und ich lachte.

»Ausnahmsweise. Ich fühle mich tatsächlich wie gerädert.«

»Dafür habe ich nach dem Wandern geschlafen wie ein Stein.« Er grinste, aber ich wusste, dass das nicht ganz der Wahrheit entsprach. Ich hatte es gestern aus seinem Zimmer noch eine ganze Weile knarzen und rascheln gehört, bevor ich mit meiner Schlaflosigkeit alleine blieb.

»Und wollen wir gleich den nächsten Gipfel in Angriff nehmen?«, scherzte ich, aber Max blieb ernst und sagte: »Daraus wird nichts. Ich habe heute ein Vorstellungsgespräch bei einem Hersteller für Inspektionssysteme. Per Videokonferenz.«

Es traf mich wie der Blitz. »Ein Vorstellungsgespräch? So schnell?« Für einen Moment war ich überzeugt, dass Max meinetwegen kündigen wollte.

Doch dann sagte er: »Ich hätte es euch längst sagen sollen. Ich mache eine Fortbildung, wegen meines Rückens. Ich kann nicht ewig im Inspektionsauto sitzen. Bei einem Bürojob könnte ich zwischendurch auch mal aufstehen und herumlaufen oder im Stehen arbeiten.«

»Warum hast du nie was gesagt? Du könntest auch bei uns im Büro arbeiten. Als Disponent zum Beispiel. Da brauchen wir eigentlich schon länger Unterstützung. Ich rede mal mit Daniel darüber.«

»Ich glaube, du solltest über so einiges mit Daniel reden – aber nicht über mich. Mein Entschluss steht fest. Ich will zurück in den Nordosten, zu meiner Familie. Mit einem Jobwechsel schlage ich zwei Fliegen mit einer Klappe. Es hat absolut nichts mit dir zu tun, falls du das denkst. Das ist schon länger in der Pipeline.«

»Und warum erzählst du's mir dann ausgerechnet jetzt?«

»Weil es langsam konkret wird. Ich brauche ein Industriepraktikum für meinen Abschluss, und wenn es gut läuft, mündet das in eine Festanstellung.«

»Und was bist du dann, wenn du mit dieser … Fortbildung fertig bist?« Ich ahnte, dass Max mehr vorhatte als nur ein paar Tagesseminare und Zertifikate. »Hast du heimlich eine Umschulung gemacht?«

»Ich studiere seit fast drei Jahren Systemtechnik. Berufsbegleitend, am Freitagnachmittag und Samstag. Für die Blockkurse habe ich jeweils Urlaub genommen.«

Das war also der Grund, warum er so gut wie jeden Freitag konsequent mittags Schluss machte. Max studierte! Ich zweifelte nicht daran, dass er seinen Abschluss machen würde, im Gegensatz zu mir. »Max, das ist großartig«, sagte ich. »Können wir dich denn gar nicht in der Firma halten, als Ingenieur? Du könntest an ein, zwei Tagen die Woche Homeoffice machen … und zwischen Regensburg und Wismar pendeln.« In diesem Moment dachte ich nur an die Firma. Meine Gedanken ratterten durch meinen Kopf wie ein Zug durch einen Tunnel. Zu spät fiel mir wieder ein, dass ich einen Geschäftspartner hatte, der zufällig noch mein Ehemann war und mich loswerden wollte. Max schüttelte den Kopf.

»Mein Problemberg wird täglich größer«, sagte ich resigniert. Der Gedanke, dass Max bald nicht mehr da sein könnte, versetzte mir innerlich einen Stich. Er würde mir fehlen.

»Das Praktikum startet erst im Herbst, bestimmt findet ihr bis dahin jemand anderen.«

Ich antwortete nicht. Ich wusste ja nicht mal, ob ich dann selbst noch in der Firma sein würde. Es hing alles davon ab, wie es mit Daniel und mir weiterging – privat und auch beruflich. Im Moment tat sich nur eine große Leere in mir auf, wenn ich daran dachte. Ich nahm einen Schluck von meinem Kaffee und schüttelte mich. Der bitter-saure Geschmack passte perfekt zu meiner Stimmung.

»Bitte, überleg es dir«, insistierte ich. »Vielleicht ist diese Firma im Norden total furchtbar …«

»Das Betriebsklima bei euch ist natürlich ein großer Pluspunkt. Wenn du es schaffst, dich wieder mit Daniel zusammenzuraufen.«

»Du verstehst es echt, den Finger in die Wunde zu legen«, sagte ich. Dann sah ich sein schiefes Grinsen, und es löste sich etwas in mir. Die Schwere der letzten Tage hob sich und machte Raum für einen Funken Zuversicht, vielleicht sogar so etwas wie Kampfgeist.

Ich ging aufs Zimmer und rief meine Mails ab. Noch immer keine Antwort von Judith, inzwischen war sie vermutlich schon in London. Stattdessen hatte Judiths Vater mir geschrieben:

*Liebe Alexandra,*

*wie geht es Ihnen? Judith ist auf Geschäftsreise und bat mich, mir die Bilder Ihrer Schwester anzusehen. Ein Motiv habe ich sofort erkannt: Es zeigt den Blick vom Pöstlingberg bei Linz, ich war dort schon einmal im Rahmen einer Tagung. An klaren Tagen sieht man bis in die Alpen. Ich hoffe, das hilft Ihnen weiter. Zu den anderen Bildern kann ich nichts sagen, aber Judith findet sicher noch mehr heraus, sobald sie ihre*

*Termine in London absolviert hat. Sie meldet sich so bald als möglich bei Ihnen.*

*Herzliche Grüße*
*Ihr Johann Ackermann*

Leider brachte mich die Information keinen Schritt weiter. Weder hatten wir Verwandte in Linz, noch glaubte ich, dass Melanie jemals dort gewesen war, solange wir als Familie zusammenlebten. Vielleicht war das Bild nur eine Fingerübung, abgemalt aus einem Fotoband oder von einer Werbeanzeige, und lockte mich auf eine falsche Fährte. Trotzdem notierte ich *Linz?* auf der Liste mit Fragen, die ich meiner Mutter stellen wollte. Ich bedankte ich mich bei Professor Ackermann und wollte mich meiner Arbeit zuwenden. Dann bemerkte ich, dass Tamara mir gestern Abend von ihrer privaten Mailadresse aus geschrieben hatte. *Im Büro läuft's so weit, aber wie geht es dir? Alles in Ordnung?*, fragte sie. Was sollte ich darauf antworten? Ich arbeitete bis zum Mittag, dann beschloss ich, nach Passau aufzubrechen. Am liebsten hätte ich doch noch angerufen, um sicherzugehen, dass meine Mutter da war, wenn ich kam. Weil ich aber das Überraschungsmoment für mich nutzen wollte, musste ich die Ungewissheit aushalten.

Inzwischen war ich so nervös, dass ich an nichts anderes mehr denken konnte, doch mein Entschluss weckte auch Aufbruchstimmung in mir. Ich wollte endlich Klarheit. Also packte ich meinen kleinen Rucksack und ging nach oben. Die Tür zum Gastraum stand offen und ich beeilte mich vorbeizukommen, denn ich wollte jetzt nicht in ein Gespräch verwickelt werden. Aus dem Augenwinkel sah ich Lukas hinter der Theke. Er sprach mit einem Mann, der mir den Rücken zuwandte. Im nächsten Moment hörte ich eine schmerzhaft vertraute Stimme: »Ich möchte zu meiner Frau, Alexandra Riedl. Ist sie im Haus?«

»Ich weiß es nicht«, sagte Lukas. »Aber sie wohnt auf Zimmer drei, die Treppe runter.« Er deutete die Richtung mit der Hand an und schaute zur Tür. Daniel tat es ihm gleich. Ich sah in seine dunklen Augen und wurde von Wärme überflutet. Sein Blick war besorgt und liebevoll. Auf seinen Lippen lag ein Lächeln, nur für mich bestimmt. Daniel war hier, bei mir. Alles wird gut, dachte ich.

»Hallo, Daniel«, sagte ich.

## Daniel

»Hallo, Alexandra. Es gibt einiges zu besprechen. Wollen wir ein Stück gehen?« Sein Ton klang geschäftsmäßig und erstickte meine hoffnungsvollen Gefühle gleich wieder.

»Ich wollte gerade los zu meiner Mutter.« Das war alles, was ich herausbekam, während in mir das Chaos ausbrach. Eben noch hatte ich alle meine Kräfte auf den Besuch bei Marina ausgerichtet. Dass Daniel ausgerechnet jetzt auftauchte, steigerte meine Anspannung ins Unermessliche. Pures Adrenalin floss durch meine Adern. Meine Gedanken und Gefühle vollzogen eine Kehrtwende, ich fühlte mich zunehmend hilflos. Ich realisierte, dass ich Daniel vielleicht verlieren würde und mit ihm meinen Halt, mein Zuhause, meine Liebe. Ich wusste nicht, ob ich weglaufen oder mich in seine Arme werfen wollte. Daniels Gesicht verschloss sich und mir wurde klar, dass wir beide wenig Ahnung davon hatten, was im anderen vorging. »Natürlich können wir reden. Ich fahre einfach später oder morgen«, sagte ich.

Die Mittagshitze draußen traf mich mit voller Wucht. Ich bat Daniel, ein Stück rauszufahren. Wir stiegen in sein Auto, das dank der Klimaanlage innen noch angenehm kühl war.

Kurz darauf liefen wir zusammen durch den Wald. In den ersten Minuten sagte keiner von uns etwas, als müssten wir uns erst aufeinander einstellen. Die Vögel zwitscherten, ein kühler Wind strich zwischen den Bäumen hindurch. Langsam beruhigte sich mein Herzschlag. Erst hielten wir Abstand zueinander, dann kam Daniel näher und nahm meine Hand. Es erinnerte mich an die Anfangszeit unserer Beziehung.

»Wie geht es dir?«, fragte er. Der Druck seiner Finger tat mir gut und gab mir Halt. Ich schöpfte Mut.

»Ich bin durcheinander und verletzt«, sagte ich. »Alles tut mir weh. Dass du was mit einer anderen hast. Und dass ich dich trotzdem liebe. Gleichzeitig ist das schön. Als ob ich platzen würde vor Sehnsucht.« Ich schluckte. Meine Worte kamen mir kitschig vor, aber ich hatte keine anderen.

Daniel nickte. Wir waren stehen geblieben, er schaute mich an. Ich sagte: »Ich habe nachgedacht. Ich wusste nicht, dass du dir so sehr Kinder wünschst.«

Er ließ meine Hand los. »Ja. Ich hätte es gleich am Anfang ansprechen müssen. Dann würden wir schon längst getrennte Wege gehen oder hätten gar nicht erst geheiratet.«

Seine Worte trafen mich wie ein Schuss ins Herz. Er war also nicht gekommen, um uns eine zweite Chance zu geben? Tränen schossen hoch und ich ließ meinen Gefühlen freien Lauf. Plötzlich war mir nichts mehr peinlich. Hauptsache, Daniel verstand, wie viel mir an unserer Ehe lag und dass eine Trennung mich vernichten würde. »Bitte, bleib bei mir«, schluchzte ich. »Ich kann mir jetzt vorstellen, dass wir ein Kind bekommen. Ich könnte es schaffen … mit dir zusammen.« Ich schluckte die Tränen mit Gewalt hinunter und versuchte zu lächeln. »Wir sind doch noch jung. Vielleicht ist jetzt sogar die beste Zeit, wo die Firma stabil läuft, und …«

»Hör auf mit dem Mist!« Voller Unmut lief Daniel vor mir weg, seine Schritte stampften Löcher in den weichen Waldweg. Dann drehte er sich wieder um, die Augen schmal und die Zähne aufeinandergepresst. Sein Blick spießte mich auf. Ich hatte ihn noch nie so wütend gesehen. Dabei sehnte ich mich danach, dass er mich in den Arm nahm und tröstete und mir Mut zusprach. Dass er sich über mein Zugeständnis freute. Irgendwas lief hier vollkommen falsch. Und Daniel war noch nicht fertig: »Damit du ein Kind liebevoll großziehen kannst, braucht es mehr, als nur einmal über deinen

Schatten zu springen und dich für mich zu verbiegen. Ja, vielleicht hättest du es ›geschafft‹«, er malte die Anführungszeichen mit den Fingern in die Luft und zog spöttisch eine Augenbraue hoch, »wenn es einfach passiert wäre. Dann würden wir jetzt nicht diese bescheuerte, theoretische Diskussion führen.« Schwer atmend stand er vor mir, als wäre er einen Marathon gelaufen. Auch mein Herz hatte wieder angefangen zu trommeln. Dabei stand ich ganz ruhig. Mir fiel auf, wie kraftlos meine Arme herunterhingen und dass meine Beine zitterten. Zum Glück hatte jemand einen Stapel Baumstämme am Wegrand aufgeschichtet. Ich wankte dorthin und setzte mich. Daniel kam zu mir. Seine Wut schien verraucht und seine Worte drangen langsam zu mir durch. Ich hatte mich verrannt, mir etwas zurechtgelegt, woran ich selbst nicht wirklich glaubte.

»Du hast recht. Es reicht nicht«, sagte ich. Gleichzeitig fiel mir mein Gespräch mit Max wieder ein. Gestern hatte sich zum ersten Mal ein Fenster geöffnet, ein Fenster zu einem anderen Leben, in dem auch ich mir vorstellen konnte, eine Mutter zu sein. Aber es war nicht mein Herzenswunsch wie bei Daniel und anscheinend allen anderen fühlenden Wesen auf diesem Planeten. Irgendetwas stimmte nicht mit mir.

»Trotzdem«, sagte ich und hob die Hand, als Daniel mir ins Wort fallen wollte. Ich holte tief Luft. »Es stimmt, dass ich nie Kinder wollte. So ticke ich nun mal. Gleichzeitig bin ich traurig darüber. Man muss kein Analytiker sein, um zu sehen, dass das mit meiner Familie zusammenhängt. Mein Vater war gewalttätig und meine Mutter konnte sich nicht zur Wehr setzen, konnte auch uns nicht beschützen. Und dann verschwand meine Schwester buchstäblich über Nacht! In den letzten Tagen habe ich mich mehr als genug mit der Geschichte auseinandergesetzt. Ich fühle mich nicht in der Lage, einem Kind den Schutz zu bieten, den ich selbst nie bekommen habe.«

»Ich weiß. Ich habe das immer gespürt, aber nicht einordnen können.« Er suchte meinen Blick. Die Peinlichkeit meines Gefühlsausbruchs hing noch in der Luft. »Bitte, hör auf, dich an mich zu klammern«, sagte er dann. Neue Empörung stieg in mir hoch, wie Magensäure.

»Klammern? Hat Janine dir das in den Mund gelegt? Du bist mein Mann, du kannst nicht einfach aus meinem Leben spazieren und erwarten, dass ich dir fröhlich hinterherwinke.«

»Es ist nicht so, dass ich gar nichts mehr für dich empfinde«, sagte er. »Ich habe durchaus überlegt, ob wir es noch mal miteinander probieren sollen.« Wie beschwörend seine Worte klangen! Für einen Augenblick hatte ich die Illusion, dass noch alles offen war. Dass ich etwas tun konnte, um ihn festzuhalten. Dabei verrieten seine Stimme und seine verschränkten Arme, dass er seine Entscheidung getroffen hatte – und seine Worte: »Aber es geht nicht. Ich möchte, dass wir uns trennen.«

Ich schlug die Hände vor das Gesicht. Das, was ich am meisten gefürchtet hatte, war eingetreten. Schlimmer konnte es nicht mehr kommen. Im nächsten Moment wurde ich eines Besseren belehrt.

»Janine ist schwanger«, sagte Daniel. »Ich will mit ihr zusammenleben, als Familie.« Seine Stimme war voller Wärme. Wahrscheinlich verkniff er sich ein glückliches Lächeln, während ich neben ihm kauerte und meine Welt zusammenbrach. In diesem Moment hasste ich ihn für das, was er mir antat, und Janine hasste ich noch mehr.

## Max

»Vielen Dank, Herr Engel. Wir melden uns morgen bei Ihnen. Sie waren sehr überzeugend. So viel kann ich jetzt schon sagen, nicht wahr?« Die junge Personalchefin nickte ihrem Sitznachbarn zu, der mit seinen wirren grauen Haaren und den dicken Brillengläsern etwas kauzig wirkte. Aber er brannte für die Entwicklung von Inspektionssystemen. Er war in Max' Alter und würde, wenn es gut lief, sein Chef werden. Er nickte Max aufmunternd zu.

Max hatte ein gutes Gefühl. »Danke ebenfalls. Ich würde sehr gern mit Ihnen zusammenarbeiten«, sagte er. Sie verabschiedeten sich und das Videobild verschwand. Max streckte sich und hüpfte ein paar Mal auf und ab, um das Adrenalin loszuwerden. Mit hoher Wahrscheinlichkeit hatte er den Job! Das Praktikum war seine Eintrittskarte in eine neue Welt. Nach seinem Abschluss würde man weitersehen. Max Engel, Bachelor of Engineering. Seine Kinder und seine Exfrau würden Augen machen!

Es klopfte an der Tür. Das war bestimmt Alexandra, er hatte sie vor ein paar Minuten kommen hören und sich gewundert, dass sie schon zurück war. Hatte sie ihre Mutter in Passau nicht angetroffen? Gleich würde er es wissen. Schwungvoll riss er die Tür auf – und sein Chef stand vor ihm.

»Moin, Daniel«, sagte er überrascht und merkte, wie das Lächeln auf seinem Gesicht gefror. Daniels miese Stimmung schlug ihm entgegen wie eine Wand. Er sah aus, als wäre ihm gewaltig etwas über die Leber gelaufen. Mit säuerlichem Gesicht sagte er: »Servus. Du bist ja gut drauf.«

»Warum auch nicht?«, entgegnete Max. Nach dem Gespräch von eben war seine gute Laune unerschütterlich. »So schlimm ist das jetzt auch nicht, dass die Werkstatt unser Auto bis morgen nicht reparieren kann. Und ich wäre auch mit dem Zug nach Hause gekommen, die Wirtin wollte uns heute Abend zum Bahnhof bringen.«

»Ja, das hast du mir schon geschrieben. Ich bin trotzdem hergefahren, war eh gerade unterwegs. Am Montag kannst du mit einem Ersatzfahrzeug zurückkommen.«

»Mit einem neuen Helfer?«, erkundigte sich Max. Er war halb erleichtert, halb enttäuscht, dass er nicht mehr mit Alexandra zusammenarbeiten würde. Und von wegen zufällig unterwegs! Max war sich sicher, dass Daniel gekommen war, um seine Frau nach Hause zu holen. Wurde ja auch mal Zeit.

Daniel winkte ab. »Das sehen wir dann. Ich warte im Auto auf dich.«

»Alles klar. Gib mir ein paar Minuten«, sagte Max. Während er seine Sachen packte, klopfte es erneut. Vor seiner Tür stand Alexandra, blass und mit geröteten Augen. Sie trug das Kleid von gestern Abend und darüber ein kariertes Flanellhemd. Sie war barfuß und hatte kein Gepäck dabei. Es sah nicht so aus, als würde sie mit ihm und Daniel nach Hause fahren. Irgendetwas war da wohl schiefgelaufen.

»Hey«, sagte er. »Wie war's in Passau?«

»Ich war gar nicht dort. Stattdessen hatte ich eine Aussprache mit Daniel. Ich bleibe noch hier. Mal sehen, ob ich es morgen zu meiner Mutter schaffe.«

Sie klang, als hätte sie einen kolossalen Schnupfen.

»Dir geht's nicht gut«, stellte er fest.

Sie schüttelte den Kopf und schien zu überlegen, ob sie nicht lieber schweigen sollte. Dann sagte sie: »Daniel und ich lassen uns scheiden. Da muss ich jetzt irgendwie durch.« Sie versuchte ein Lächeln, doch Max wusste, wie ihr zumute war. Er erinnerte sich sehr gut an seine eigene Trennung.

»Ich weiß, das fühlt sich einfach nur beschissen an. Aber mit der Zeit wird es leichter. Und wer weiß …«

»… was danach Tolles auf mich wartet, ja.« Sie rollte mit den Augen, und etwas von ihrem Witz und der Lebenslust blitzte durch, die er in den letzten Tagen kennengelernt hatte. Humorvoll und unverwüstlich, das war sie – trotz allem, was sie momentan mit sich herumtrug.

»Genau. Ich muss jetzt los, Daniel wartet auf mich. Viel Glück bei deiner Mutter. Gib mir Bescheid, wenn du was herausgefunden hast.«

Sie nickte. »Ich schreib dir.«

»Ja, gerne.« Er schenkte ihr ein, wie er hoffte, ermutigendes Lächeln. Und dann warf er all seine Bedenken über Bord und fügte hinzu: »Du kannst mich jederzeit anrufen.«

Der Anflug eines Lächelns erschien auf ihrem Gesicht. »Danke. Du bist ein guter Typ, Max. Weißt du das?«

In seiner Magengrube flatterte es. Erwartete sie darauf ernsthaft eine Antwort? Er zuckte mit den Schultern und versuchte, sein verlegenes Lächeln im Zaum zu halten. »Lass dich nicht unterkriegen«, sagte er. Sie nickte, drehte sich weg und ging zurück in ihr Zimmer.

Fünf Minuten später war er mit dem Packen fertig. Bevor er das Zimmer verließ, checkte er sein Smartphone: eine Mail von der Personalchefin. *Herzlichen Glückwunsch, Sie haben den Job*, hatte sie geschrieben und dahinter einen Smiley gesetzt! Das war großartig. Er schulterte seinen Reiserucksack und joggte die Treppe hinauf. Auch heute spürte er keine Schmerzen. Das Jobangebot verlieh ihm neue Energie. Aber was war das zwischen ihm und Alexandra? Er wusste aus eigener Erfahrung, dass es eine Zeit dauern würde, bis sie den ganzen Mist hinter sich gelassen hatte und klar sehen konnte. Wahrscheinlich länger, als er noch für sie und Daniel arbeiten würde.

Draußen auf dem Parkplatz lehnte Daniel am Auto und wischte auf dem Display seines Handys herum. Als er Max kommen sah, steckte er das Gerät weg und setzte sich ans Steuer. Dort wartete er schweigend, bis Max sein Gepäck im Kofferraum verstaut hatte und sich neben ihn setzte. Max rutschte tief in den Sessel und schloss die Augen.

»Alexandra bleibt hier, sie hat noch etwas zu erledigen«, erklärte Daniel, während er vom Parkplatz fuhr.

Max blinzelte. »Ich weiß.« Draußen rauschten die Häuser vorbei und schon überquerten sie die kleine Brücke über den Sesslbach. In der Ortsmitte bog Daniel knapp vor einem entgegenkommenden Lkw links ab. Der Fahrer hupte, Max klammerte sich unwillkürlich an den Türgriff. »Sorry«, murmelte Daniel.

»Fahr bitte langsamer. Hoffentlich findet Alexandra endlich raus, was aus ihrer Schwester geworden ist.«

Daniel schaute kurz zu ihm herüber und heftete den Blick dann wieder auf die Fahrbahn. »Du kennst die Geschichte?«, fragte er.

»Ich habe sie gestern zu ihrem Elternhaus begleitet, das hat sich auf dem Rückweg von der Werkstatt so ergeben. Ziemlich heftig das alles.«

»Ja. Ohne ihre Schwester kann sie das Erbe nicht verwerten.«

»Das ist wohl nicht das Hauptproblem.«

»Sondern?« Daniel klang genervt.

Max seufzte. So viel dazu, dass er sich nicht einmischen wollte. »Hast du eigentlich Geschwister?«, fragte er.

Daniel nickte: »Meine große Schwester Diana. Wenn ich mir vorstelle, dass sie nicht mehr da wäre … und ich seit Jahren nicht wüsste, wo sie ist …«

»Siehst du? Genau das meine ich.«

Daniel antwortete nicht und Max hing seinen eigenen Gedanken nach. Es stand ihm nicht zu, Daniels Verhalten zu kritisieren. Er hatte sicher gute Gründe dafür. Doch er fand es ziemlich hart, dass Alexandra in dieser Situation alleine blieb. Ihre beste Freundin arbeitete in London; auch Mutter und Tante waren keine Stütze, sondern Teil ihres Problems. Er nahm sich vor, sie spätestens morgen Abend anzurufen, falls er bis dahin nichts von ihr hörte …

Als Daniels Telefon klingelte, schreckte Max auf. Er war wohl kurz eingenickt, denn sie befanden sich schon auf der Autobahn. Das Smartphone war mit dem Bordcomputer gekoppelt und auf dem Display leuchtete dick und fett ein Name: *JANINE*. Viel zu hektisch hob Daniel ab und sagte: »Hallo, Janine, ich rufe dich später zurück.« Doch er wurde übertönt von der Frau, die gleichzeitig sprach und deren Stimme glasklar und lebhaft aus den Lautsprechern perlte. »Hallo, Schatz! Hast du schon mit ihr gesprochen?«

Jetzt wurde Max so einiges klar: Daniel hatte einen *Schatz* in seinem Leben – und es war weder seine Frau noch seine Schwester. Während Daniel diese Janine auf später vertröstete und ein Rastplatzschild in Sicht kam, traf Max eine Entscheidung. »Lass mich raus«, sagte er, und Daniel setzte prompt den Blinker. Kaum war das Auto vor dem WC-Häuschen ausgerollt, stieg Max aus, holte seine Sachen aus dem Kofferraum und blieb kurz neben dem offenen Fenster auf der Fahrerseite stehen. »Ich nehme Urlaub«, sagte er. »Und du kannst auf der Heimfahrt in Ruhe mit deinem Schatz telefonieren. Viel Spaß.«

»Hey, warte«, sagte Daniel, doch Max achtete nicht auf ihn. Er ging auf die Einfriedung des Parkplatzes zu, ohne zu wissen, wo genau er sich befand und wie er von hier wegkommen sollte. Doch außer einem Mäuerchen gab es keine

Hindernisse. Dahinter führte ein Feldweg vorbei. Er setzte den Rucksack auf und marschierte los, auf einen Weiler zu, den er in der Ferne erkennen konnte.

## Passau

Zunächst war ich erleichtert, als Max' Zimmertür nebenan zufiel und sich seine Schritte auf der Treppe entfernten. Auch noch, als ich Daniels Auto starten und die Reifen oben auf dem geschotterten Parkplatz knirschen hörte. Dann verklang auch dieses Geräusch und ich war allein. Jetzt musste ich mich nicht mehr zusammenreißen, war niemandem Rechenschaft schuldig. Ich musste keine Chefin mehr sein, und eine Ehefrau war ich nur noch auf dem Papier. Ich konnte weinen, ohne dass mich jemand hörte oder mein verquollenes Gesicht sah. Ich legte mich ins Bett und zog mir die Decke über den Kopf, wartete auf weitere Tränen. Stattdessen begann ich zu frösteln und fühlte mich leer. Mein ganzer Körper war taub und ich sehnte mich nach einem Geräusch, nach einem Lebenszeichen von nebenan. Erst jetzt merkte ich, wie tröstlich Max' Gegenwart auf der anderen Seite der Wand für mich gewesen war: das Rauschen und Plätschern, wenn er den Wasserhahn am Waschbecken aufdrehte; seine gedämpfte Stimme, wenn er telefonierte, und die Schritte auf dem knarzenden Laminatboden. Jetzt war es zum Verrücktwerden still. Auch aus der Küche und dem Restaurant drang kein Laut, es herrschte vollkommene Ruhe im Haus. War überhaupt noch jemand auf der Welt außer mir?

Ich drehte mich auf den Rücken und versuchte zu schlafen, doch ein schwerer Schatten senkte sich auf mich. Gedanken an die Scheidung, Eifersucht auf Janine, Bilder von Melanie. Ich dachte an Judith, die jetzt sicherlich mit ihren Kunden beschäftigt war. Wenn ich noch länger hier liegen blieb, würde ich durchdrehen. Sollte ich schwimmen gehen? Mein Gedankenkarussell drehte sich weiter und ich kam zu keiner

Entscheidung. Immerhin schaffte ich es, aufzustehen und mein Gesicht mit einem nassen Waschlappen zu kühlen. Anschließend wagte ich einen Blick in den Spiegel: Ich war blass und meine Mundwinkel wiesen nach unten, doch ich machte einen halbwegs gesellschaftsfähigen Eindruck. Ich konnte genauso gut zu meiner Mutter fahren. Es war erst drei Uhr, ich würde zwischen Kaffee und Abendessen dort ankommen. Ich fasste neuen Mut. Alles war besser, als im Zimmer vor mich hin zu grübeln. Ich kontrollierte noch einmal meine Tasche und vergewisserte mich, dass ich Melanies Skizzenbuch eingepackt hatte. Dann machte ich mich auf den Weg.

Unter anderen Umständen hätte mir Yvonnes roter Flitzer Spaß gemacht. Er war klein und beschleunigte ordentlich, wenn es drauf ankam, zum Beispiel beim Überholen auf der Autobahn. Vielleicht sollte ich mir auch so einen zulegen, anstelle meines vernünftigen dunklen Firmenkombis. Den würde ich am allerwenigsten vermissen. Die Vorstellung, nicht mehr in der Firma zu arbeiten, fühlte sich auf einmal fast befreiend an.

Ich brauchte kaum eine halbe Stunde bis nach Passau, wo ich in das Parkhaus hinter dem Bahnhof fuhr. Das machte ich meistens so. Auch diesmal lief ich die zwanzig Minuten zu Fuß bis zu Marinas Wohngemeinschaft. Die Bewegung tat mir immer gut. Sie löste meine innere Unruhe oder auch die aufgestaute Wut auf dem Rückweg. Heute war mir die merkwürdige Distanz zwischen mir und meiner Mutter egal. Hauptsache, ich konnte etwas tun und mich von dem Trennungsschmerz ablenken, der so gut wie alles andere überlagerte.

Erst als ich vor dem Haus in der Altstadt stand, spürte ich die vertraute Anspannung wieder. Ich drückte die Klingel, nannte meinen Namen und die Tür sprang auf. Nachdem ich sie hinter mir geschlossen hatte, schluckten die dicken Mauern die Geräusche der Stadt. Die dunkel lackierte Holztreppe knarzte wie ein altes Schiff und die unebenen Stufen gaben mir tatsächlich das Gefühl, ein wenig zu schwanken. Oben im zweiten Stock wartete jemand in der offenen Tür auf mich. Es war Ilona, die Wohngruppenbetreuerin, die ich am liebsten mochte. Sie war kaum jünger als meine Mutter und begrüßte mich mit einem Lächeln, was man von Marina meistens nicht behaupten konnte. Ich atmete auf. Die erste Hürde war genommen. »Ist meine Mutter da?«, fragte ich, schwer atmend. Normalerweise nahm ich die zwei Stockwerke mit links. Ilona hielt die Tür für mich auf und streckte den Arm aus, ohne mich zu berühren. Wie eine menschliche Leitplanke, dachte ich. Sie schien nicht überrascht zu sein, dass ich einfach so auftauchte.

»Ja. Eine Freundin ist bei ihr«, sagte Ilona. »Ich glaube, die beiden warten auf Sie. Sie sitzen auf dem Balkon. Gehen Sie ruhig durch, Sie kennen sich ja aus.«

»Danke.« Mit Ilonas Blick im Rücken ging ich durch den Flur auf das Zimmer meiner Mutter zu. Beim Näherkommen hörte ich jemanden lachen, meine Mutter und eine weitere Frau, deren Stimme mir bekannt vorkam. Melanie? Mein Herz setzte für einen Moment aus. Ich klopfte an die Tür und das Gelächter erstarb. Da niemand antwortete, machte ich auf und durchquerte das kleine Zimmer. Es war ordentlich, aber vollgestellt mit jeder Menge Krimskrams, von kleinen Buddhafiguren über bemalte Steine bis zu einem Schutzengel. Ich trat auf den Balkon. Meine Mutter saß auf einem Liegestuhl unter dem Sonnenschirm und sah mich an. Ihr langes, immer noch dunkelblondes Haar hatte sie zu einem Zopf geflochten und sie trug ein Kleid mit Batikmuster in Blautönen.

Es musste ein Überbleibsel aus den Achtzigerjahren sein und sie kam mir keinen Tag älter vor als vierzig. So alt, wie Melanie jetzt gewesen wäre. Die Frau neben Marina hingegen war sichtbar älter geworden, seit wir uns zum letzten Mal gesehen hatten. Etwa zwanzig Jahre war das jetzt her, trotzdem erkannte ich sie sofort. Sie trug auffallend große silberne Ohrringe und den gleichen jugendlichen Kurzhaarschnitt wie früher. Nur ihr Haar war komplett weiß geworden. Es stand ihr gut.

»Tante Christa!«, sagte ich. »Ich dachte, du bist in Hamburg?«

Sie löste sich vom Balkongeländer und kam auf mich zu. Ihre grauen Augen erinnerten mich an Kurt, doch ihr Blick war freundlich. »Alexandra, meine Liebe. Ich wusste, dass du kommen würdest. Unser Gespräch ging mir nicht mehr aus dem Kopf, also habe ich mich gestern Abend noch in den Nachtzug gesetzt.«

Christa zog mich ungefragt in ihre Arme. Sie roch nach etwas Zitronigem und ganz schwach nach Zigarettenrauch, ein Duft, der mich an Max erinnerte. Ich schloss unwillkürlich die Augen. Als ich sie wieder öffnete, war Marina aufgestanden und sah mich an. Ihr Gesicht wirkte offener als sonst und sie hielt meinem Blick stand. Als meine Tante mich endlich losließ, umarmte ich auch sie. Das war schon länger nicht mehr vorgekommen. Sie hielt mich ganz fest. Erst spürte ich leichtes Unbehagen, dann flutete mich eine Woge der Zuneigung. Für ein paar Augenblicke war ich wieder fünf Jahre alt und spürte das grenzenlose Vertrauen, dass sie mich trösten konnte. Ich begann zu weinen und prompt streichelte sie mir beruhigend den Rücken. Sogar ihr Duft schien noch derselbe zu sein, eine Mischung aus Ringelblumen und Lavendel. »Was ist denn los?«, fragte Christa mich, und ich fiel auf den Boden der Tatsachen zurück. Diese beiden Frauen kannten mich nicht wirklich. Nicht mehr. Ich machte mich von Marina los, meine Knie zitterten. Sie schien es auch zu bemerken, denn sie sagte: »Lass uns reingehen«, und schob mich sanft ins Zimmer. Dort plumpste ich wie ein nasser Sack auf das Sofa und meine Zähne schlugen aufeinander wie im tiefsten Winter. Tante Christa schob mir eines der riesigen orientalisch gemusterten Zierkissen in den Rücken und Marina bot mir eine Decke an. Die beiden bemühten sich um mich, das musste ich ihnen lassen. Ich gab ihnen einen kurzen Abriss über den Status meiner Ehe. Marina und Christa hörten mir zu und sahen einander immer wieder an. Schließlich ging Christa hinaus, um etwas zu trinken zu holen. Ich blieb mit Marina alleine zurück. Ich konnte förmlich spüren, wie sie Anlauf nahm, bevor sie sagte: »Christa hat mir erzählt, dass du im Haus warst … und dass du ihr eine Menge Fragen gestellt hast.«

In meinem Magen ballte sich Wut zusammen, doch ich war zu erschöpft, um ihr Ausdruck zu verleihen. Ich nickte. »Was verschweigt ihr mir? Ist Tante Christa gekommen, um dir gegen mich und meine lästigen Fragen beizustehen?«

Marina stand auf und ging zum Fenster. Das war's jetzt, dachte ich. Sie wird mir wieder keine Antwort geben. Doch dann sagte sie leise: »In dem Fall hätte sie dich kaum ermutigt, zu mir zu kommen, oder?« Sie drehte sich um und lehnte sich an die Brüstung, eine dunkle Silhouette vor dem hellen Fenster. »Aber es stimmt, dass sie mich unterstützt. Sie weiß als Einzige, was ich durchgemacht habe.«

Ich biss mir auf die Lippen. Meine Mutter, das arme Opfer. Ging es denn immer nur um sie? Ich konnte und wollte keine Rücksicht mehr nehmen.

»Ist Melanie tot?«, fragte ich direkt.

Marina zuckte zusammen. Dann sagte sie mit überraschend fester Stimme: »Ich denke nicht.«

Die Worte hallten in mir nach, fielen wie in einen dunklen Schacht. Tausend Fragen drängten sich auf, Szenen wie aus einem schlechten Film.

»Was soll das heißen?«

»Sie hat vor etlichen Jahren ein Kontaktverbot gegen Kurt und mich erwirkt. Du kannst dir denken, warum.« Marina senkte den Kopf und schwieg, aber ich durfte sie jetzt nicht vom Haken lassen.

»Erklär es mir genauer«, drängte ich. »Hat er Melanie auch geschlagen?«

»Nein. Das heißt, doch. Genau einmal. Eine heftige Ohrfeige – wenige Wochen, bevor sie weggegangen ist. Du warst schon im Bett und hast es nicht mitbekommen. Sie wollte auch nicht, dass du davon erfährst.«

»Deshalb hat sie sich also von mir zurückgezogen … Sie wollte nicht mehr mit mir schwimmen gehen und auch sonst nichts mit mir unternehmen. Das hat mir sehr wehgetan. Früher haben wir immer zusammengehalten.«

Marina ging gar nicht auf meine Worte ein. Ein unerwartetes Lächeln erschien auf ihrem Gesicht. »Melanie hat sich nichts gefallen lassen. Sie war nicht …«

»Nicht so wie du«, sagte ich. In diesem Moment hatte ich kein Mitleid mit ihr.

Tante Christa kam herein, ein Tablett mit drei großen Tassen in den Händen. Dann sagte meine Mutter: »Du hast recht, Alexandra. Ich hätte euch beschützen müssen, mich von Kurt trennen und ihm die Stirn bieten müssen. Das habe ich nicht geschafft. Ich hatte Angst vor ihm und ich wusste nicht, wie ich es mit euch alleine schaffen soll. Das ist unverzeihlich. Es tut mir leid. Kein Wunder, dass Melanie nichts mehr von mir wissen will und dass du mich hasst.« Tränen liefen über ihr Gesicht, aber mein Herz blieb seltsam kalt. Erst war ich wütend über ihre Unterstellung, dann schockiert. Mir war nicht danach, ihr meine Liebe zu versichern. Aber ich konnte das so nicht stehen lassen.

»Ach, Mama«, sagte ich. »Ich hasse dich doch nicht. Ich verstehe dich sogar. Aber ich habe so lang auf ein Zeichen von dir gewartet. Einfach zu hören, dass es dir leid tut … dass du dich dafür interessierst, was in mir vorgeht – das hätte mir schon gereicht. Und natürlich will ich immer noch wissen, was aus Melanie geworden ist.«

Ich konnte ihren Blick nicht recht deuten, doch wenigstens schaute sie mich an. Ihre Lippen zitterten. Christa hatte sich neben sie gestellt und einen Arm um sie gelegt. »Erzähl ihr alles, Marina. Sie hat ein Recht darauf«, sagte sie sanft, und zu mir: »Hör einfach mal zu. Keine Vorwürfe, okay? Deine Mutter hat genug mitgemacht.«

Ich schluckte meinen Protest herunter und sagte leise: »Okay.«

Marina nickte. »Melanie ging zu ihrem leiblichen Vater. Ein Typ aus meiner Clique damals, Marko Leitner. Ich war nie in ihn verliebt, falls dich das interessiert. Wir hatten nur ganz kurz was miteinander. Als ich schwanger wurde, ist er abgehauen. Aber er zahlte die ganze Zeit über Unterhalt für seine Tochter und Melanie wusste auch, wo er wohnte. Er lebte damals in Linz.« Sie seufzte. »Sie hat ihn ein paar Mal dort besucht, bevor sie ganz weg ist. Hat sie dir wirklich nichts davon erzählt? Vor Kurt haben wir es natürlich geheim gehalten. Er war ja irgendwie gegen alles, einfach so. Dabei hätte es ihm recht sein können, wenn Melanie aus dem Haus ist.«

Mir fiel das Bild aus Melanies Skizzenbuch wieder ein, die Stadtansicht von Linz. Die Spur führte also tatsächlich dorthin!

»Kannst du mir die Adresse geben?«

»Das Haus existiert nicht mehr. Christa hat es vor einer Weile gegoogelt. Da steht jetzt ein Einkaufszentrum.«

»Aber am Anfang hattest du noch Kontakt zu Melanie?«

Marina schüttelte den Kopf. »Zu ihr selbst nicht. Ein paar Tage nach ihrem Verschwinden rief Marko mich an und gab mir Bescheid, dass sie bei ihm ist.« Marina schluckte. »Dann sagte er, ich solle sie in Ruhe lassen.«

Ich spürte, wie meine Wangen heiß wurden und sich die Wut in meinem Kopf aufbaute wie Dampf in einem Schnellkochtopf. Tante Christa warf mir einen warnenden Blick zu, während mein Verstand auf Hochtouren arbeitete und die Emotionen unter Kontrolle hielt. »Und du hast dich daran gehalten?«, fragte ich. Meine Stimme bebte, aber wenn ich jetzt nicht halbwegs ruhig blieb, würde ich gar nichts mehr erfahren.

»Zunächst schon. Ich war erleichtert, dass es ihr gut ging. Ich konnte einfach nicht mehr. Wochen später habe ich noch mal bei Marko angerufen, aber es ging nur der Anrufbeantworter an. Bis die Nummer irgendwann gar nicht mehr funktionierte. Die Briefe kamen ungeöffnet zurück und irgendwann erwirkte sie dieses gerichtliche Kontaktverbot. Ich hatte Angst, dass sie mich in die Psychiatrie stecken, wenn ich mich darüber hinwegsetze.«

Marinas Stimme war leise geworden und ihr Gesicht immer blasser. Christa fasste sie behutsam am Arm und führte sie zu dem Couchsessel, der im rechten Winkel zum Sofa stand. Dort drückte sie ihr eine der Tassen in die Hand.

»Deine Mutter war damals körperlich und nervlich am Ende.« Damit sagte mir Christa nichts Neues. Mit meinen eigenen Nerven stand es momentan auch nicht zum Besten. Ich nahm mir eine Tasse und nippte daran. Es war heißer Kakao, heiß wie der Sommertag draußen und in dem Moment genau das Richtige für mich.

»Sie blieb viele Wochen in der psychosomatischen Klinik«, erklärte Christa. Auch das wusste ich natürlich. »Später habe ich ihr geholfen, in diese Wohngruppe zu kommen. Ich fühlte mich verantwortlich, weil Kurt mein Bruder war. Marina hatte ja keine lebenden Verwandten mehr und auch keine Freundinnen, Kurt hatte sie vollkommen isoliert. Er hatte einfach nur wiederholt, was unsere eigenen Eltern uns mit auf den Weg gaben. Sie waren beide kriegstraumatisiert. Mein Vater kam erst 1952 aus der Kriegsgefangenschaft zurück und ein Jahr später wurde ich geboren. Wir hatten beide keine schöne Kindheit, mein Bruder und ich. Wir wurden materiell versorgt, aber das war auch alles. Wärme und Zuneigung, das erlebte ich erst bei meinem ersten Freund …« Sie schaute verträumt aus dem Fenster.

Da fiel mir etwas ein: »Was ist eigentlich mit Ariane passiert?«

Christa zuckte zusammen, ihr Blick schoss zwischen mir und meiner Mutter hin und her. Marina schien nicht zu verstehen, um wen es ging.

»Wen meinst du?«, fragte Christa, dabei wusste sie es sicherlich genau.

»Kurts Verlobte. Ich habe die Todesanzeige gefunden. Es war von einem tragischen Unglück die Rede. Hatte sie einen Unfall? War mein Vater beteiligt?«

Christa schüttelte den Kopf. »Nein, er war gar nicht dabei. Er erfuhr es von einer gemeinsamen Freundin: Ariane war beim Schwimmen in der Donau einfach untergegangen, man barg ihre Leiche erst Tage später. Er hatte sie geliebt und sie ihn auch, soviel ich weiß. Sie wollten in dem Sommer heiraten, obwohl ihre Familie dagegen war. Ihr Tod nahm ihn ziemlich mit. Danach hatte er jahrelang keine Freundin mehr.« Sie schaute zu Marina hinüber. »Und dann kamst du.«

»Ich wusste nicht, dass er schon mal verlobt war«, sagte meine Mutter mit ausdrucksloser Stimme und starrem Gesicht. Es war unmöglich, herauszufinden, was sie dachte oder fühlte. Was wäre wenn …, dachte ich. Wenn Ariane nicht gestorben wäre. Wenn Kurt sie in jungen Jahren geheiratet hätte. Vielleicht hätte seine Entwicklung eine andere Richtung genommen, eine positivere. Ohne Gewalt. Hatte er Marina eigentlich geliebt oder wollte er nur nicht mehr alleine sein? Das würde ich nicht mehr herausfinden und es war mir eigentlich auch egal.

Christa holte Luft. »Ich muss dir auch etwas gestehen. Ich habe dich gestern angelogen. Natürlich hat mir Melanie Fotos von ihren Arbeiten geschickt, von den Bildern und den Webstücken. Ich ermutigte sie, zu ihrem Vater nach Linz zu gehen. Schon wegen der Kunst-Uni. Und ich hatte ihr versprochen, mich um dich zu kümmern. Über ein paar Umwege bekam ich Kontakt zu eurem Pfarrer Höllgartner, der dafür sorgte, dass du auf das Internat kamst. Von mir direkt hätte Kurt diesen Vorschlag nie akzeptiert. Melanie stellte sich das natürlich anders vor. Sie wollte, dass ich dich bei mir aufnehme, falls es nötig wird. Du selbst hast mich danach gefragt. Aber ich konnte es mir beim besten Willen nicht vorstellen. Ich wollte nie Kinder, weder eigene noch fremde«, sagte sie trocken. Ich verstand Tante Christa nur zu gut. Trotzdem war es hart für mich gewesen.

»Okay«, sagte ich. »Ich wusste nicht, dass du dich hinter den Kulissen für mich eingesetzt hast. Danke … Danke für deine Ehrlichkeit. Und auch für deine, Mama. Endlich.« Meine Wut schluckte ich hinunter. Es würde eine Weile dauern, die neuen Informationen zu verarbeiten und für mich zu sortieren.

Marina hatte die ganze Zeit über still dagesessen und zugehört. Jetzt sagte sie: »Ich hoffe, du findest sie. Ich möchte doch auch wissen, was aus ihr geworden ist.«

Na, super. Ich hatte immer noch keinen blassen Schimmer, wie das funktionieren sollte, dafür ruhte jetzt die Erwartung meiner Mutter auf mir. Ich stand auf und verabschiedete mich, bevor ich doch noch platzte.

## Max

Max lag auf der Böschung am Rand der Straße, sein Rucksack neben ihm. Heißer Wind strich über ihn hinweg, Grillen zirpten. Hoch oben kreiste ein Raubvogel. Ansonsten war es still. Nur alle paar Minuten kam ein Auto vorbei. Die Ankunft des Busses hätte er beinahe verschlafen. Der war leer bis auf Max und den Busfahrer, der ihn nach Straubing brachte. Von dort aus ging es weiter mit dem Zug nach Plattling und dann nach Deggendorf. Hier hieß es wieder warten. Auf einen Bus, der ihn in Richtung Sesslfing beförderte. Langsam wurde Max richtig gut im Wandern. Und im Warten. Bei dem Tempo kam er wahrscheinlich erst im Dunkeln an. Alexandra würde sich wundern, wenn er auftauchte! Immer wieder schaute er auf sein Smartphone. Kein Lebenszeichen von ihr.

Der Bus hielt am Rand von Sesslfing; den Marktplatz fuhr er heute nicht mehr an. Das hatte Max per Handy gecheckt und sich vom Busfahrer bestätigen lassen. Bis zum Bergwirt war es noch ein Fußmarsch von etwa zwanzig Minuten.

Schon von Weitem suchte er den Parkplatz ab, doch das rote Cabrio war nicht da. Hatte Alexandra es bereits zu Yvonne zurückgebracht? Vor dem Haus traf er auf Noah, der gerade von seinem Fahrrad stieg. Er trug seine Gitarre auf dem Rücken und begrüßte Max mit einem Lachen, offen und übermütig. »Servus, Max, was machst du denn hier? Mein Vater hat gesagt, du wärst nach Hause gefahren.«

»Ich habe es mir anders überlegt, ich bleibe übers Wochenende«, sagte Max. »Das geht doch?«

»Klar, die Zimmer vergeben wir nur an Monteure. Komm mit, ich gebe dir den Schlüssel. Mein Vater rotiert bestimmt im Lokal.«

Noah ging voraus in den Thekenbereich, wo auch die Schlüssel hingen, und Max' Blick fiel auf die Gitarrentasche. Noah setzte sie behutsam ab, bevor er hinter die Theke schlüpfte. Die Tasche war nicht aus Nylon, sondern aus gewebtem Stoff gefertigt, möglicherweise sogar in Handarbeit. Das Muster war unregelmäßig. Verschiedene Blautöne, dunkles Grün und sattes Braun flossen ineinander, durchzogen von einigen wenigen lackschwarzen Fäden. Max bückte sich, um es sich genauer anzusehen. Er strich mit den Händen über den Stoff. »Tolle Tasche«, sagte er. Sie erinnerte ihn an etwas.

»Noah?« Das war Lukas' Stimme, laut und scharf. Der Junge drehte sich erschrocken um. Max sprang auf. Die plötzliche Bewegung fuhr ihm schmerzhaft in den Rücken und er schnappte nach Luft. Währenddessen kam Lukas um die Theke herum und baute sich vor Max auf. Dabei lächelte er, aber die Fältchen um seine Augen herum bewegten sich kein bisschen. Max straffte seinen schmerzenden Rücken. Er spürte plötzlich jeden Kilometer, den er heute gegangen war – und vielleicht auch jeden, den er sitzend im Bus zurückgelegt hatte.

»Hallo, Lukas«, sagte er, »ich möchte doch über das Wochenende bleiben.« Er hielt den Schlüssel hoch, den Noah ihm gegeben hatte. »Geht das in Ordnung?«

Lukas wirkte kurz verwirrt. »Na klar«, sagte er schließlich. Dann schaute er demonstrativ auf seine Armbanduhr. »Warum kommst du eigentlich jetzt erst, Noah? Im Biergarten ist der Teufel los, ich brauche deine Hilfe.«

Max hob die Gitarrentasche auf und reichte sie Noah. »Ich würde zu gern wissen, wo man so was kaufen kann«, sagte er und sah Lukas herausfordernd an.

# Linz

Ich verließ Passau über die Innstadt und folgte dem Lauf der Donau. Zwischendurch entfernte sich der breite Strom in Schleifen von mir und der Bundesstraße, doch kurz vor den Toren der Stadt kamen wir wieder zusammen. Es dämmerte bereits, als ich auf einer Brücke über den Fluss rollte. Links von mir nahm ich flüchtig eine hohe gläserne Fassade wahr; das musste das *Ars Electronica Center* sein. Dann wurde mein Blick von den riesigen Gebäuden am gegenüberliegenden Brückenkopf angezogen. Sie wirkten wie ein gigantisches Eingangstor zur Stadt. Der Platz dahinter erschien mir riesig.

Nachdem ich gefühlt mehrmals im Kreis gefahren war, fand ich eine Tiefgarage. Erst, als ich den Motor abstellte, merkte ich, wie erschöpft ich war. Ich nahm meine Tasche, stieg aus und vergewisserte mich mehrmals, dass Yvonnes Auto auch wirklich abgeschlossen und innerhalb der Markierungen geparkt war. Dann stieg ich endlich an die Oberfläche. Meine Beine waren schwer. Die Straßen und Gassen der Stadt nahmen mich auf wie alte Bekannte. Ich spürte, dass Linz größer war als Regensburg. Vielleicht lag es auch nur an meiner Erschöpfung, dass mir alles lauter, heißer und überfüllter vorkam als zu Hause. Irgendwie fand ich zurück auf den Hauptplatz und erkannte die großen Gebäude links und rechts der Brücke wieder. Ich ging näher ran. In einem der Arkadenbögen war ein Schaufenster, das für eine Ausstellung warb. Ich stand direkt vor der Kunstuniversität! Hatte Melanie tatsächlich hier studiert? Jetzt am Abend war der Eingang natürlich geschlossen. Wahrscheinlich war es ohnehin sinnvoller, eine Mailanfrage an die Uni zu richten. Ja, wahrscheinlich hätte ich per Internet und Telefon mehr ausrichten können als durch meine überstürzte Fahrt hierher. Doch nach meinem Gespräch mit Marina und Christa hatte ich nicht länger warten wollen.

Und so stand ich nun hier, atmete die warme Luft und lauschte den Verkehrsgeräuschen. Ich stellte mir vor, dass Melanie ihre Füße auf eben diese Pflastersteine gesetzt hatte; dass sie regelmäßig in einem der zahlreichen Kaffeehäuser saß und sich mit anderen Künstlerinnen und Künstlern traf. Dass sie in einem unsanierten Altbau ein zugiges Atelier besaß, mit viel Platz für ihr Material und einem großen Werktisch, an dem sie sich austoben konnte. Falls sie wirklich hergekommen und geblieben war, musste sie doch irgendwelche Spuren hinterlassen haben. Vielleicht befand sie sich nur wenige Kilometer von mir entfernt, doch heute Abend würde ich das sicher nicht mehr herausfinden. Ich war so müde! Ich drehte mich zum Hauptplatz hin und entdeckte das Logo einer Hotelkette auf der anderen Seite. Ich ging hinüber und trat zwischen zwei Steinsäulen ins Haus.

Im Kontrast zu dem barocken Äußeren des Gebäudes waren der Eingangsbereich und die angrenzende Bar sehr stylish eingerichtet, mit Retrolampen und Schalensesseln. Im Hintergrund lief Musik aus den Neunzigern. *Rhythm is a dancer*. Melanies Lied.

»Einen wunderschönen guten Abend, wie kann ich Ihnen helfen?« Am Empfang stand ein dunkelhaariger junger Mann Anfang zwanzig. Er hatte ein Namensschild an seiner Jacke stecken, das ihn als *Domenicus Ortner* auswies. Sein Lächeln wirkte echt und ich mochte seinen oberösterreichischen Akzent. Ich lächelte zurück: »Haben Sie noch ein Zimmer frei?«

Zehn Minuten später stellte ich meinen kleinen Rucksack auf einem Stuhl neben dem Bett ab. Domenicus hatte mir ein Set mit Zahnbürste und Zahnpasta gegeben und ich würde auch mal einen Tag ohne frische Unterwäsche überstehen. Ich trat ans Fenster und schaute hinunter auf den Platz. Drei Stockwerke unter mir fuhr eine Straßenbahn vorbei, erste Nachtschwärmer waren unterwegs. Wann hatte ich das eigentlich zum letzten Mal gemacht, einfach aufzubrechen in eine fremde Stadt? Noch nie. Dabei war Linz gerade mal zweieinhalb Autostunden von Regensburg entfernt. Unter anderen Umständen hätte ich es genossen. Ich könnte ausgehen, wenn ich wollte. Was hielt mich davon ab? Nichts und niemand, außer meine eigene Erschöpfung. Ich beschloss, zu duschen und in die Lounge hinunterzugehen. Vielleicht hatte Domenicus Ortner Lust auf einen Plausch.

Ich wurde nicht enttäuscht: Der freundliche junge Mann schenkte mir an der Bar ein *Achterl* Grünen Veltliner ein, dazu ein Glas Leitungswasser. Dann bereitete er einen Tomaten-Mozzarella-Toast für mich zu und schob ihn in den Ofen hinter sich.

»Sind Sie beruflich hier?«, fragte er. Dieser Domenicus war ein guter Beobachter. Welche Touristin reiste schon ohne Gepäck und blieb dann nur für eine Nacht? Ich war bestimmt nicht die erste Fremde, die ihm ihr Herz ausschüttete. Da ich sowieso nicht wusste, wo ich mit der Suche nach meiner Schwester anfangen sollte, konnte ich es genauso gut hier tun. Dabei war Domenicus wahrscheinlich noch nicht mal auf der Welt gewesen, als ich meine Schwester das letzte Mal gesehen hatte. »Ich bin auf der Suche nach einer Künstlerin«, sagte ich.

Seine Augen leuchteten auf: »Sind Sie Talentscout?«

Ich schüttelte den Kopf. »Leider nicht. Ich suche eine bestimmte Künstlerin. Sie heißt Melanie Brunner, vielleicht nennt sie sich auch Melanie Leitner.«

»Tut mir leid, die kenne ich nicht. Obwohl ich einen ganz guten Überblick über die Linzer Kunstszene habe.«

»Danke trotzdem. Sie interessieren sich für Kunst?«

Er wirkte ebenso enttäuscht, wie ich mich fühlte. Dann sagte er selbstbewusst: »Ich bin selbst Künstler und studiere an der Kunst-Uni. Ich jobbe hier nur.« Er wies mit einer Kopfbewegung hinter sich. »Ein Teil der Uni ist gleich gegenüber.«

»Ich weiß. Was studieren Sie denn?«

»Grafikdesign und Fotografie«, sagte er, und ich erfuhr, dass er gerade eine Fotoausstellung in einer privaten Galerie vorbereitete.

»Gibt es viele solcher kleinen Galerien?«, fragte ich, und er nickte.

»Einige. Aber es ist schwer, wenn man noch unbekannt ist. Mein Galerist hat selbst erst vor zwei, drei Jahren angefangen. Vielleicht kommen wir ja gemeinsam groß raus. Warten Sie, ich hole Ihnen einen Flyer.« Er ging zur Rezeption und kehrte mit einer tintenblau und schwarz bedruckten Postkarte zurück, deren Farbgestaltung und fast unleserliche Schrift mich nicht ansprachen. Aber das musste Domenicus ja nicht wissen. »Die Vernissage ist am Donnerstag.«

»Schade, da bin ich nicht mehr hier.«

»Sie könnten wiederkommen. Ich würde mich freuen.« Jetzt zwinkerte er mir doch tatsächlich zu und ich fragte mich, ob er mit mir flirtete. Wahrscheinlich war mir der Wein zu Kopf gestiegen. Ich hatte sicher nur einen aufstrebenden Kunststudenten vor mir, der die Gelegenheit nutzte, um für sich Werbung zu machen. »Oder Sie kommen zur Langen Nacht der Galerien.« Er schob mir einen weiteren Flyer hin. Auf der Titelseite war ein Schaufenster abgebildet, durch das man eine Wand mit kleinen abstrakten Bildern sehen konnte. In diesem Moment verkündete ein dezentes »Pling«, dass mein Toast fertig war. Während Domenicus ihn mir servierte, trat ein fahl aussehender Mittvierziger im grauen Anzug an den

Tresen und lenkte Domenicus von mir ab, was mir ganz recht war. Auf einmal fühlte ich mich so ausgelaugt, dass ich nur die Hälfte von meinem Essen hinunterbrachte. Ich ließ den Rest stehen und ging hoch in mein Zimmer. Erst als ich mich auf das Bett legte und nach meinem Handy greifen wollte, fiel mir auf, dass es nicht da war. Weder in meinem Rucksack noch sonst wo im Zimmer. Ich hatte es wohl im Auto liegen lassen, in der öffentlichen Tiefgarage. Vor meinem geistigen Auge sah ich das Gerät in der Mittelkonsole liegen, gut erkennbar für potenzielle Diebe. Doch viel mehr machte mir die Tatsache zu schaffen, dass mein Kontakt zur Außenwelt unterbrochen war. Die Einsamkeit flutete mich, bis ich kaum mehr atmen konnte. Bilderfetzen trieben durch meinen Kopf und ich hörte deutlich Daniels Stimme, die wieder und wieder sagte: »Ich möchte, dass wir uns trennen.« Ich dachte an Max, der längst in seiner Regensburger Wohnung angekommen sein musste, und an Judith: Wie verzaubert sie gelächelt hatte, als sie von Nilesh sprach! Ich dachte an Tante Christa und meine Mutter, die mir zwar endlich reinen Wein eingeschenkt, aber mich kaum einen Schritt weitergebracht hatten. All diese Menschen waren vermutlich froh, mich für eine Weile nicht sehen zu müssen. Weil ich für sie und für mich selbst zur Last geworden war.

Um mich abzulenken, schaltete ich den Fernseher ein. Es lief eine Dokumentation über die Insel Poel, von der ich noch nie gehört hatte. Dabei lag sie unweit der Gegend, in der Max aufgewachsen war. Unter anderen Umständen hätte ich mir die Sendung mit großem Interesse angesehen, jetzt bildete sie nicht mehr als ein Hintergrundgeräusch für meine sich im Kreis drehenden Gedanken und das Schnauben, das entstand, wenn ich mir immer wieder die Nase putzte. Nebenbei blätterte ich in dem Flyer, den Domenicus mir gegeben hatte, und versuchte, die Beschreibungen der verschiedenen Galerien in mich aufzunehmen. Manche davon schienen erfolgreich und etabliert zu sein, andere eher klein. Eine davon befand sich in einer ehemaligen Bowlinghalle und nannte sich *KunstBahn*; sie beherbergte auch ein Café namens *Florentine*. Ein schöner Name, der etwas in mir zum Klingen brachte. Doch das Gefühl streifte mich nur flüchtig und ich brachte keine Energie mehr auf, ihm nachzugehen.

Als Nächstes eilte ich durch einen langen dunklen Tunnel und spürte, dass eine haushohe Wand aus Wasser auf mich zurollte. Ein eiskaltes Rauschen erfasste mich und ich versank in weißer Gischt. Ich drohte zu ertrinken! Dann wachte ich zum Glück auf. Sonne fiel durch das Fenster. Angstschweiß klebte auf meiner Haut und ich lag fröstelnd auf dem Bett, die Decke auf dem Boden neben mir; ich musste sie im Schlaf weggestrampelt haben. Die Klimaanlage verbreitete arktische Temperaturen. Mein Puls raste, während ich mir immer wieder sagte, dass ich nur geträumt hatte. *Florentine*, schoss es mir durch den Kopf. Wo hatte ich den Namen nur gehört oder gelesen? Erst vor ein paar Tagen war das gewesen. Auch beim Zähneputzen dachte ich darüber nach, aber ich kam nicht drauf. Draußen war es heller Tag und ein Blick auf die Uhr sagte mir, dass ich das Frühstück im Hotel verschlafen hatte und bald auschecken musste. Ich packte meine Sachen, zahlte bei einer Kollegin von Domenicus – er selbst war natürlich nicht mehr im Dienst – und machte mich auf den Weg zurück zur Tiefgarage, wo das kleine rote Auto unversehrt auf mich wartete.

Das Smartphone lag auf der Mittelkonsole, wie ich es in Erinnerung hatte. Zum Glück! Nur der Akku war leer. Ich beschloss, mir ein Café zu suchen, wo ich eine Kleinigkeit frühstücken und mein Ladegerät einstöpseln konnte. Die Aussicht munterte mich auf; vielleicht fand ich eine Nachricht von Judith oder konnte sogar mit ihr telefonieren. Danach würde ich bestimmt klarer sehen. Und ich könnte im Internet recherchieren … Internet! In meiner Handyhülle steckte noch der Notizzettel mit dem WLAN-Passwort vom Bergwirt: *florenTine&78* lautete es. Vielleicht nur ein Zufall, aber ein verdammt seltsamer, dass Lukas ausgerechnet diesen Namen als Passwort gewählt und ihn mit dieser Zahl kombiniert hatte. 1978 war das Geburtsjahr meiner Schwester. Plötzlich wusste ich, wohin ich gehen musste. Ich griff nach meinem Rucksack und holte den Galerien-Flyer heraus.

## Café Florentine

Die alte Bowlinghalle war nicht schwer zu finden. Sie lag an einer Ausfallstraße in einem Gewerbegebiet. Schon von Weitem konnte ich die graue Betonfassade sehen, ein großes Banner mit dem Schriftzug *KunstBahnKollektiv* an der Längsseite. Das klang nach einer ganzen Gruppe Künstler. Kein Wunder, denn für eine Person war das Gebäude viel zu groß. Ich vermutete, dass die Halle Mitte der Achtzigerjahre gebaut worden war, vielleicht wenige Jahre nach meiner Geburt. Auf der kürzeren, der Straße zugewandten Seite gab es einen geschotterten Parkplatz; zwei Masten mit großen Bannern markierten die Einfahrt. Den Eingangsbereich bildete ein Glasbau, auf dessen rechter Seite eine violette Leuchtreklame blinkte: *Café Florentine* und darunter: *Geöffnet.* Ich stellte das Auto daneben ab, stieg aus und betrachtete die beiden Fahnen in der Einfahrt. Eine war düster, die andere hell. Ich wandte mich der dunklen zu: Schlammiges Braun mischte sich mit schwerem Grün wie von verregneten Tannenwäldern. Auf der anderen Fahne stand der Ausstellungstitel, khakifarbene Schrift auf weißem Grund: *Stationen. Verwischte Spur.* Die Künstlerin hieß Florentine Lukas. Für mich stand jetzt außer Zweifel, dass sich meine Schwester hinter diesem Pseudonym verbarg und dass dies ihre Ausstellung war. Vor Aufregung ließ ich beinahe den Autoschlüssel fallen. Ich stopfte ihn in eine Seitentasche des Rucksacks, zog den Reißverschluss zu und wandte mich dem Glasbau zu. In den Scheiben hingen Plakate, sie zeigten einen kleinen Webstuhl. Genau so, wie ich ihn in Erinnerung hatte – vor einem Hintergrund, der dem Webstück in meinem Rucksack glich. Federn fielen von oben herab, wie Schnee. Ich holte Luft und trat ein. Der Straßenlärm blieb hinter mir zurück. Ich befand mich mitten im Café. Alle fünf Tische waren frei und ich sah auch keine Bedienung. Sollte ich mich einfach setzen oder mich in der Ausstellung umsehen? Wo war die überhaupt?

»Servus«, sagte jemand rechts von mir, und ich drehte erschrocken den Kopf. Schräg hinter dem Tresen befand sich ein schwarzer Vorhang. Dort stand jetzt ein kleiner schmaler Mann. Er trug Jeans und ein mit violetter Farbe bespritztes weißes T-Shirt. »Was kann ich für dich tun? Möchtest du etwas trinken oder lieber erst die Ausstellung ansehen?«

Neugierig versuchte ich, hinter den Mann zu spähen, aber der Vorhang war bereits wieder zugefallen. »Erst die Ausstellung, bitte«, sagte ich und wollte meinen Geldbeutel herausziehen.

Der Mann lachte. »Die kostet nichts. Wir sind eine Galerie und verkaufen Kunst, also schau dich gerne um. Florentines *Stationen* sind wie ein Parcours aufgebaut. An den Wänden hängen Bilder, Plastiken und Tapisserien, und sie hat zu jedem Motiv ein begehbares Objekt gefertigt, damit das Kunstwerk mit dem ganzen Körper erfahrbar ist.«

»Was heißt das?«, fragte ich erstaunt. Statt einer Antwort öffnete der Mann den Vorhang und gab den Blick auf die schummrige Halle frei, die von Betonpfeilern getragen wurde. Ich fühlte mich ein bisschen wie in einer Tiefgarage. Nur dass hier kaum Licht brannte.

»Im hinteren Teil sind Arbeitsräume abgetrennt. Da arbeiten wir – Florentine mit ihrer Tapisserie und Objekten, eine Bildhauerin, ein Glaskünstler, ein Keramiker und ich.«

»Und was machst du?«, fragte ich höflichkeitshalber. Dabei brannte ich darauf, endlich die Ausstellung zu sehen.

»Ich male«, sagte er schlicht und deutete nach links. »Da drüben geht die Ausstellung los.« Er drückte einen Knopf, doch es passierte scheinbar nichts. Dann bemerkte ich den schwarzen Würfel linker Hand, etwas höher als ein Mensch. Eine Seite bestand aus einem Vorhang, hinter dem es schwach leuchtete. »Das ist der Eingang. Zieh die Schuhe aus, bevor du reingehst. Viel Spaß«, sagte der Maler. Ich streifte meine Sneakers ab und trat auf den Vorhang zu.

Der Einstieg in den Würfel war rund und so klein, dass ich das Gefühl hatte, in eine Hundehütte zu klettern. Boden und Wände waren aus einem unglaublich weichen, trotzdem Halt gebenden Material, in das ich mich hineinfallen ließ. Es blieb mir nichts anderes übrig, denn drinnen war es so eng, dass ich mich nur robbend fortbewegen konnte. Ich zog die Beine an die Brust und blieb einen Moment auf der Seite liegen. Ich spürte meine Erschöpfung und noch etwas anderes. Da war ein Pochen über mir. Wie ein Herzschlag, aber es war nicht mein eigener. Er kam aus mehreren Lautsprechern um mich herum. Dann merkte ich, dass es leicht bergab ging und mein Kopf tiefer lag als meine Beine. Ich quetschte mich durch den Ausgang, der mich von allen Seiten umschloss, und flutschte auf der anderen Seite hinaus. Unsanft fiel ich auf einen Teppich und wurde in gleißend helles Licht getaucht. Wie eine Geburt, dachte ich, und vielleicht war es genau das, was die Künstlerin zum Ausdruck bringen wollte. Während ich noch die ineinanderfließenden Rottöne des Teppichs unter mir betrachtete, von zartem Hellrosa bis Purpur, und mich über das seidige Gefühl wunderte, das er auf meiner Wange hinterließ, setzten die Stimmen ein. Es waren ausschließlich Frauen. Manche schrien, andere sangen ein Wiegenlied. Es war verwirrend. Als ich den Kopf hob, sah ich die Stufen einer Treppe. Ich war gezwungen, aufzustehen, um die nächste Station zu erreichen, einen schmalen Durchgang mit harten Bürsten rechts und links, die an meiner Kleidung zerrten.

Als ich endlich die andere Seite erreicht hatte, zerbarst etwas über mir und Federn rieselten auf mich herab. Ich hustete. Und so ging es immer weiter. Mal wurde ich eingehüllt von angenehmen Klängen und weichen Materialien, dann folgte ein Schock. Da waren raue Oberflächen und enge Nischen, Gerüche nach Rauch und Moder, aber auch Lavendelduft. Ich spürte Gräser, Blätter, Heu und Perlen zwischen meinen Fingern und Moos unter meinen Füßen. Einmal wurde ich nassgespritzt, dann rieselte Sand auf mich herab. Das hier war nichts für schwache Nerven! Irgendwann konnte ich nicht mehr unterscheiden, welche Eindrücke real waren und was sich nur in meinem Inneren abspielte. Plötzlich war ich zehn Jahre alt und stand in einer kalten Mondnacht auf dem Feld, konnte deutlich die Angst und Einsamkeit von damals spüren. Einmal meinte ich, Melanie dicht neben mir atmen zu hören. Es war unheimlich. Und dann gelangte ich in einen lichten, weiten Raum, der von weißen Stoffbahnen begrenzt wurde. Ich atmete auf. Doch am Ende wartete ein weiterer Tunnel auf mich, dunkel und schwarz wie Tinte. Am Ende fernes Rauschen. Es war der Tunnel aus meinem Alptraum! Ich schrie auf, rannte vorwärts, und als ich schon glaubte, endgültig die Orientierung verloren zu haben, spuckte mich der Höllenparcours aus und ich landete schwer atmend in der Halle, auf einem kleinen Podest unweit der Stelle, an der ich eingestiegen war. Meine Schuhe warteten vor dem schwarzen Kubus auf mich, fein säuberlich nebeneinandergestellt. Lichter flammten auf und lenkten meine Aufmerksamkeit auf die Wand. Dort befand sich eine lange faszinierende Bilderstrecke: Fotos und Aquarelle, plastische Objekte und vor allem Wandbehänge in allen Formaten; abstrakte Formen und ineinandergemischte Farben. In den Wandteppichen war alles verflochten, was sich irgendwie zwischen Fäden binden ließ:

Gräser, Blätter, Heu und Perlen. Federn, Stoff und Moos. Es war, als hätte jemand die Materialkisten aus Melanies ehemaligem Jugendzimmer hierhergebracht und verarbeitet, bis nichts mehr übrig war. Ich fühlte die Bilder mehr, als dass ich sie verstand. Wie war das möglich?

Benommen schwankte ich zurück ins Café. An der Kaffeemaschine stand eine Frau in dunkelgrüner Haremshose und schwarzem T-Shirt. Sie hatte ihre langen Haare zu einem nachlässigen Zopf gebunden und wippte schwungvoll im Takt der Musik, während sie mit dem Siebträger hantierte. *Rhythm is a dancer.* Ich hatte genug Zeit, sie anzuschauen, während sie konzentriert die Milch aufschäumte und anschließend den Espresso hineingoss. Dann drehte sie sich um, sah mich – und ließ ihre Cappuccinotasse fallen.

## Abgelehnt

Melanie holte Eimer und Lappen, während ich vorsichtig die großen Scherben aus der Pfütze klaubte. Eine stille Übereinkunft lag in jedem unserer Handgriffe, ich spürte die alte Vertrautheit aus Kindertagen. Nur langsam drang die Erkenntnis zu mir durch: Ich hatte Melanie gefunden! Ihre Bewegungen waren geschmeidig und kraftvoll und sie wirkte kaum älter als damals. Es schien ihr gut zu gehen. Nachdem wir gemeinsam die Sauerei beseitigt hatten, kochte Melanie Tee, und wir setzten uns an einen Tisch am Fenster. Ich hätte sie gerne berührt, aber irgendwie war der richtige Moment für eine Umarmung vorbeigegangen.

»Wer hat dir gesagt, dass ich hier bin?«, fragte sie. Die Schärfe in ihrer Stimme ließ die Wolke zerplatzen, auf der ich schwebte.

»Niemand«, sagte ich. »Ich weiß erst seit gestern von Marina, dass du nach Linz gegangen bist. Den Rest musste ich mir zusammenreimen. Der Flyer zur Nacht der offenen Galerien hat mich auf deine Spur gebracht, zusammen mit dem WLAN-Passwort in Lukas' Pension.«

»Ich bringe ihn um.«

»Du meinst Lukas? Der hat dichtgehalten, dabei wohne ich seit Tagen im Bergwirt. Er konnte doch nicht wissen, dass ich auftauchen und einen Zusammenhang herstellen würde. Ich bin sauer auf ihn, dass er mir nichts erzählt hat. Und ehrlich gesagt auch auf dich. Ich hatte keine Ahnung, was aus dir geworden ist. Irgendwann dachte ich, du bist tot.«

»Wie kann das sein? Christa wusste, dass ich zu meinem Vater wollte. Sie hätte es dir sagen sollen. Und Marina …« Sie schüttelte sich.

»Keine von beiden hat mir was gesagt. Bis gestern.«

Ein bitterer Geschmack breitete sich auf meiner Zunge aus. Ich nahm einen Schluck von meinem Tee und betrachtete dann Melanies schmales gleichmäßiges Gesicht mit den hellbraunen Augen. Die Farbe war ähnlich wie bei Max, aber die schwarzen Sprenkel fehlten. Und die Wärme. Ich hatte meine Schwester immer schön gefunden. Daran änderten auch die feinen Linien nichts, die ihr die vergangenen Jahre in die Haut gezeichnet hatten. Doch jetzt war eine Unnahbarkeit dazugekommen, die mich frösteln ließ. Sie musterte mich ebenfalls, und mir fiel auf, wie unterschiedlich wir waren: sie in Schlabberhemd und Pluderhose, wie vor über zwanzig Jahren. Ich im teuren – wenn auch nach dem Durchlaufen des Parcours ziemlich ramponierten – Markenshirt, mit modischen Caprihosen und den stylischen weißen Sneakers. Wie spießig ich in den Augen meiner Schwester aussehen musste!

»Ich war in deiner Ausstellung. Ich habe viel von dem wiedererkannt, was wir damals erlebt haben, als wir … noch als Familie zusammenwohnten.«

Sie zuckte mit den Schultern und sagte: »Die meisten Besucher sind berührt davon. Ich habe auch schon ein paar der zugehörigen Objekte verkauft. Ich nenne sie Stationen.« Melanie wollte mir offenbar nicht mehr von sich zeigen, als ihre Kunst verriet. Ein Geschäftstermin hätte kaum unpersönlicher verlaufen können als dieses Wiedersehen mit meiner vermissten Schwester. Ich war enttäuscht, aber auch erleichtert, endlich die Wahrheit zu kennen. Und es gab noch eine Sache, die ich wissen wollte.

»Ist Noah dein Sohn?«, fragte ich.

Als Melanie nickte, klopfte ein zartes Glücksgefühl bei mir an. »Wie schön! Er ist so nett und offen. Seine Musik gefällt mir. Er wird seinen Weg machen.«

»Sicher.« Mehr brachte Melanie nicht heraus. Ich dachte an mein eigenes distanziertes Verhältnis zu meiner Mutter. Wie gut, dass Noah bei seinem Vater und seiner Oma aufwuchs, die ihn allem Anschein nach liebten und es ihm auch zeigten. Dann bemerkte ich das feine Lächeln auf Melanies Gesicht. Sie war also nicht völlig gefühllos geworden, und das erleichterte mich. Auch um Noahs willen. Jetzt wäre es an ihr gewesen, mich nach meiner Familie zu fragen, nach meinem Beruf und danach, wie die letzten dreiundzwanzig Jahre für mich gewesen waren. Aber da kam nichts und ich hatte auch keine Lust mehr, etwas von mir zu erzählen. Melanies Reaktion oder besser gesagt deren Fehlen deprimierten mich zutiefst. *Stell dir einfach vor, dass dies hier tatsächlich ein Geschäftstermin ist*, sagte ich zu mir.

»Ich möchte etwas mit dir besprechen. Kurt ist letztes Jahr gestorben und hat uns beiden sein Haus hinterlassen. Wir bilden eine Erbengemeinschaft.«

Ausgerechnet jetzt kam Leben in meine Schwester. Funken sprühten aus ihren Augen und sie rutschte unruhig auf ihrem Stuhl hin und her. »Dieses Arschloch! Er wollte mich wohl noch ein letztes Mal ärgern.«

»Das Testament bekräftigt nur die gesetzliche Erbfolge.«

»Ich habe versucht, die Adoption rückgängig zu machen, aber das war rechtlich nicht möglich. Schau«, sagte sie und strich sich mit der Hand die langen Haare aus dem Gesicht. Eine etwa drei Zentimeter lange Narbe zog sich über die Schläfe und endete in der Nähe des rechten Auges. Die Ränder waren unregelmäßig und gezackt.

»War das Kurt?«, fragte ich, obwohl ich die Antwort schon kannte.

Sie lachte verächtlich. »Nein, das war ein Baum. Ich war auf dem Weg zu den anderen in der Kiesgrube, als Kurt plötzlich vor mir stand. ›Du kommst jetzt sofort nach Hause‹, zischte er, packte mich am Arm und wollte mich mit sich ziehen. Als ich mich losriss, boxte er mich in den Rücken. Ich taumelte gegen einen Stamm und ein abgebrochener Ast schrammte über mein Gesicht. Du siehst ja, wo die Narbe ist. Ich kann von Glück sagen, dass er nicht das Auge erwischt hat. Und dass Kurt mich nicht umgebracht hat. In dem Moment traute ich es ihm wirklich zu.«

Melanie sprach meine schlimmsten Befürchtungen aus. »Und dann?«, fragte ich.

»Na, was wohl? Ich rannte weg, immer am Rand der Kiesgrube entlang. Er hinter mir her. Dann löste sich der Hang unter ihm. Ich kannte dort ja jeden Pfad, Kurt nicht. Außerdem war er viel schwerer als ich. Ich hörte ihn schreien und rannte weiter zu den anderen. Ich habe mich nicht nach ihm umgedreht. Für mich zählte nur, dass ich davongekommen war. Lukas brachte mich in der Nacht noch zum Bahnhof und ich nahm frühmorgens den ersten Zug nach Linz. Erst später erfuhr ich von Lukas, dass Kurt den Sturz unverletzt überlebt hatte. Leider.«

Mir lief es eiskalt den Rücken hinunter. Sowohl wegen der Kaltblütigkeit meiner Schwester, die Kurt den Tod an den Hals gewünscht hatte, als auch bei dem Gedanken daran, dass beide in dieser Nacht hätten sterben können. Auch durch meine Schuld. Das Gefühl erdrückte mich, es musste endlich raus: »Ich habe ihm verraten, wo du bist. Wegen Mama. Er hat sie geschlagen. Ziemlich übel …«

»Mir war klar, dass er euch in die Mangel nimmt«, sagte Melanie kalt, während ich zitterte vor Emotionen.

»Es tut mir so leid!« Meine Stimme brach und ich kämpfte die Tränen nieder. Melanie blinzelte, als würde sie mich erst jetzt wieder richtig wahrnehmen. »Wieso dir? Unsere Eltern haben die ganze Scheiße zu verantworten. Du bist unschuldig und ich auch. Aber ich habe lang gebraucht, um mich zu stabilisieren. Das ging nur, indem ich alle Brücken hinter mir abbrach.«

Ich seufzte. »Das verstehe ich. Ich habe es jahrelang genauso gemacht. Aber ich finde, dass uns das Erbe zusteht. Wir können das Haus verkaufen und das Geld teilen. Es wäre eine Art Wiedergutmachung, findest du nicht?«

Kühl und nüchtern kamen diese Worte aus mir heraus. Die Entscheidung war da, ohne dass ich zuvor darüber nachgedacht hatte, und fühlte sich stimmig an. Melanie schüttelte den Kopf, wirkte aber verunsichert. »Ich will das Geld nicht. Ich komme zurecht. Alles kann so bleiben, wie es ist. Lass mich bitte einfach in Ruhe.«

»Es tut mir weh, dass du so abweisend zu mir bist.«

Melanie nickte. »Ich weiß, aber ich kann nicht anders. Ich möchte keinen weiteren Kontakt.«

So war das also. Was hatte ich erwartet? Dass Melanie und ich uns weinend in die Arme sanken? Erst gestern hatte sich Daniel von mir getrennt und heute verlor ich meine Schwester zum zweiten Mal. Was für ein gottverdammter Mist! Ich stand auf, nahm eine Visitenkarte aus meinem Rucksack und warf sie auf den Tisch. Sie glitt über das blankpolierte Holz und wir beide sahen zu, wie sie über den Rand fiel und zu Boden segelte. »Überleg es dir. Wenn du das Erbe nicht haben willst, schlag es bitte offiziell aus, damit ich freie Hand habe.«

Melanie seufzte. »Okay. Das bin ich dir wohl schuldig«, murmelte sie. Dann bückte sie sich und hob die Karte auf. Wenigstens das. Ich drehte mich um und ging hinaus.

Auf dem Parkplatz empfing mich grelles Nachmittagslicht, und einen Moment lang erinnerte ich mich an die

Geburtsszene aus Melanies Ausstellungsparcours. In meinem Kopf drehte sich alles. Ich fühlte Wut, Enttäuschung, Schmerz. Aber auch Erleichterung. Ich hatte Melanie gefunden, es ging ihr gut. Sie hatte ihren Traum verwirklicht und war Künstlerin geworden. Dass sie nichts von mir wissen wollte, traf mich im Innersten. Aber sie lebte ihr Leben. Und ich lebte meines, wie auch immer das bald aussehen mochte. Nichts wie weg von hier! Ich setzte mich ins Auto und wollte den Motor starten, aber plötzlich fühlte ich mich, als hätte mir jemand die Luft abgelassen. Der Schwindel wurde stärker. So konnte ich nicht auf die Straße. Nur kurz ausruhen, dachte ich. Mein Kopf sank auf das Lenkrad.

## Fast wie Familie

Es war mir egal, ob ich für immer hier auf dem Parkplatz stehen blieb. Ein bohrender Schmerz tobte in meinem Herzen und in meinem Kopf. Ich hatte seit Stunden nichts getrunken außer dem schwarzen Tee im Café Florentine und mir war unerträglich heiß. Ich wusste, ich sollte aus dem Auto steigen, zur Tankstelle gegenüber gehen und mir etwas zu trinken und einen Snack besorgen. Stattdessen hing ich in meinem Autositz wie festgeklebt. Ich konnte nicht mehr.

Da hörte ich ein Klopfen. Die Fahrertür ging auf. Jemand schaute zu mir herein und frische Luft strömte ins Auto. »Was für eine Hitze«, sagte eine Stimme, die ich sehr gut kannte. Sie klang besorgt. »Alexandra, hörst du mich?« Judith berührte mich am Oberarm. Als ich den Kopf hob und sie ansah, beugte sie sich kurzerhand über mich und löste den Sicherheitsgurt. »Komm da raus«, sagte sie. Ich tat es. Sie hakte sich links bei mir ein, und jemand griff nach meinem Ellbogen auf der anderen Seite. Max! Und dann sah ich den weißen Kombi mit der Aufschrift *Bergwirt Sesslfing*. Die Türen waren weit geöffnet, Lukas und Noah standen daneben.

»Du hast die ganze Zeit gewusst, wo sie ist!«, sagte ich zu Lukas. Ich konnte spüren, dass er sich schämte. Und das sollte er auch.

»Gleich«, sagte Max. »Erst mal brauchst du etwas zu trinken. Du bist total blass um die Nase. Noah und Lukas, geht doch bitte mal rüber zur Tanke und organisiert was.«

Ein paar Minuten später saß ich im Schatten der Hecke, die den Parkplatz von der Straße abgrenzte. Lukas hatte einen Anglerstuhl aus seinem Kombi hervorgezaubert, die anderen saßen im Schneidersitz um mich herum: Judith, Max und

Noah. Zwischen uns Flaschen mit Wasser und Cola und eine Semmeltüte. Lukas fing meinen Blick ein und sagte: »Ich hatte Melanie versprochen, niemandem aus ihrer Familie zu sagen, wo sie ist. Daran habe ich mich gehalten. Ich hatte Angst, dass ich sie sonst ganz verliere. Tut mir leid.«

»Schon gut. Ich habe sie trotzdem gefunden.«

»Aber sie hat dich rausgeschmissen, oder?«, fragte er.

Ich nickte. »Mehr oder weniger.«

»Ich gehe besser mal rein und rede mit ihr. Noah, kommst du mit?«

Mein wunderbarer Neffe verdrehte die Augen und schüttelte den Kopf. »Keinen Bock. Ich fahre mit den anderen zurück«, sagte er. Dann wandte er sich an mich: »Sie hat mir von dir erzählt, und dass sie keinen Kontakt möchte. Als du dann bei uns aufgetaucht bist und erzählt hast, dass du Papa von früher kennst, hatte ich so eine Ahnung. Aber er ist erst heute damit rausgerückt, dass du meine Tante bist.« Er grinste mich an, und ich lächelte zurück. Dass es Noah gab, war eindeutig der beste Teil der Geschichte.

Aus dem Augenwinkel sah ich, dass ein weiteres Fahrzeug von der Straße abbog und auf den Parkplatz fuhr. Nicht weiter bemerkenswert, doch Max stutzte und schaute ihm nach. Kurz darauf hörte ich aufgeregte Stimmen näher kommen. Im nächsten Moment sprang ein großes schwarzes Etwas auf mich zu und ich schrie auf. Dann erkannte ich zwei Hundepfoten auf meinem Knie. Ein Pfiff ertönte und der Hund sprang weg, auf seine Hundeeltern zu. Es waren Anna und Paul! Hinter ihnen erkannte ich Diana und Tamara. Ich war überwältigt.

»Hilfe, wo kommt ihr denn auf einmal alle her?«

»Von wegen Hilfe«, sagte Diana mit Vorwurf und Besorgnis in der Stimme. »Du hast mir nicht mehr geantwortet, dein

Handy war aus und Daniel konnte ich auch nicht erreichen. Also habe ich heute Morgen Tamara angerufen.«

»Und du wusstest, wo ich bin?«, fragte ich Tamara verwirrt.

Sie schüttelte den Kopf. »Zuerst nicht. Als ich Daniel fragte, wann du zurückkommst, sagte er nur: ›Keine Ahnung, vielleicht gar nicht.‹ Ich war alarmiert und bin losgefahren, um mich mit Diana in Sesslfing zu treffen. Meine Mails hast du ja auch nicht beantwortet. Zum Glück hatte Max inzwischen rausbekommen, wo du steckst.«

Max saß direkt vor mir im Gras, schaute mich mit seinen Bernsteinaugen an und sagte: »Ich hab's erraten. Die Einzelheiten erkläre ich dir nachher. Wollen wir nicht woanders hinfahren? Hier ist es ja mehr als trostlos.«

Da konnte ich ihm nur zustimmen. Außerdem hatte ich unglaublichen Hunger und die labbrigen Semmeln brachte ich nicht hinunter.

»Ungefähr zwanzig Minuten von hier gibt es einen Biergarten direkt an der Donau«, sagte Noah. »Er liegt auf dem Heimweg, Papa und ich waren schon öfter dort.«

»Gute Idee«, sagte Judith. Die anderen nickten zustimmend.

»Wir fahren hinter euch her«, sagte Paul und ließ den Hund hinten in den Laderaum seines Kombis klettern, während Judith sich hinter das Steuer von Yvonnes Kleinwagen setzte. Ich durfte auf den Beifahrersitz und Max teilte sich den Rücksitz mit Noah. Judith fuhr sportlich an, doch Paul blieb mit Anna, Tamara und Diana dicht hinter uns, bis wir auf den Parkplatz des Biergartens rollten. Ein Schild über dem Eingang verhieß italienische Küche und bei dem Gedanken an Pasta lief mir das Wasser im Mund zusammen.

Im Gastgarten schob mich Diana sanft auf einen Stuhl und baute gemeinsam mit Tamara einen zweiten Tisch an. Max rückte einen Sonnenschirm für mich zurecht und Judith ging direkt zu einem der Kellner. Ich verstand nicht, was sie zu ihm sagte, aber er brachte fast sofort ein großes Wasser und eine Portion Bruschetta für mich. Alle waren so fürsorglich zu mir, dass ich mich nach und nach entspannte. Während wir auf das Essen warteten und ich meine Bruschette aß, erzählte mir Max von seiner Rückkehr nach Sesslfing. »Irgendwo auf der Autobahn wurde mir klar, dass ich dich nicht allein lassen konnte«, sagte er und schob verlegen seine Sonnenbrille im Haar zurecht. »Und dann sehe ich Noahs Gitarrentasche, erkenne die Ähnlichkeit zu Melanies Webmuster und der Groschen fällt ...«

Noah lachte. »Ihr hättet mal das Gesicht vom Papa sehen sollen! Aber dann ist er mit der Sprache rausgerückt. Das war vielleicht eine Überraschung.«

Max lachte ebenfalls: »Erst reagierte er abweisend, aber nachdem er das Geheimnis gelüftet hatte, konnte er gar nicht mehr aufhören zu erzählen. Er und Melanie führen seit Jahren eine On-off-Beziehung, das muss ganz schön zermürbend sein. Ich wollte dir natürlich sofort Bescheid geben, dass Melanie in Linz ist und diese Kunsthalle betreibt. Aber du warst nicht in der Pension, und als ich dich auch telefonisch nicht erreichte, habe ich es bei Judith probiert.«

Judith nahm einen Schluck von ihrem Wasser und sagte: »Aber ich hatte das Handy stumm geschaltet, ich war auf einem Geschäftsessen. Außerdem wusste ich auch nichts von dir.«

»Zum Glück traf ich Paul und Anna im Biergarten«, erzählte Max weiter. »Wir kamen ins Gespräch und die beiden leisteten mir bis Mitternacht Gesellschaft, in der Hoffnung auf ein Zeichen von dir. Am Morgen rief mich schließlich Judith an, sie hatte deine Mutter erreicht und wusste, dass du nach Linz wolltest. Als Tamara und Diana kamen, machten wir uns alle auf den Weg, zusammen mit Lukas. Judith konnte ihren Flug umbuchen und direkt in Linz landen, wo wir sie eingesammelt haben.«

»Mir schwirrt der Kopf. Ich checke nur, dass ihr alle lange Wege auf euch genommen habt und genau im richtigen Moment aufgetaucht seid. Das macht mich echt sprachlos«, sagte ich. Vor Rührung kamen mir die Tränen. Judith reichte mir ein Taschentuch und legte ihren Arm um mich. Und Max sagte: »Wozu sind Freunde schließlich da?« Sein Blick ruhte dabei so intensiv auf mir, dass ich wegschauen musste. Zum Glück kam in diesem Moment das Essen: riesige Portionen Pasta in tiefen weißen Tellern. Sie dufteten nach Kräutern, Zitrone, Knoblauch und allerlei anderen köstlichen Zutaten. Die anderen griffen ebenso dankbar zu wie ich. Während des Essens erzählte ich von Melanies Ausstellung und Max fand tatsächlich noch eine Feder in meinem Haar.

»Sie hat jahrelang daran gebaut«, erklärte Noah, mehr genervt als anerkennend.

»Bist du eigentlich oft bei deiner Mutter?«, fragte ich, und er schüttelte den Kopf.

»Immer nur ein paar Tage in den Ferien. Als ich klein war, habe ich bei ihr gelebt, aber ich kann mich kaum daran erinnern.«

»Schade«, sagte ich, aber Noah winkte ab.

»Schon okay, alles nice bei Oma und Papa. Meine Mutter interessiert sich hauptsächlich für ihre Kunst und nicht so sehr für Menschen. Nimm's nicht persönlich, dass sie dich rausgeschmissen hat. Irgendwann wird sie dich trotzdem anrufen, aus Neugier oder weil sie was von dir will.«

Der junge Mann war ja echt abgeklärt. »Meinst du?«, fragte ich, und er nickte: »Safe. Letztes Jahr hat sie mich überredet, ihren Parcours zu testen. Gleich bei der ersten Station ist es voll schiefgegangen, irgendein mechanisches Problem. Ich steckte praktisch im Geburtskanal fest.« Er warf theatralisch die Hände in die Luft und verdrehte die Augen zum Himmel. »Die Feuerwehr musste kommen und mich rausschneiden.«

Er machte ein todernstes Gesicht, aber ich war sicher, dass er mich veräppelte. Das konnte ich auch! »Der Teil mit dem Gespenst war das Schlimmste«, schwindelte ich. »Wie die Knochen geknirscht haben, so ein grausiges Geräusch. Danach war alles voller Spinnweben, echt abartig. Ich war komplett gefesselt, bis zu dem Abschnitt mit den rotierenden Messern …«

Noah ging auf meine Flunkerei ein und wir übertrumpften uns gegenseitig mit übertriebenen Schilderungen von Melanies biografischer Höllenmaschine, bis wir vor Kichern nicht mehr konnten. Max lachte Tränen, während Judith uns befremdet ansah. Als ich nach einer Lachsalve endlich Atem holte, sagte sie: »Ich möchte mir gar nicht vorstellen, was Melanie in diesem Moment mit Lukas anstellt. Wahrscheinlich kommt er in Dosen verpackt aus diesem Parcours raus.« Jetzt lachten wir alle und ich spürte, wie die Last immer weiter von mir abfiel.

»Ich bin so froh, dass ihr da seid«, sagte ich und wickelte eine dicke Portion Spaghetti mit Zitronen-Sahnesoße auf meine Gabel. Das Essen schmeckte köstlich. Nach und nach wandten wir uns anderen Gesprächsthemen zu, weg von mir und meinen Problemen. Judith erzählte von ihrem Aufenthalt in London und von ihrem neuen Ansprechpartner Nilesh. Dabei breitete sich ein feiner rosiger Schimmer über ihrem Gesicht aus. Max' Blick verriet mir, dass er es auch bemerkt hatte, und er lächelte mir verschwörerisch zu. Dann erzählte er detailreich von der Odyssee, die er gestern auf dem Weg vom Autobahnrastplatz zurück nach Sesslfing hinter sich gebracht hatte. Obwohl eigentlich niemand mehr wirklich Hunger hatte, aßen wir, bis wir das Gefühl hatten zu platzen. Ich vergaß, warum wir hier waren, und genoss die Gegenwart der Menschen, denen ich wirklich etwas bedeutete. Ich beobachtete jeden Einzelnen von ihnen und genoss ihre kleinen Marotten: Wie lustig es aussah, wenn Judith beim Trinken die Nase kräuselte. Wie lässig Max' Hand über der Stuhllehne hing, während er mit der anderen beim Reden gestikulierte. Anna und Paul, die für mich da sein wollten, obwohl sie mich kaum kannten. Tamara, die beim Anblick von Tiramisu und Espresso leuchtende Augen bekam und die so viel mehr war als eine Mitarbeiterin. Und meine Schwägerin, die trotz all meiner Fehler und der Trennung an mich glaubte. So viele Menschen um mich herum, wie bei einer Familienfeier. Und ausgerechnet ich im Mittelpunkt. Ich genoss es in vollen Zügen.

## Ein Jahr später

Ich renne, um meinen Anschluss in Berlin zu erwischen. Zum Glück reise ich mit leichtem Gepäck, das habe ich in den letzten Monaten gelernt. Außer Atem verstaue ich meinen Rucksack hinter dem Sitz und rutsche ans Fenster des Regionalzugs. Die Stadt zieht an mir vorbei, dann der Nordosten Deutschlands. Die Bummelbahn liegt gut in der Zeit. Ich freue mich sehr auf das Wiedersehen, fürchte mich aber auch davor, ihm am Bahnhof ein bisschen zu enthusiastisch um den Hals zu fallen. Doch wenn ich an unsere vielen Chats und Telefonate denke, glaube ich nicht, dass es ihm was ausmachen wird. Letztens habe ich sogar einen Brief von ihm bekommen, mit einer Karte für das Strandkorbkonzert morgen Abend. Eine junge regionale Rockband spielt und die Wild Flowers treten als Vorgruppe auf. Letzteres hat Max arrangiert, der Veranstalter ist ein alter Kumpel von ihm. Das Publikum wird in Strandkörben sitzen, Max und ich werden uns einen teilen und uns zum ersten Mal wieder so nah sein wie in jenen Junitagen des letzten Jahres. Ich werde bei seinen Exschwiegereltern übernachten und seine Tochter kennenlernen. Ich freue mich darauf. Und wir haben einander so viel zu erzählen! Max hat einen neuen Job und eine neue Wohnung und ich bin mit Judith zusammengezogen. Seit sie und Nilesh ihre rasante innige Beziehung zwischen Regensburg und London begonnen haben, ist sie ohnehin kaum noch zu Hause. Ich bin glücklich geschieden und Daniel lebt jetzt mit Janine und dem gemeinsamen Baby Dorian zusammen. Dafür musste er mir eine großzügige Abfindung für meine Anteile am Haus und an der Firma bezahlen. Und meine Schwester hat sich bald nach meinem Besuch in Linz gemeldet und ihr Erbteil Noah übertragen. Mithilfe eines unter Lukas' Leitung neu gegründeten Vereins und Fördergeldern der Gemeinde soll Kurts Hof zu einem Kulturzentrum werden, mit Probenräumen, Werkstatt und Kursräumen für junge Leute. Seit Kurzem finden dort bereits kleinere Konzerte, Lesungen und Ausstellungen statt, die trotz oder gerade wegen der improvisierten Atmosphäre gut angenommen werden.

Der Kulturverein hat den Hof langfristig gepachtet, wird ihn mit Unterstützung der Jugendlichen renovieren und dann mit einer großen Party wiedereröffnen. Sogar Melanie will kommen, angeblich nur um Noah spielen zu sehen.

Ein Glockenton von meinem Smartphone schreckt mich auf: *Ich freu mich auf dich!*, hat Max geschrieben und einen Zwinkersmiley dahinter gesetzt. Mein Herz klopft noch schneller als ohnehin schon. Ich atme tief durch, schiebe das Smartphone in die Handtasche und vergewissere mich, dass der Reißverschluss zu ist und nichts mehr auf dem Sitz neben mir liegt. Mit meinem Rucksack über der Schulter mache ich mich auf den Weg zum Ausgang. Der Zug fährt immer langsamer und kommt schließlich sanft zum Stehen, er ruckelt kaum. Ich öffne die Tür. Schaue nach links, schaue nach rechts. Sehe die anderen Fahrgäste, die zielstrebig auf den Ausgang zugehen. Schließlich lichtet sich der Bahnsteig und da steht er, lässig wie immer: die Sonnenbrille ins Haar geschoben und die Hände in den Taschen seiner abgeschnittenen Jeans. Weißes T-Shirt und Tattoos auf den Armen. Er wartet am Ende des Zuges und hat mich noch nicht gesehen. Ich lasse meinen Rucksack erst mal stehen und laufe los. Endlich dreht er sich zu mir, ein Lächeln erhellt sein Gesicht. Er zieht die Hände aus den Taschen und breitet die Arme aus.

# Nachwort

*Liebe Leserin, lieber Leser,*

*wie schön, dass du meinem Roman bis zum Ende gefolgt bist! Ich hoffe, er hat dir gefallen und dich bewegt. Mir ist es immer wichtig, zu zeigen, wie meine Figuren ticken und warum – und wie unsere persönliche Geschichte die Beziehungen zu anderen prägt. Für Menschen wie Daniel ist die Familie eine Ressource, ein großer Schatz im Leben. Alexandra hingegen fehlt dieser Rückhalt, stattdessen hat sie ungelöste Konflikte und Gewalt erlebt. Darüber ist sie sprachlos geworden und taub für ihre Bedürfnisse und die der anderen; die Harmonie in ihrer Schwiegerfamilie ist für sie kaum auszuhalten. Ihr Mann kann das nur schwer verstehen – und wie viel Mut Alexandra braucht, um ihre inneren Hürden zu überwinden. Am Ende ist sie gar nicht so allein, wie sie lange Zeit glaubte!*

*Wie im echten Leben: Es gibt fast immer Menschen, die dich sehen und dich unterstützen können, wenn du es zulässt.*

*Edita und Joana, danke für eure Rückmeldungen und eure Ermutigung zum Weiterschreiben. Ebenso herzlichen Dank an meine Testleserinnen Sonja und Gerda. Die meisten eurer Anregungen habe ich beherzigt, andere nicht – ihr kennt das selbst. ☺ Danke an Petra, dass du deinen Erfahrungsschatz als Selfpublisherin mit mir teilst, und an Thomas für das Feedback zum Cover. Dank an Angelina und die Gruppe – für alles!*

*Und ich danke dir, liebe Leserin oder lieber Leser, für dein Interesse an meinem Buch! Über eine Rezension würde ich mich freuen.*

*Vielleicht magst du meinen Newsletter abonnieren. Zur Begrüßung schenke ich dir eine Kurzgeschichte. Den Downloadlink bekommst du hier: www.sabine-raedisch.de/newsletter*

*Liebe Grüße, bis zum nächsten Mal!*
*Deine Sabine*

# Inhalt


Prolog: Die Halle ........ 5
Sonntag im Garten ........ 6
Monday, Monday ........ 11
Der Brief ........ 14
Max ........ 27
Auf Sendung ........ 31
Ungute Vorahnungen ........ 39
Freitagsfrühstück ........ 42
Geständnis ........ 47
Küchengespräche ........ 53
Allein zu Hause ........ 62
Plan B ........ 74
Wiedersehen mit Sesslfing ........ 78
Max ........ 86
Alte Bekannte ........ 88
Florian ........ 92
Lukas ........ 107
Der Briefträger ........ 113
Yvonne ........ 119
Gitarrenklänge ........ 133
Auf ein Glas ........ 145
Max ........ 152
Videokonferenz ........ 155
Paul ........ 161
Panne ........ 167
Auf dem Brunnerhof ........ 173
Das Zimmer meiner Schwester ........ 186
Im Wald ........ 190
Max ........ 194

Die Kiesgrube ........................................ 199
Florians Geheimnis ........................................ 208
Max ........................................ 215
Planänderung ........................................ 221
Daniel ........................................ 227
Max ........................................ 231
Passau ........................................ 237
Max ........................................ 248
Linz ........................................ 250
Café Florentine ........................................ 257
Abgelehnt ........................................ 262
Fast wie Familie ........................................ 268
Ein Jahr später ........................................ 275